KB216232

신들의 생존법

THE GOD VIRUS:
HOW RELIGION INFECTS OUR LIVES AND CULTURE

신들의 생존법

The God Virus

대럴 W. 레이 | 권혁 옮김

돋을새김

신들의 생존법

초판 발행 2012년 7월 9일

지은이 | 대럴 W. 레이
옮긴이 | 권혁

발행인 | 권오현 부사장 | 임춘실
기획 | 이헌석 편집 | 김혜숙 · 김설아 · 김가영 디자인 | 안수진
마케팅 | 김영훈 · 강동근

펴낸곳 | 돌을새김
주소 | 서울시 종로구 이화동 27-2 부광빌딩 402호
전화 | 02-745-1854~5 팩스 | 02-745-1856
홈페이지 | http://blog.naver.com/doduls 전자우편 | doduls@naver.com
등록 | 1997.12.15. 제300-1997-140호
인쇄 | 금강인쇄(주)(02-852-1051) 용지 | 신승지류유통(주)(02-2270-4900)

ISBN 978-89-6167-093-7 (03100)
Korean Translation Copyright ⓒ 2012, 권혁

값 15,000원

신앙에 대한 사실적인 고찰

> 사람들을 얽매고 있는 사슬은 그들 스스로 만들어낸 것이다.
> 그 사슬을 끊어버리면, 그들은 사라진 보호망 때문에 눈물을 흘릴 것이다.
> – 존 패스모어, 호주 철학자

종교는 우리가 알아차리지 못하는 방식들로 매일 우리에게 영향을 끼친다. 종교는 부모님이 당신을 위해 기도하는 데 몇 시간을 할애하도록 만든다. 종교는 침례교 집안에서 가톨릭 신자하고 결혼한 자녀와 의절하는 이유가 된다. 종교는 오순절 교회파 부모에게 자녀들이 지옥에 빠지지 않도록 체벌을 가하라고 부추긴다. 종교는 가톨릭 신부에게 성적 욕망을 거부할 것을 요구한다. 종교는 어마어마한 돈을 종교 단체에 기부하도록 이끈다. 그리고 여호와의 증인을 믿는 이웃과는 이야기도 나누지 못하게 막는다. 이처럼 종교는 당신과 사회에 뚜렷하면서도 미묘한 영향을 끼치고 있다.

이 책은 종교의 실체를 객관적으로 탐구하고 있다. 불가사의한 장막을 걷어내고 종교를 올바로 이해할 방법들을 제공함으로써 정보에 근거한 판단을 내리도록 도와줄 것이다.

종교를 강력하게 만드는 것은 과연 무엇일까? 자신의 신앙에 어긋나는 행동을 하면서도, 한편으로는 깊은 신앙을 고백하도록 만드는 것은 무엇일까? 자신의 종교가 지닌 불합리한 것들에 대해서는 눈을 감아버리면서 다른 종교의 문제점은 명확하게 밝혀내도록 만드는 것은 무엇일까? 종교는 어떻게 정치체제 속으로 파고들어갈 수 있었을까?

만약 이러한 의문들에 대해 관심이 있다면, 이 책이 당신의 삶과 문화 속에서 발휘되고 있는 종교의 힘을 이해할 수 있도록 도움을 줄 것이다.

수천 년 동안 종교는 충분한 설명은 물론 충분한 논쟁도 없이 사회에 스며들어왔다. 종교는 단순히 존재해왔다. 종교에 대해 의문을 제기하거나 폭로하려는 사람들은 종종 박해를 받았다. 책들은 불태워졌으며, 사람들은 축출당하거나 심지어는 처형당하기도 했다. 갈릴레오에서 다윈까지, 살만 루슈디에서 테오 반 고흐까지*, 교회와 성직자 혹은 종교지도자가 말한 것들을 비판하거나 설명하려는 것은 위험한 일이었다.

세균과 바이러스 그리고 기생충과 같은 질병 이론이 정립되기 전까지 의사들에게는 질병과 그것들의 전염을 이해할 수 있는 수단이 전혀 없었다. 성직자들은 질병을 죄악과 사탄 그리고 사악한 정신의 결과라고 설

---

* 갈릴레오는 죽을 때까지 자택에 감금되었으며, 다윈의 연구 결과는 1859년에 처음 발표된 이후 줄곧 많은 종교들로부터 박해를 받았다. 살만 루슈디는 소설 《악마의 시Satanic Verses》를 발표한 이래로 줄곧 살해 협박을 받았다. 테오 반 고흐는 이슬람교를 비판하는 단편영화를 제작하여 살해당했다.

명했다. 과학자들은 세균을 발견하면서부터 질병을 이해할 수 있는 새로운 도구를 얻게 되었다. 그들은 감염 방식과 면역, 역학疫學 그리고 그 밖의 많은 것들을 연구할 수 있게 되었다. 과거의 끔찍했던 질병들을 분명하게 이해할 수 있게 된 것이다. 유럽의 페스트, 황열병, 천연두, 폐렴과 결핵, 매독 등은 이제 신성한 것으로부터 벗어나 자연계 속에 분명하게 자리 잡게 되었다.

스피노자에서부터 볼테르, 포이어바흐에서부터 마르크스까지 다양한 철학자들이 종교와 그 사회적 역할에 대한 이해로 다가가는 길을 개척해왔다. 하지만 '정신의 바이러스'라는 리처드 도킨스의 착상이 있기 전까지, 종교를 유행성 바이러스의 역학으로서 면밀하게 바라보는 적절한 방법은 없었다. 이 책은 모든 종류의 종교들이 어떻게 자연계와 어울려가는지, 우리의 정신과 문화에 어떻게 작용하는지 그리고 그것들이 우리 몸에 서식하는 세균과 기생충 그리고 바이러스와 얼마나 유사한지를 밝혀줄 것이다.

이 책은 리처드 도킨스와 대니얼 데닛**의 생각을 따르고 있지만, 나는 한 걸음 더 나아가 그들의 혁명적인 생각이 어떻게 일상생활에 적용될 수 있는지를 증명해보려 한다. 그들이 개척한 패러다임은 당신의 친구가 빠져든 근본주의와 대형 교회 성직자의 성적 타락과 이웃에 사는 오순절 교회파 여성의 자녀 양육법을 설명해줄 수 있다. 또한 19명의 남자들이

** 리처드 도킨스의 저서 《이기적 유전자》와 《만들어진 신》, 대니얼 데닛의 저서 《주문을 깨다: 자연현상으로서의 종교Breaking the Spell: Religion as a Natural Phenomenon》

왜 비행기를 몰고 세계무역센터로 돌진했는지 그리고 바그다드의 혼잡한 시장통에서 여성들이 왜 자폭을 했는지도 설명해줄 수 있다.

서구 문화의 일원으로서 당신은 종교적으로 세뇌되어 있다. 성장 환경과 관계없이 당신은 종교의 바다에서 살고 있으며 어느 정도는 그 바닷물을 흡수할 수밖에 없다. 이 책은 당신이 인생 여정에서 무심히 바라보고 지나쳤던 부분을 제대로 살펴볼 수 있도록 도와줄 것이다. 종교적 교리, 관습, 믿음 혹은 죄의식은 지금도 의식하지 못하는 방법들을 활용해 당신에게 영향을 끼치고 있다.

최근 몇 년 동안 나는 사회에서 종교의 역할이 점점 더 늘어나고 있다는 것에 경계심을 품고 있다. 종교는 학교와 사법부, 입법부, 대통령의 정책 그리고 지역의 교육위원회 등에 파고들어 과학교육, 경제개발, 재난 구호 그리고 전쟁과 같은 현실적인 문제들에 대한 이성적인 대화를 훼손시키고 있다. 전 세계적으로 근본주의자들과 광신도들이 폭력과 불관용을 공공연히 부르짖고 있어 종교와 그 영향력에 대한 이해가 시급한 과제다. 매우 험악한 일부 인물들은 증오와 불관용을 설교하고 있다. 그들의 언사는 민족 청소를 주장하는 말과 전혀 다를 바가 없다.

다음은 널리 알려진 몇몇 지도자들의 발언들이다.

> 나는 우리나라의 초창기에 그랬듯이, 그 어떤 공립학교도 운영되지 않는 날이 오기를 기원합니다. 교회들이 다시 그 역할을 맡아 할 것입니다. 그렇게 되는 날이 온다면 얼마나 기쁠까요!
> — 제리 폴웰

하느님의 집과 하느님의 사람들이 세계의 정상에서 지도하는 당연한 위치를 부여받을 때까지 세계의 평화는 절대로 없을 것입니다. - 팻 로버트슨

정치를 하는 기독교인들은 시민권에 대한 독점적인 통제권을 확보하는 것을 장기적인 목표로 삼아야만 합니다. 고대 이스라엘에서 그랬던 것처럼 교회의 공식적인 성약 표시인 세례와 성찬식을 통해 하느님의 영원한 제재를 공개적으로 표현하기를 거부하는 사람들에게는 시민권을 부여하지 말아야 합니다.

　　　　　　　　　　　　　　　　　　　　　 - 개리 노스

나는 여러분이 불관용의 물결을 그대로 받아들이기를 바랍니다. 그리고 증오의 물결도 있는 그대로 받아들이기를 원합니다. 그렇습니다, 증오는 좋은 것입니다. … 기독교 국가가 바로 우리의 목표입니다. 우리에겐 성서에서 비롯된 의무가 있습니다. 우리는 하느님으로부터 이 나라를 정복하라는 부름을 받았습니다. 우리는 평등한 시대를 원치 않습니다. 우리는 다원주의를 원치 않습니다. - 랜들 테리

우리는 신의 도움을 받아, 신을 믿으며, 신의 명령을 따르는 것으로 보상받으려는 모든 무슬림들에게 미국인들을 죽이고 언제 어디서든 그들의 돈을 찾아내 모두 약탈할 것을 요구합니다.

우리는 무슬림 신학자와 지도자와 젊은이 그리고 병사 들에게 사탄의 미국 군대를 향해 그리고 그들의 뒤에 숨어 있는 자들에게 쳐들어갈 것을 요구합니다. 그렇게 해서 그들이 교훈을 얻도록 해야 합니다. *– 오사마 빈 라덴의 포고령*

위에 인용된 말들에는 한결같이 증오와 불관용, 패권주의와 배타주의가 중심적인 개념으로 드러나 있다. 이 책의 중요한 목표는 이러한 종류의 생각과 행동을 이끌어가는 종교의 힘에 대해 설명하는 것이다.

호주의 철학자 존 패스모어는 '사람들을 얽매고 있는 사슬은 그들 스스로 만들어낸 것이다. 그 사슬을 끊어버리면, 그들은 사라진 보호망 때문에 눈물을 흘릴 것이다'라고 했다. 이 책은 감추어진 그런 사슬들을 끊고, 종교가 어떻게 우리의 문화와 정신세계에 교묘하게 작용하는지 그리고 어떻게 하면 그러한 사슬들에 매이지 않고 살 수 있는지를 보여줄 것이다.

저자에 대해

나는 심리학자이며 종교와 사회 연구가이다. 기독교 근본주의를 가르치는 환경에서 자랐으며, 조그마한 퀘이커교 대학을 다녔다. 감리교 신학교에서 종교학으로 석사학위를 마쳤고, 밴더빌트 대학교 내 조지 피보디 대학에서 상담심리학으로 박사학위를 받았다. 30대 초반에 불가지론자가 되었으며, 마흔 살 때 무신론자가 되었다. 나의 인생 역정이 이 책에 드러나 있기는 하지만, 전기는 아니다. 이 책은 당신의 종교를 포함한 일반적인 종교적 믿음들과 행동을 파악하고 분석할 수 있도록 해주는 유용한 틀을 만들어낼 것이다.

용어에 대해

나는 독자들을 지칭할 때는 '비유신론자'라는 용어를 사용할 것이다. 불가지론자, 이신론자, 무신론자, 자유사상가, 영적인 사람 등을 모두 이 분류에 포함시키고 싶다. 그리고 지극히 종교적인 사람, 근본주의자, 미신을 믿는 사람 혹은 사이비 종교의 일원들은 광신자로 취급할 것이다. 당신이 스스로를 어떻게 부르는지는 중요하지 않다. 이제부터 우리는 우리의 삶에 미치는 종교의 힘을 탐구할 것이며, 이 세상에서 행해지고 있는 종교적 행위에 대한 이해를 위해 새로운 패러다임을 이끌어낼 것이다.

마지막으로 특정한 경우에만 알라나 여호와, 제우스 그리고 예수와 같은 이름들을 사용할 것이며, 직접적인 인용에 포함되지 않는 경우에는 '신'이라는 단어를 사용할 것이다.

이 책의 구성에 대해

'큰 그림'에서 시작하여 사회적, 심리학적 그리고 마지막으로는 개인적인 문제들까지 점진적으로 파고들 것이다. 제1장과 제2장은 생물학적인 세상과 종교의 유사성을 드러내는 사실들을 전체적으로 조망하고 설명한다. 제3장부터 제7장까지는 복음전도사의 최면술적인 기술들과 종교를 전파하는 데 있어 섹스와 죄의식 그리고 도덕성의 역할, 그리고 성격과 지능과 같은 주제를 포함한 종교의 사회적, 정치적 그리고 심리학적 측면을 탐색한다. 제8장부터 제10장까지는 당신의 삶과 가족에게 미치는 종교의 영향을 검토한다. 당신의 종교적인 역사 혹은 가정교육을 이해하는 새로운 도구들을 발견할 수 있을 것이다. 마지막으로 제11장과 제12장에서는 과학과 종교의 미래를 중점적으로 다루었다.

| 차 례 |

종교는 일종의 바이러스다

우리는 우리의 신성 목록에 없는 신들과
숭배의 대상들을 모두 경멸한다.
하지만 우리가 신성하게 여기는 것을 다른 사람들이 경멸하고
모독하면 충격을 받는 이상한 모순을 보인다.

− 마크 트웨인

이번 장에서는 일부 생물학적 체계의 전염 방식과 종교의 전략 사이에 존재하는 놀라운 유사성을 꼼꼼히 살펴볼 것이다.

●●●

사고력 실험

이러한 시나리오를 한번 상상해 보자. 당신은 기독교를 깊이 믿고 있는 친구와 진지한 대화를 나누고 있다. 그 친구는 훌륭한 교육을 받았으며 지식도 풍부한 지적인 인물이다. 당신과 친구는 대화 내용을 녹음하는 데 동의한다. 대화의 주제는 이슬람교다.

마호메트는 스스로를 예언자라고 했던 인물로서 알라신은 물론 천사들과 직접 이야기를 나누었다고 주장했다는 이야기를 나눈다. 그는 오류가 전혀 없다고 주장하는 책을 직접 작성했으며, 예루살렘에서 말을 타고 천국으로 날아갔다. 대화를 나누면서 당신과 친구는, 어쩌면 마호메트가 신과 이야기를 나눌 수 있다고 생각할 정도로 망상에 빠져 있었을 것이라는 데 의견을 같이한다. 그리고 코란은 분명 알라신이 아닌 마호메트가 작성한 것이라는 데에도 동의한다. 마호메트가 자신이 마지막 예언자이며 다른 모든 예언자들은 가짜라고 주장했던 것은 참 우스꽝스러운 일이다. 말을 타고 갔다는 것은 물론이고 천국으로 날아갔다는 것도 모두 믿을 수 없다고 말한다. 그 모든 것이 너무 얼빠진 이야기이며, 그런 종교를 믿는 사람이 있다는 것은 이해하기 어려운 일이라는 데에도 동의한다. 이야기를 마칠 무렵, 무슬림은 스스로 종교를 선택한 것이 아니라, 그 종교를 믿는 집에서 태어난 것이라고 당신이 말한다. 기독교와 이슬람교를 동시에 비교해본다면 기독교가 진정한 종교라는 것을 알게 될 것이라는 말도 덧붙인다.

며칠이 지난 후, 당신은 녹음된 그 내용을 종이에 옮겨 적는다. 그리고 마호메트로 언급된 부분들을 모두 예수로 바꿔놓는다. 그러면 그 문서는 이런 정도의 내용이 될 것이다.

대화를 나누면서 우리는 예수가 어쩌면 여호와와 이야기를 나눌 수 있다고 생각할 정도로 망상에 빠져 있었을 것이라는 데 의견을 같이한다. 그리고 성서는 분명 여호와가 아닌 다른 사람들이 작성한 것이라는 데에도 동의한다. 예수가 자신이 마지막 예언자이며 후에 나온 다른 모든 예언자들은 가짜라고 주장하는 것은 참 우스꽝스러운 일이다. 그가 죽었다 살아났다는 것은 물론이고 천국으로 날아갔다는 것도 믿을 수 없다고 한다. 그 모든 것이 너무 얼빠진 이야기이며, 그런 종교를 믿는 사람이 있다는 것은 이해하기 어려운 일이라는 데에도 동의한다. 이야기를 마칠 무렵, 당신은 기독교인들은 스스로 종교를 선택한 것이 아니라, 그 종교를 믿는 집에서 태어난 것이라고 말한다. 기독교와 이슬람교를 동시에 비교해본다면 이슬람교가 진정한 종교라는 것을 알게 될 것이라는 말도 한다.

자, 이제 그 친구에게 "우리가 이슬람교에 대해 나눈 이야기의 녹취록을 작성했는데, 함께 검토해보고 싶어"라고 말한다. 그것을 읽어주면서 친구의 반응을 살펴보라. 문장 하나하나에 어떻게 반응하는가? 얼마나 재빠르게 방어적인 태도를 취하는가? 첫 번째 대화보다 그다지 더 나은 사실적 근거들도 없이 얼마나 빨리 잘 다듬어진 주장들을 만들어내기 시작하는가? 이처럼 유사한 일련의 논리를 계속 지속하면 친구는 언제쯤 화를 내게 되고 혹은 언제쯤 대화를 중단시킬까? 이러한 대화가 우정을 손상시키지는 않을까?

이와 동일한 실험을 다른 모든 예언 종교들에도 적용시켜볼 수 있다. 예를 들어, 모르몬교의 조지프 스미스로 대체해보거나 유대교의 모세로 대체해볼 수 있다. 이 실험은 갓 바이러스가 작용하고 있다는 것을 증명해 보여준다. 그것은 뇌를 감염시키고 결정적인 사고 기능을 변형시킨다. 다른 종교에 관한 사고 기능은 전혀 건드리지 않고 놓아두지만, 자신의 종교에 대한 비판적인 사고는 무력하게 만들어버린다. 앞으로 개개인의 삶과 사회에서 발견되는 바이러스와 같은 행위를 탐구해가는 동안 이 사고력 실험을 줄곧 기억하고 있어야 한다.

종교 귀의 신드롬

어떤 사람이 종교에 귀의하는 전형적인 과정은 이렇게 진행된다.

당신이 보기에 그 사람은 지극히 합리적이며 종교에 대한 특별한 관심은 없던 사람이다. 그런데 부모나 친구 혹은 자녀가 죽거나 그 자신이 중병에 걸리든지 자동차 사고를 당하게 된다. 단 몇 주 만에 그는 인생의 모든 문제들을 파고들어 답을 구하려 할 것이고, 모든 종류의 교리들을 공부하여 막힘없이 이야기할 수 있게 된다. 종교는 그처럼 허술해진 틈을 통해 들어가 한 사람의 뇌를 점령한다. 많은 경우에 있어 그 사람은 일종의 근본주의 혹은 성령의 초자연적인 힘을 믿는 집단에 합류하게 된다.

최근에 동료 중의 한 명이 암으로 아버님을 잃었다. 이 일이 있기 전까지 그는 비종교적인 인물이었다. 하지만 아버지가 돌아가신 후 그는 극심한 종교적 주장을 펼치는 사람이 되었고, 성격까지 완전히 바뀌어버렸다. 한번은 음식 솜씨가 좋은 어느 레스토랑에서 그를 만난 적이 있는데, 그날 저녁은 예수 이야기로 넘쳐나는 호된 시련의 시간이 되고 말았다. 우리는 종교가 끼어들지 않고는 어떤 주제의 이야기도 나눌 수 없었다. 정말 지루한 식사 시간이 되어버렸고, 그 후로 나는 그를 만나지 않게 되었다.

종교적 환상과 개종에 관한 이야기는 수세기 동안 소개되고 있다. 그것들은 종교 혹은 문화와 상관없이 너무나 뚜렷한 유사성을 지니고 있다. 윌리엄 제임스는 한 세기 전에 이미 자신의 책 《종교적 경험의 다양성The Varieties of Religious Experience》에서 그러한 유사성에 주목했다.

무엇이 이슬람교식 귀의를 기독교식 귀의와 유사하게 보이도록 만드는 것일까? 힌두교식 신의 출현epiphany은 왜 미국 원주민 사이에서 행해지는 영계와의 교류의식vision quest과 그처럼 닮은꼴로 벌어지는 것일까?

신경과학은 그러한 경험들이 뇌의 자극을 통해 만들어질 수 있다는 것을 증명했다. 단순히 신경의 자극만으로도 불가사의한 경험들을 불러일으킬 수 있다는 것이다. 미국 원주민들이 환각제인 페요테를 사용했듯이 티모시 리어리 박사는 환각제 LSD를 사용해 아주 오래전에 그것을 실제로 구현해 보였다. 우리는 불가사의한 경험들이 주변 환경이나 뇌 속에서 자연스럽게 발생하는 여러 가지 일들에 대한 신경학적 반응들과 거의 흡사하다는 것을 안다. 수세기 동안 그리고 거의 모든 문화권에서 보고된 임사체험들은 신경학적 자극 실험에서 보고된 현상들과 놀라우리만큼 비슷하다.

스위스의 로잔에 있는 에콜 폴리테크니크에서 근무하는 신경학자인 올라프 블랑크스 박사는 뇌 자극에 관한 연구에서 이렇게 결론을 내렸다.

"신체의 감각기관이 잘못 작동할 때, 뇌는 혼란스러운 정보를 이해하려고 시도하는 과정에서 초자연적인 현상을 불러일으키려 할 수도 있다. 이것은 매우 자연스러운 현상이다."

지난 수세기 동안 '불가사의'라고 불려왔던 것들은 이제 블랑크스 박사의 실험실에서 뇌의 전기 자극 실험을 통해 재현되고 있다.

당신은 누구요? 내 친구에게 무슨 짓을 한 거요?

종교에 귀의하면서 성격마저 변하는 사람들도 있는 것 같다. 세상살이에 대한 이야기를 할 때의 그들은 지극히 붙임성 있고 평온하지만, '믿음'에 대한 이야기를 시작하면 사정은 달라진다. 목소리가 변하고, 얼굴에 떠올라 있던 미소는 팽팽한 긴장으로 바뀐다. 그리고 믿음의 증거들에 대한 질문을 하면 서서히 방어적인 태도를 취한다. 그들과 편안하게 이야기를 나누는 것이 점점 더 어려워지게 된다. 그것은 마치 컬트영화《우주의 침입자》(1978)에서 나오는 외계 식물이 인간의 뇌와 신체를 차지하여 감정 없는 자동인형으로 만들어버리는 장면과 흡사하다.

일단 어떤 종교에 귀의하게 되면 그가 선택한 종교의 비합리적인 면에 대한 이성적인 대화가 힘들어진다. 마치 무언가가 그 사람 속에 침입하여 성격 중 일부를 점령해버린 것만 같다. 더 이상 그와는 솔직하고 직설적인 이야기를 나눌 수 없게 된다. 이제는 그의 내부에 살고 있는 종교적 존재를 통해서만 대화를 나눌 수 있다. 그의 입에서는 잘 준비된 대답들이 나온다. "그것은 불가사의이며 우리가 이해할 수는 없다" "신은 아무런 의문 없이 따라올 것을 요구한다" "예수께서 내게 말씀하셨고, 나는 그분이 내 가슴 속에 있다는 것을 안다"는 식의 대답이다. 그러한 설명들에 대한 이성적인 분석이 허용되지 않는다는 것은 금세 명확해진다.

종교적 감염

리처드 도킨스를 비롯한 몇몇 학자들은 특정한 동물들을 감염시켜 행동을 통제하는 생물학적 바이러스들과 종교의 유사성에 주목했다. 예를 들어, 대니얼 데닛은《주문을 깨다: 자연현상으로서의 종교》에서 종교를 기생충이라고 표현했는데, 여기에서 그의 관점을 그대로 따르려는 것은 아니며 다만 종교의 기생성에 대한 인식을 정립하고자 한다.

이번 장의 균형을 맞추기 위해 이제부터 바이러스의 은유를 활용해 종교를 일람해보겠다. 이런 은유가 모든 면에 다 맞아떨어진다고 주장하는 것은 아니다. 하지만 개인적이거나 집단적인 종교 행위를 충분히 설명하는 데 있어 뚜렷한 장점을 지니고 있으며, 종교적 회의론자들에게 종교의 미묘한 영향력을 이해할 수 있도록 해주는 기초적인 틀을 제공해준다. 리처드 도킨스의 밈meme(비유전적 문화 요소)이라는 혁명적인 생각에 익숙한 사람들은 바이러스라는 은유가 종교적 밈에 대해 논의하는 또 다른 방법이라는 것을 쉽사리 알아차릴 수 있을 것이다. '밈' 대신 '바이러스'라는 개념을 사용하기로 선택한 것은 바이러스가 대부분의 사람들에게 잘 알려져 있으며 바이러스의 생태학이 우리의 논의에 유용한 대비를 만들어내기 때문이다. 어떤 경우이든, 나는 도킨스 박사와 그의 개척자적인 성과로부터 특히 그의 획기적인 저서들인 《이기적 유전자》와 《만들어진 신》으로부터 많은 신세를 지고 있다.

기생하는 방법

공상과학소설에는 외계인들이 목적을 이루기 위해 인간의 정신과 육체를 점령하는 이야기들로 가득한데, 어디에서 그러한 생각을 가져온 것일까? 현실은 소설보다 더 기묘하다. 생물학에는 숙주의 뇌를 감염시키고 그 동물의 행동을 조종하는 기생충과 병원균 그리고 바이러스에 관한 예들이 많이 있다. 종교의 바이러스적 유형을 이해하기 위해 생물학에 등장하는 몇 가지 예들을 먼저 살펴보기로 하자.

- 연가시에 감염된 귀뚜라미나 여치는 연가시가 번식하는 물속으로 쉽사리 뛰어든다. 기생충이 번식을 위해 숙주의 자살을 유도하는 것이다.
- 광견병 바이러스는 공격적인 행동을 이끌어내기 위해 포유류의 뇌 속에 있는 특정한 신경을 감염시킨다. 그로 인해 숙주는 평소에는 피하거나 관심을 보이지 않던 동물들을 공격하거나 물어뜯게 된다. 이 바이러스는 숙주의 행복과는 관계없이 자신의 목적만을 위해 숙주의 뇌를 차지하여 죽음으로 이끄는 것이다.
- 개미의 뇌에 감염된 창 모양의 흡충lancet fluke은 개미를 풀 위로 기어올라가도록 조종하여 소들에게 쉽게 먹히게 한다. 소의 몸속으로 들어간 흡충은 내장에 알을 낳게 되고, 후에 배설물과 함께 배출되어 배고픈 달팽이의 먹이가 된다. 달팽이의 소화기관에 들어간 흡충의 알들은 점착성의 진액과 함께 섞여 배설되며, 개미들은 수분을 섭취하기 위해 그것을 마시게 된다.

이러한 것들을 비롯한 더욱더 많은 예들에서 우리는 말 그대로 숙주의 뇌 한구석을 파고들어 그들을 '조종'하는 기생충과 바이러스 그리고 그 밖의 많은 병원균들을 확인할 수 있다. 그것들은 기생충에게 가장 유익하도록 유기체를 다시 프로그래밍하여 숙주를 손상시킨다.

특별히 관심을 끄는 예로는 기생하는 원생동물인 '톡소플라스마 곤디'가 있다. 이 원생동물은 설치류를 감염시켜 고양이 체취에 대한 선천적인 혐오감을 잊어버리도록 만든다. 이러한 행위는 톡소플라스마에게 도움이 된다. 감염된 쥐를 잡아먹은 고양이 속에서 번식을 하기 때문이다. 이번에는 감염된 고양이가 배설물을 통해 톡소플라스마를 널리 퍼뜨린다. 로버트 사폴스키는 《사이언티픽 아메리칸Scientific American》 2003년 3월호의 기고문에서 이렇게 밝혔다.

"감염된 설치류는 여전히 다른 모든 종류의 체취를 구별할 수 있지만, 오직 고양이 페로몬에 대한 공포심만큼은 잃어버려 고양이에게 훨씬 더 쉽게 잡아먹히게 된다."

더 나아가 사폴스키는 이렇게 언급한다.

"이것은 뇌 기생충에 감염된 어떤 사람의 경우와 유사하다. 그 기생충은 그 사람의 생각이나 감정, SAT 점수 혹은 좋아하는 TV 프로그램 등에는 아무런 영향을 끼치지 않지만, 자신의 라이프 사이클을 완수하기 위해, 그 사람에게 동물원으로 가서 쇠창살을 타고 올라가 끔찍하게 생긴 북극곰과 프렌치 키스를 하려는 억누를 수 없는 욕구를 발생시킨다. 기생충에 의해 유발된 치명적인 유혹인 것이다."

우리는 생물학에서 잘 정립되어 있는 이러한 전략을 가져와 종교에 적용해볼 수 있다. 기생충이 개미의 인식을 점령하듯 종교는 그와 비슷하게 감염시키려는 사람들의 인식을 점령하려는 것으로 보인다. 종교를 그

나름대로의 독특한 특징들이 뒤섞여 있는 바이러스로 상상해보자.* HIV 바이러스는 감기 바이러스와 전혀 다르지만, 둘 다 자신들의 번식에 유리한 방법으로 신체의 메커니즘을 감염시키고 점령한다. 종교는 다음과 같은 다섯 가지의 특질을 가지고 있다.

1. 사람들을 감염시킨다.
2. 다른 바이러스들에 저항하는 항체들 혹은 방어 체계를 만들어낸다.
3. 일정한 정신적, 육체적 기능들을 점령하고 각 개인들이 감지할 수 없는 방법으로 그들의 내부에 스스로를 잠입시킨다.
4. 바이러스를 퍼뜨리기 위해 특정한 방법들을 활용한다.
5. 바이러스를 복제하도록 숙주를 프로그래밍한다.

모든 종교는 이러한 영역들에서 어느 정도의 효과를 거두고 있다. 이러한 특질들에 대해 좀 더 자세히 살펴보도록 하자.

• 사람을 감염시키다

실질적으로 모든 종교들은 아주 어린 시절부터 교리를 주입하는 것을 가장 중요한 감염 전략으로 여긴다. 그 밖의 감염 전략들에는 개종 권유,

---

* 가끔은 기생충이라는 표현이 더 적절할 경우도 있겠지만, 논의의 목적상 '바이러스'라고 표현하기로 한다. '기생충'이라는 단어가 내포하고 있는 매우 부정적인 의미는 피하고 싶기 때문이다. 바이러스에는 양성 바이러스도 있지만, 어떤 경우에는 도움이 되는 바이러스도 있다. 하지만 일반적으로 기생충은 전혀 그렇지 않다.

부대조건이 있는 도움과 금전적인 원조, 교육 기회의 제공 그리고 미디어를 통한 일상적인 홍보 등이 있다.

• 다른 종교들에 대한 방어 전략을 만든다

어떤 개인을 감염시킨 후에(생물학적인 용어로는 '숙주'), 종교는 즉시 경쟁적인 바이러스들에 대항하는 항체를 만들어내기 시작한다. 예를 들자면, 새롭게 침례교 신자가 된 사람은 그들 종교의 진실성을 주장하기 위한 구절과 변명 들 그리고 자신들과 다른 해석들에 대항할 다양한 주장들이 수록된 성서를 공부하게 될 것이다. 초기 단계에서는 새로운 개종자에게 가능한 한 아주 많은 항체들을 주입하여 그 숙주가 나머지 세상, 특히 경쟁중인 종교들에 맞서 방어할 수 있도록 하는 데 주력한다.

일단 가톨릭에 감염되면 그 사람이 무슬림이 되려는 유혹에 빠지는 경우는 거의 없다. 일단 침례교에 감염되면 불교 신자가 되는 경우는 거의 없다. 일반적으로 말하자면, 어린이들이 어떤 특정한 갓 바이러스에 감염되었다면 그들은 나머지 인생 동안 그 종교와 아주 친밀한 관계를 유지하게 된다. 침례교도는 루터교인이나 장로교인이 될 수는 있지만, 가톨릭이나 무슬림 혹은 이교도가 되는 경우는 거의 없다.

종교의 면역 체계는 외부의 영향으로부터 어린이들을 확실하게 보호할 수 있도록 설계된 강력한 프로그램이다. 다원화된 사회에서 면역 체계는 매우 중요하다. 이러한 사회환경에서 바이러스는 다른 종교들과의 접촉 자체를 통제할 수는 없으므로 사람들을 맹목적이게 만들거나 다른 종교들을 받아들이지 않도록 질병 예방접종을 실시하는 것이다. 이것은 면역 체계가 아직 완성되지 않은 어린이들에게는 특별히 중요하다.

어린 시절의 종교 감염은 너무 강력하여 대부분의 경우에 있어 영원히 각인되는 힘을 지니고 있는 것으로 보인다. 이러한 각인은 1973년에 생리학과 의학 부문의 노벨상을 수상한 콘라트 로렌츠와 니코 틴버겐에 의해 처음으로 확인되었다.

그들은 새를 비롯한 동물들을 대상으로 한 연구에서 많은 동물들이 태어난 후에 놀랄 만큼 빠르게 부모에 대한 인식을 학습하게 된다는 사실을 밝혀냈다. 그들은 유명한 거위 실험을 통해, 만약 부모의 형상을 인간과 같은 다른 대상으로 대체하면 새끼 거위는 그 대체물을 부모로 각인한다는 것을 증명해 보였다. 각인이 완결된 후에 실제의 부모 거위를 다시 대면시켰지만, 놀랍게도 새끼 거위들은 진짜 부모 거위들을 따르지 않고 대체된 형상을 따랐다.

이처럼 강력하고 급속한 학습은 많은 동물들에서 강력하게 이루어졌으며 대부분의 경우 다시 되돌릴 수 없는 것으로 드러났다. 어쩌면 종교 감염도 이와 비슷할 것이다. 일단 어떤 종교에 각인되고 나면 그 사람은 쉽사리 종교를 바꿀 수 없게 된다. 종교의식, 찬양가, 예법 등등은 특정한 종교의 환경을 벗어나면 완전하다는 느낌을 갖지 못하도록 만드는 도구들이다.

• 일정한 정신적 · 육체적 기능들을 점령하고 내면으로 숨어들다

비록 종교적이지 않은 성인 숙주일지라도 마치 바이러스가 자신의 뇌 속에 건재하고 있는 것처럼 행동할 수 있다. 종교적 믿음들에 대해 물어보면 그 숙주는 5~10세 무렵에 배웠던 여러 가지 교리들을 열거할 수 있을 것이다. 마치 수두를 앓고 난 이후에도 그 바이러스가 몸속에 조용히 생존해 있는 것처럼, 갓 바이러스도 숙주의 몸속에 조용히 생존하고 있는 것이다.

스트레스는 성인들 몸속의 수두 바이러스를 활성화시켜 대상포진을 유발시킬 수 있다. 이와 비슷한 방식으로 스트레스는 많은 사람들의 갓 바이러스를 활성화시키는 경향이 있다. 만약 정신적인 상처를 받으면 어린 시절의 종교를 다시 활성화시키는 것이다. 그들은 교회에 다시 참석하고 인생의 올바른 길에 머물도록 도와주는 '항체들'을 더 많이 받아들이게 된다. 바이러스는 새로운 죄악에 근거한 행위들을 열거해 보이면서 그들의 정신적 기능들을 점령한다.

또한 갓 바이러스는 육체적인 기능도 점령하는 능력을 갖고 있다. 예를 들면, 많은 종교들이 독신이나 금욕서약 등으로 성욕을 점령하려고 시도한다. 조금 약한 수준에서는 식사의 제한을 요구하는 것으로 먹는 것과 식이요법의 기능을 변화시킬 수도 있다. 이 문제에 대해서는 제5장에서 상세하게 논의할 것이다.

마지막으로 갓 바이러스는 내면적인 성찰을 피해 그 모습을 감출 수 있는 능력을 갖고 있다. 그렇기 때문에 일단 감염되고 나면 그 개인은 자신의 믿음과 행동 사이에 존재하는 주된 모순들을 탐지해낼 수 없다. 신앙 체계는 자신에게 너무나 당연한 것이 되어 그 어떤 논리적인 이야기도 믿음으로부터 그를 떼어낼 수 없게 된다. 만약 모르몬교도와 가톨릭교도가 각자의 종교가 지닌 장점들에 대해 논쟁을 벌이게 된다면, 두 사람 모두 자신의 모순이나 논리적 오류들은 알아차릴 수 없지만 상대방의 것에 대해서는 명확하게 알아차릴 수 있을 것이다.

• 독특하고 효율적인 바이러스 전달 수단을 활용한다 – 벡터

생물학에서는 질병을 퍼뜨리는 유기체를 벡터(매개체)라고 부른다. 모기는 말라리아의 벡터이며, 진드기는 라임병의 벡터다. 말라리아의 경우, 모기는 말라리아 환자를 물면서 기생하고 있던 말라리아 병원충을 함께 빨아들이게 된다. 그 병원충은 모기의 내장에 구멍을 뚫고 몸을 관통해 침샘으로 옮겨간다. 그래서 모기가 다음 사람을 물 때 그 병원충은 새로운 사람의 몸속으로 침입할 수 있게 되는 것이다.

벡터는 많은 기생충들의 라이프 사이클에서 결정적인 역할을 한다. 기생충을 전달하는 과정에서 벡터는 해를 입을 수도 있고, 그렇지 않을 수도 있다. 박쥐는 너구리에 비해 광견병에 덜 걸리는 것으로 보이지만 둘다 벡터가 될 수 있다. 림프선종 전염병으로 악명이 높은 페스트균을 옮기는 벼룩은 다른 들쥐나 인간을 감염시키는 과정에서 죽는다. 박테리아가 희생물의 내부에 페스트균을 억지로 토해내도록 하기 위해 벼룩의 소화관을 막기 때문이다. 그로 인해 벼룩은 먹은 것들을 전혀 소화할 수 없게 된다.

이와 유사한 방식으로 갓 바이러스 역시 벡터들이 필요하다. 즉, 바이러스의 효율적인 전염 매개체가 될 수 있도록 프로그래밍되거나 다시 설계될 수 있는 사람들이 필요한 것이다. 우리는 이러한 사람들을 성직자, 목사, 이맘, 랍비, 교황, 텔레비전 전도사, 무당, 사도, 수녀, 성서교수라고 부르고 약간 낮은 등급으로는 장로, 집사 혹은 주일학교 교사 등으로 부른다.

바이러스는 이러한 벡터들을 근본적으로 다시 설계할 수도 있다. 재설계에는 몇 년에 걸친 신학교에서의 연구와 바이러스를 널리 알리기 위한 많은 속임수들은 물론, 엄청나게 많은 모호하고 억지스러운 개념들에 대한 학습이 포함된다. 또한 여기에는 생식의 부담(배우자와 자녀들)으로 인한 방해를 적게 받도록 독신으로 살면서 자신의 유전자를 퍼뜨리지 않는 방법에 대한 훈련도 포함된다. 이런 식으로 바이러스의 입장에서 보다 효율적인 벡터가 되도록 유도하는 것이다. 성직자와 수녀들의 의식 속에는 자신들이 눈에 보이지 않는 신 혹은 교회와 결혼한 것이라고 믿는 망상이 자리 잡고 있다.

• 바이러스를 복제하도록 숙주를 프로그래밍한다

마지막으로, 갓 바이러스는 모든 숙주들 내에서 복제를 위한 프로그램을 작동시켜야만 한다. 바이러스가 다른 사람들, 특히 숙주의 자녀들에게 확실하게 전달될 수 있도록 프로그래밍된 일정한 행위들이 있다. 즉, 죄의식을 유발시키고, 종교적 의식으로 안도감을 만들어내는 생각들이다. 그러한 예들로는 첫 영성체, 세례, 바르 미츠바*, 매일매일의 기도나 성서 읽기 그리고 신앙 고백 등이 있다.

---

* 유대교의 남자 성인식. (편집자주)

종교적 면역

1796년에 에드워드 제너는 어떤 사람에게 우두 바이러스를 감염시키면 그 사람은 무시무시한 천연두 바이러스에 대한 효과적인 면역력을 갖게 된다는 것을 증명해 보였다. 달리 말하자면, 어느 한 바이러스가 다른 바이러스에 대한 면역성을 갖추게 해준다는 것이다.

종교도 이와 유사한 방식으로 제 역할을 한다. 침례교에 감염된 사람은 일반적으로 가톨릭이나 이슬람에 대한 면역성을 갖추게 된다. 종교는 다른 종교들에 대해 진지하게 고려해보는 것을 차단하기 위해 숙주의 내부에 일련의 방어장치들을 만들어 놓는다. 예를 들어, 침례교도는 코란을 성서처럼 꼼꼼하게 연구해보겠다는 생각을 거의 하지 않는다. 많은 가톨릭교인들은 감리교의 창시자인 존 웨슬리의 저작물들을 연구하는 데 시간을 쏟지 않는다. 시아파 무슬림은 성 바울을 연구하겠다는 생각을 하지 않는다. 수니파 무슬림은 불교를 도저히 이해할 수 없다. 갓 바이러스는 엄청난 장벽을 쌓아 올려 다른 종교들에 대한 이해는 물론 생각조차 할 수 없도록 만든다.

외부 관찰자의 시각으로 보면, 다양한 종교의 구성원들이 보여주는 행위는 매우 놀랄 만큼 비슷하다. 예를 들어, 오사마 빈 라덴과 팻 로버트슨의 설교를 들어보라. 두 사람 다 자연재해는 어떤 악행에 대한 신의 심판이라고 말한다. 그들은 모두 자신들의 종교에서 여성들의 역할을 모독한다. 두 사람 모두 이 세상에는 많은 사탄들이 활동하고 있다고 생각한다. 높은 차원에서 보자면 주요 종교들은 한결같이 많은 면에 있어 매우 흡사한 외형과 주장을 보여준다. 단어 몇 개를 바꾸는 것만으로도 팻 로버트슨의 설교는 쉽사리 빈 라덴의 설교와 비슷하게 전환될 수 있다. 유명한 종교 지도자들의 예를 들었지만, 이러한 내용의 설교는 지역 교회 혹은 회교 사원에서도 쉽게 들어볼 수 있다.

몇 년 동안 근본주의 목회자들의 설교를 들으면서, 나는 그들이 지적이고 합리적인 다른 종교의 집회에서 들을 수 있는 설교와 전혀 다를 바가 없는, 믿기 어려운 내용들을 전하고 있다는 것을 확인했다. 빈 라덴이나 로버트슨은 모두 논리와 이성, 연구와 학습 그리고 비판적 사고의 능력을 모두 갖춘 완전하게 작용하는 뇌를 갖고 있다. 하지만 마치 '톡소플라스마 곤디'가 쥐로 하여금 고양이 페로몬에 대한 두려움을 상실하게 만드는 것처럼 갓 바이러스는 이러한 기능들의 일부를 효과적으로 무력화시키는 것이다. 그 밖의 다른 것은 변화시킬 필요조차 없다! 단순히 특정한 결정적 사고를 무력화시키는 기술이야말로 갓 바이러스에게 필요한 모든 것이다.

억제와 금지

바이러스성 통제의 중요한 부분은 억제와 금지에서 찾아볼 수 있을 것이다. 이것은 신도로 하여금 매일 혹은 시간 단위로 종교를 강화하는 의식과 행위에 집중하도록 만든다. 이러한 것들은 종종 혼전 성교의 금지, 월경 기간 내 성교 금지, 동성애 금지 등의 성적 금지에서 확인할 수 있다. 또한 많은 종교들이 금요일에는 물고기를 먹고, 돼지고기를 금지하며, 일정한 축일에는 단식을 하는 등 음식과 관련된 금지 사항과 원칙을 가지고 있다.

각각의 종교들은 서로 다른 접근 방법을 채택하고 있지만 모두 동일한 목적을 공유하고 있다. 즉, 전염된 사람들을 자신들만의 종교에 집중시키고 번식의 단위인 가족을 보호하는 것이다. 무슬림은 여성들의 자유를 억제하고, 여성과 가족을 통제하는 남성의 권한을 확대시키는 것을 통해 이러한 목표를 달성한다. 가톨릭은 부모에게 자녀들을 가톨릭교인으로 양육할 것과 다른 모든 혼외정사는 금지시키고 성교를 엄격하게 생식을 위한 행위로만 지시할 것을 요구함으로써 이것을 달성한다.

이러한 금지는 가톨릭 사제와 수녀의 독신생활에서 가장 극적으로 구현되어 있다. 여기에서 바이러스는 숙주가 가능한 많은 사람들에게 바이러스를 옮기는 데 헌신하도록 생식 없이 살아갈 것을 강요한다. 마치 광견병 바이러스가 너구리의 뇌를 점령하여 그 자신의 생명을 희생하면서라도 다른 동물들을 물도록 다시 프로그래밍하는 것과 마찬가지로, 가톨릭 바이러스는 사제들로 하여금 모든 에너지를 바이러스를 번식시키는데에만 소비하도록 조종한다. 이것은 사제의 유전자로서는 유전적 자살이겠지만 가톨릭 교회에게는 번식을 위한 강력한 도구를 제공한다.

벡터 감염 기술들

종교에서 벡터들은 잠재적인 숙주들을 준비시키고 바이러스를 받아들이도록 하기 위해 정교한 방법들을 활용한다. 종교적 벡터들은 잠재 숙주들의 마음을 열기 위해 감성에 호소하는 설교 기술을 배운다. (이것에 대해서는 제7장에서 상세하게 논의할 것이다.) 바이러스가 벡터들을 생산해내는 데에는 많은 비용이 들기 때문에 그들은 종종 극단적일 정도의 보호와 지원을 받는다. 우리는 많은 성적 학대 스캔들에서 성직자들과 전도사들이 보호받았던 사례를 적지 않게 볼 수 있다.

벡터들은 죽음을 통해 보다 더 효과적인 벡터가 될 수도 있다. 죽음이 효과적이었던 벡터들의 예로는 예수, 바울, 알리(마호메트의 사위), V.I. 레닌(소비에트 연방의 건국자), 체 게바라(라틴 아메리카의 혁명가) 그리고 조지프 스미스(모르몬교의 창시자) 등이 있다. 조지프 스미스의 경우, 그의 죽음은 전체 운동조직에게 행운을 가져다준 사건이었다. 바이러스에 대한 그의 유용성은 거의 다 소진되어 더 이상 지도자로서 성공을 거둘 수 없는 상태에 빠져들고 있었다. 하지만 일단 죽고 나자, 그는 순교자가 되었다. 그 무렵부터 카리스마 넘치는 뛰어난 지도자 브리검 영*은 충실한 신자들을 끌어모아 유타 주에 천국을 설립할 수 있었다.

오직 바이러스만을 위한 자비

갓 바이러스는 아주 독특한 방법으로 숙주를 프로그래밍한다. 갓 바이러스는 자신의 추종자들 내부에 자비를 베풀도록 프로그래밍하지만, 그것은 면밀하게 정의된 자비이다. 나는 이것을 19세이던 해의 크리스마스에 겪었던 쓰라린 경험을 통해 알게 되었다.

---

* 모르몬교의 지도자(1801~1877). (편집자주)

> 성직자들은 자신들이 자비를 가르친다고 말한다. 그건 당연한 일이다. 바로 본인들이 구호물자로 생계를 유지하기 때문이다. 모든 거지들은 남들에게 기부를 해야만 한다고 말한다.
> — 로버트 잉거솔 (1833~1899)

당시에 나는 사립대학교를 다니며 등록금을 마련하기 위해 무척이나 열심히 일을 해야 했던 가난한 학생이었다. 내가 그해 크리스마스에 힘들게 번 20달러를 자선 기금으로 내려 한다고 말씀드렸을 때 나의 부모님은 매우 자랑스러워하셨다. 내가 어떤 자선단체를 선택했는지에 대해서는 말씀드리지 않았지만, 두 분은 우리가 다니던 교회나 교회와 관련된 자선단체일 것이라고 생각하시는 것 같았다. 크리스마스가 지나고 몇 주 후에 어머니는 도저히 궁금증을 참지 못하시고 내게 물으셨다.

"그 20달러를 어느 곳에 기부했니?"

나는 징집 거부자들의 변호 기금으로 미국자유인권협회에 기부했다고 말씀드렸다. 그러자 어머니는 미국자유인권협회는 자선단체가 아니며, 하느님은 그것을 선물로 여기지 않는다고 말씀하셨다. 기부는 교회나 종교 자선단체에 해야만 하며 그렇지 않으면 자선으로 여겨지지 않는다는 걸 배웠다. 그때까지 나는 하늘나라에 회계 담당 부서가 있다는 것을 전혀 모르고 있었다.

성서를 읽고 나서 나는 바리새인들처럼 자신의 기부를 자랑해서는 안

된다고 생각했고(마태복음 6:1~4)*, 내가 하는 어떤 기부이든 모두 하느님과 나만 알고 있는 일이라고 생각했다. 만약 하느님이 그것을 싫어한다면, 나에게 알려주었을 것이다. 그때까지 나는 나의 선택에 대해 매우 만족하고 있었던 것이다.

자선과 기부는 갓 바이러스에 의해 명확하게 규정되어 있다. 바이러스의 생존은 정기적인 먹이 섭취에 의존하기 때문에 만약 당신이 바이러스가 아닌 다른 영역에 물자를 제공한다면 바이러스에게는 아무런 도움이 되지 않으므로 용납될 수 없는 것이다.

또한 감염된 개인들은 기부를 하지 않거나, 갓 바이러스를 지원하지 않는 자선단체에 기부한다면 죄책감을 느끼도록 프로그래밍되어 있다. 가톨릭교인들은 대부분 침례교대학 기금에 기부하지 않는다. 침례교인들은 가톨릭 자선단체에 기부하지 않는다. 기독교인들은 아무도 이슬람 사원 건립 기금에 기부하지 않는다. 이슬람 자선가는 제리 폴웰의 리버티 대학교**에 넉넉한 수표를 발행해주지 않는다. 간단히 말하자면, 바이러스에 도움이 되지 않는 당신과 당신의 돈은 전혀 가치 없는 것이며, 도리어 해가 될 수 있는 것이다.

---

* "… 너의 구제함을 은밀하게 하라. 그러면 은밀한 중에 보시는 너의 아버지가 보상하리라." - 마태복음 6:4
** 미국 최대 복음주의 대학교. (편집자주)

좋은 벡터는 찾아보기 힘들다

어린 시절 10년 남짓한 시간 동안 내가 다니던 교회의 목사 세 명이 교인들과의 성추문에 휘말려 들었다. 우리 교단에 속해 있던 다른 두 교회에서는 다섯 명의 목사가 추문에 연루되었는데 모두 신앙심이 깊기로 유명한 캔자스 주 위치토의 작은 교단에 속한 사람들이었다.

벡터들이 금지된 행위에 가담한 것은 특이나 흥미로운 일이었다. 그들은 바이러스에 가장 심하게 감염된 사람들일 것이기 때문이다. 그보다 더 흥미로웠던 것은 주변 사람들이 내놓은 변명들이었다. 그러한 행위는 너무나도 자주 "그는 단지 실수를 저질렀을 뿐이다" 혹은 "그도 인간일 뿐이다"라는 식으로 너그럽게 용서되었다. 내가 다니던 교회의 담임목사가 그런 추문에 휩싸였을 때에도 그는 지위를 유지할 수 있는 정도에서 용서받았다. 결국 쫓겨나기 전까지 10년 동안 그 '실수들'을 세 번이나 반복해서 저질렀다. 나는 이러한 일들이 교회들 내에서 벌어지는 것을 많이 지켜보았다.

이러한 사람들이 축출되지 않는 이유는 무엇일까? 그것은 좋은 벡터는 찾아내기 힘들고 또 양성하는 데에 많은 비용이 들기 때문이다. 어느 벡터가 금전과 숙주들을 이용해 바이러스를 효율적으로 먹여살릴 수 있다면, 일반적으로 그 벡터는 그 위치를 유지하게 된다. 스캔들은 매우 효율적인 벡터를 보호하기 위해 지불해야 하는 하찮은 비용인 것이다.

가톨릭 사제들은 모든 벡터들 중에서도 가장 비싼 편에 속한다. 어느 사제가 성적으로 부정한 짓을 하고, 어린이들에게 치근거렸으며, 여성들과 혹은 다른 남성들과 불륜을 저질렀다는 소문이 교회 전체에 퍼지게 되면, 그동안의 투자가 위험에 빠지게 되는 것이다. 이것이 바로 교회가 교구민들보다는 사제인 벡터를 보호하는 이유이다. 새로운 벡터를 찾아내 양성하는 것보다 교구민들과 타협하는 것이 더 쉬운 일인 것이다.

어린이에 대해 이상성욕을 보이는 사제들과 관련된 가톨릭의 문제는 가장 적절한 예라 할 수 있다. 나는 개신교에서도 이와 유사한 성직자의 성폭행과 관련된 큰 문제들이 있을 것이라고 과감히 짐작할 수 있다. 하지만 개신교는 가톨릭교회에 비해 넓게 분산되어 있기 때문에 그러한 폭력들이 좀 더 쉽게 감추어질 수 있는 것이다. 혹은 위반자들을 다른 교회로 전출시켜버릴 수도 있다.

돌연변이를 일으키는 종교들

생물계에서 그렇듯이 종교들은 자주 돌연변이를 일으킨다. 돌연변이는 끊임없이 발생하지만, 모두 다 새로운 종교로 발전하는 것은 아니다. 침례교는 내부의 돌연변이들을 새로운 침례교 운동의 한 형태로 인정하는 것으로 단순하게 처리한다. 이것은 전체를 다 잃어버리는 일 없이 그 운동의 주요 DNA를 보존하는 손쉬운 방법이다.

가톨릭은 돌연변이들을 몰아내는 것으로 대처한다. 가톨릭의 전략은 DNA를 최대한 순수하게 유지하고 돌연변이를 최소화하는 것이다. 그러므로 파문을 하겠다는 협박이 주요한 정화 방법이며 한때는 화형에 처하는 것이 널리 횡행했었다. 침례교와 가톨릭의 전략들은 모두 다 상당히 만족스럽게 먹혀들었다.

생태계에서는 가끔씩 아주 강력한 돌연변이들이 등장하여 가장 완강한 방어 체계도 압도하고 새로운 개체군을 전적으로 감염시키는 일이 일어난다. 바이러스가 감염되기 쉬운 개체를 만나게 되었을 때 발생할 수 있는 일이다.

이와 똑같은 과정이 종교에서도 진행되었다. 1500년대에 마틴 루터의 갓 바이러스는 주로 북부 독일의 교육받지 못해 무지한 사람들을 휩쓸고 지나갔다. 루터의 갓 바이러스는 매우 강력하여 본래의 가톨릭 바이러스가 천 년 전에 이루었던 것보다 훨씬 더 빠르게 유럽 사람들을 휩쓸고 지나갔다. 일단 자유롭게 풀려나게 되자, 개신교 바이러스는 급속도로 돌연변이를 일으켰다. 칼뱅교는 루터교에서 발생한 직접적인 돌연변이였다. 재침례교 운동은 프랑스 위그노, 퀘이커교, 독일 침례교 그리고 그 외의 많은 교파들과 함께 번성했다(메노파, 후터파, 형제교회파).

다른 종교들로부터 고립되어 있던 사람들과 주로 교육을 받지 못한 사람들은 적절한 종류의 돌연변이 혹은 전적으로 새로운 갓 바이러스에 감염되기 쉽다. 힌두교의 돌연변이인 불교는 기원전 480년에서 180년까지 인도를 휩쓸어 당대에 이 세상에서 가장 커다란 갓 바이러스가 되었다. 이슬람교는 서기 600년에서 800년 사이, 단지 200년 만에 중동에서 이와 유사한 위업을 달성했다.

우리를 다시 부흥케 하소서

만약 당신이 근본주의 교회의 예배의식에 익숙하다면 아마 오래된 찬송가인 〈우리를 다시 부흥케 하소서〉를 알고 있을 것이다. 이것은 활력을 되찾기 위한 영양제가 필요하다는 감염자들의 분명한 요구이다. 부흥은 주로 이미 종교 바이러스를 가지고 있는 사람들을 겨냥하고 있다. 어렸을 때, 우리 교회에서는 해마다 부흥회를 열었다. 초청연사는 힘을 회복하고 교회에 다시 헌신할 것을 연설하고는 했다. '구원을 받은' 사람들은 대부분 이미 어떤 형식으로든 교회와 관계를 맺고 있다. 교회를 벗어나 구원을 받는 사람들은 극히 드물었다.

부흥회는 자기 지역의 믿음을 강하게 하고 외부 세력이 침범하거나 발판을 만들지 못하도록 하는 데 적합한 방법이다. 이는 돌연변이 예방법으로 볼 수도 있다. 이것은 사람들이 올바른 길에 머물도록 하는 데 도움을 준다. 근본주의 전통 속에서 자란 나는 활발히 벌어지던 신앙부흥운동을 지켜볼 기회가 많았다. 그것은 정규적인 교회의식들보다는 훨씬 더 감성적인 형식에 초점이 맞춰져 있었다.

일반적으로 성령의 은사를 받은 전도사가 부흥회를 이끌었다. 최고의 전도사들은 회중들 사이에 감성적 황홀경을 창조해내, 갓 바이러스에 대한 더 많은 헌신과 교회를 위한 더 많은 기부를 얻어냈다. 희생과 기부가 부흥회의 단골 주제이기도 하지만, 전도사는 아주 많은 시간을 할애하여 속세의 다양한 '유혹들'과 인기 있는 텔레비전 쇼와 영화 혹은 책 들처럼 신도를 타락시킬 수 있는 신기한 것들을 공박하는 설교를 한다. 행사는 전체적으로 '바이러스를 순결하게 지키는' 과정으로 볼 수도 있다.

다른 종교 집단들도 바이러스의 정화를 위한 고유한 방법들을 가지고 있다. 가톨릭은 신도의 접촉을 긴밀하게 유지하는 제도만큼이나 묵상과 혼인서약의식을 활용한다. 모르몬교와 여호와의 증인은 타락한 사람들을 제재하고 축출하는 데 있어 철저하게 잘 짜인 계급제도를 갖고 있다.

자유사상가들, 통제할 수 없는 돌연변이

때로는 통제를 벗어나는 돌연변이도 나타날 수 있다. 성서 읽기를 중요하게 생각하는 개신교는 성직자의 해석이나 중앙 교회 조직의 통제 없이 자신만의 해석을 할 수 있도록 허용했다. 그 결과, 루터교회를 시작으로 유럽에서는 수십 가지의 돌연변이가 나타났다. 사람들이 스스로 성경을 읽을 수 있게 되자 불가피하게 그들 중의 일부는 그 전체 계획이 사상누각이라는 결론을 내리게 되었다. 목이 잘릴 것을 두려워한 대부분의 사람들은 입을 닫고 있었지만, 공개적으로 종교와 종교의 사회적 역할을 비판하고 나서는 사람들이 생겼다. 이러한 초기 종교 비판가들은 오늘날의 자유사상가 그리고 자유사상 운동의 선조들*이다.

자유사상가들은 종교적 감염이라는 판단의 장애물 없이 이 세상을 살펴보는 데 관심을 가지고 있다. 그들은 일부 종교적이거나 일정한 종류의 종교적 지위를 가진 사람들도 있지만, 일반적으로 종교가 없거나 상대적으로 비종교적인 사람들이다. 자유사상가들은 아주 다양한 방법으로 갓 바이러스의 감염을 줄이거나 제거해버린 사람들이다.

---

* 조르다노 브루노는 초기 자유사상의 옹호자로서 자주 언급된다. 1584년에 태어난 그는 1600년에 종교재판을 받고 화형에 처해졌다. 수백 년 동안 갈릴레오, 볼테르, 몰리뉴 그리고 디드로처럼 위험을 무릅쓰고 종교의 가설에 대해 의문을 품었던 사람들이 그의 뒤를 따랐다.

제 2 장

THE GOD VIRUS

종교는 어떻게 생존하고 지배하는가

내게 있어 신이라는 단어는 인간의 나약함을 드러내는 표현이
자 그것의 산물일 뿐이라오. 성서는 고귀한 이야기들을 모아둔
것이지만, 그럼에도 불구하고 매우 유치한 원시적인 전설들이
지요. 제아무리 치밀한 해석을 덧붙이더라도 이 생각을 바꿀 수
는 없소. 다른 모든 것들과 마찬가지로 내게 있어 이 유대인의
종교는 가장 유치한 미신들을 구체화한 것일 뿐이오.

　　　－ 알베르트 아인슈타인, 구트킨트에게 보낸 편지, 1954년 1월 3일

이번 장에서는 사회 속의 종교를 이해하기 위해 역사적인 배경을 살펴보고, 전파와 영속을 위해 활용하는 종교의 전략들을 검토하게 될 것이다. 또한 기생적이며 공생적인 전파 방식을 훑어보고, 몇몇 비일신론 종교들과 전통적인 종교들을 함께 비교해 볼 것이다.

・・・

생존 전략

종교는 언제나 스스로의 생존을 확보하기 위해 작동한다. 종교가 형제애와 사랑 그리고 공동체와 관련된 다양한 견해들을 내세우지만, 언제나 종교의 생존에 비해서는 부차적인 것일 뿐이다. 다른 종교가 갑작스럽게 '보다 더 진실되게' 보인다는 이유로 스스로 해체해버리는 종교는 전혀 없다. 모르몬교가 진실된 교회라는 것을 알아차리게 되었기 때문에 문을 닫아버리는 침례교회는 없다. 진정한 메시아는 예수뿐라는 인식으로 인해 회교 사원을 대성당으로 개조하는 무슬림은 없다. 종교는 절대 포기하지 않는다. 그들은 끊임없이 수정하면서 변화한다. 그들은 바이러스의 생존과 변화하는 환경 속에서 성장하는 데 필요하다면 무엇이든 한다.

종교의 생존에 헌신하던 중에 개인들이 희생되는 경우도 있다. 이것의 극단적인 예는 중동의 자살 폭파범이다. 바이러스에 헌신하기 위한 자살은 스리랑카의 타밀 타이거즈와 제2차 세계대전 중의 일본 가미가제에서도 확인할 수 있다. 숙주에게는 이승에서의 희생은 내세에서 개인적으로 보상받을 것이라는 믿음이 깊게 주입되어 있으므로 그것에 동의하는 것이다.

또한 가톨릭 바이러스의 효율적인 벡터가 되기 위해 유전적 자살을 감내하는 신부와 수녀들의 독신주의도 자기희생의 일종이다. 상대적으로 덜 과격한 접근법이지만, 바이러스에게는 동일한 기능으로 도움을 준다. 사회는 이런 두 가지 형태의 벡터들을 지원해준다. 자살 폭파범의 가족들은 사회의 지원과 보상금을 받으며, 자손을 낳지 않는 신부와 수녀들은 새로운 숙주들을 감염시키는 동안 교회로부터 지원을 받는다.

이러한 모든 경우에서 개인들의 행위는 생존이 목적인 바이러스에 의해 통제된다. 톡소플라스마 곤디가 쥐의 뇌를 점령하는 것처럼 갓 바이러스는 자살 폭파범과 신부, 전도사 혹은 수녀를 지배하여 행위자들로 하여금 부활 혹은 종교의 발전을 확신하도록 지시한다.

이단 박멸

종교는 내부의 돌연변이와 외부의 위협으로부터 스스로를 보호해야만 한다. 이것을 완수하기 위해 종교는 외부의 모든 경쟁 갓 바이러스와 내부의 잠재적인 돌연변이들을 위한 항체를 만들어낸다. 이단은 거대한 집단 내에서 불화를 일으켜 종교를 약화시킬 우려가 있는 내부적인 돌연변이다. 그노시스파와 아리우스파 그리고 네스토리우스파와 같은 2~3세기의 이단 기독교들은 가톨릭교에 주요한 위협이었다.

가톨릭은 문서화된 교의를 만들어내는 것으로 대응했다. 그노시스파에 대해서는 사도신경을(2세기 초) 작성했으며, 훗날 아리우스파와 그 밖의 이단 종교에 대해서는 니케아신경(325년)을 만들어냈다. 이러한 신경들은 이단을 지지하는 신도들을 솎아내거나 파문시키고, 만약 정치적인 권력을 활용할 수 있다면 그들을 처형해버리는 항체로서 설계된 것이었다. 인간의 신체가 외부의 침략자들을 구분해 죽이기 위해 항체를 활용하는 것처럼, 종교에서의 신경은 누가 이단의 성향을 지니고 있는가를 판정하고 그들을 제거하기 위해 집행될 수 있다.

서기 381년에 테오도시우스 황제는 모든 신민들은 로마와 알렉산드리아 주교들의 신앙을 서약해야만 하며(즉, 니케아신경의 수용), 따르지 않을 경우에는 형벌에 처하겠다는 칙령을 발표했다. 비록 당시에 많은 주교들이 니케아신경에 반대했지만, 가톨릭교회는 늘어가는 이교도들을 억압하기 위해 정치적 체계를 활용할 수 있었다. 신도들을 정화하고 통제하는 과정에서 많은 사람들이 파문당하거나 격리되었으며, 심지어는 처형되기도 했다.

이단을 다루는 종교 문헌들은 엄청나게 많다. 대부분의 종교들은 그들의 문헌이 신으로부터 전해진 것이라고 주장하는데, 그 신은 그러한 경전들이 작성되고 있던 특정한 시대의 모든 이단자들에 대해 무척이나 걱정을 했던 것으로 보인다. 역사적으로 어느 시대에 작성된 것이든 종교 문헌들을 읽는 것은 그 시대의 종교 보호 전략에 대한 연구가 된다. 하나의 종교법이 확립된 이후에는 많은 종교 문헌들이 속출하는 이단들과 관계된 내용을 담고 있다. 바울을 비롯한 사람들이 이단에 대한 지대한 관심을 표명하고 있는데, 그것은 초기의 교회일지라도 이단이 얼마나 일반적인 현상이었는가를 보여준다.

그리스도의 은혜로 너희를 부르신 분을 이같이 급히 떠나 다른 복음을 쫓는 것이 놀랍다. 다른 복음은 없고 다만 어떤 사람들이 너희를 교란하여 그리스도의 복음을 왜곡하려는 것이다.

(갈라디아서 1:6~7)

그러자 백성 가운데 또한 거짓 선지자들이 일어났었나니 이와 같이 너희 중에도 거짓 선생들이 있으리라. 그들은 멸망하게 할 이단을 은밀히 끌어들여 자기들을 사신 주를 부인하고 임박한 멸망을 스스로 취하는 자들이라. (베드로 후서 2:1)

서기 180년경 리옹의 이레나이우스는 다른 몇 가지의 이단들을 반박하는 다섯 권의 책을 집필했다. 그 후 3세기가 넘는 기간 동안 더욱 더 많은 책들이 그 뒤를 이어 발표되었다. 가톨릭 갓 바이러스에게는 밟아 뭉개야 할 돌연변이들이 그만큼 많았던 것이다.

외부 바이러스들의 위협

갓 바이러스들은 새롭고 근본적으로 다른 바이러스들의 영향을 받기 쉽다. 페르시아의 조로아스터교와 힌두교는 서기 8~9세기에 아라비아 사막을 휩쓸고 지나간 기생적인 성격이 매우 강한 이슬람교에 대해 아무런 대비도 하지 않고 있었다. 그 결과는 급속한 이슬람의 정복과 수많은 사람들의 개종으로 나타났다. 이것보다 앞서 크세르크세스와 알렉산더 대왕과 같은 통치자들은 이 지역을 정복했었지만 종교에는 간섭하지 않았다. 하지만 이 새로운 무슬림 바이러스는 너무 강력하여 쉽사리 지역의 신들을 물리쳤고, 심지어는 조로아스터교와 힌두교와 같은 고대의 종교들 역시 몰아냈다.

> 한 사람이 망상에 시달리고 있다면 정신이상이라고 부르지만, 많은 사람들이 망상에 시달리고 있다면 종교라고 한다.
>
> — 로버트 M. 퍼시그, 《선(禪)과 모터사이클 관리의 기술》 저자

근본주의로 저지하다

바이러스가 널리 퍼져 성장 속도가 떨어졌을 때, 다른 갓 바이러스들은 비로소 항체들을 만들 시간을 갖게 된다. 예를 들자면, 이슬람교의 기세는 힌두 근본주의를 일으킨 힌두 항체들에 의해 결국 인도에서 저지되었다. 실제로 대부분의 근본주의는 일부 위협적인 바이러스에 대한 항체들을 적극적으로 만들어내는 형태를 갖추고 있다. 위협적인 종교나 돌연변이 들이 존재하는 한, 근본주의는 교인들에 대한 통제를 유지하고 돌연변이들이 걷잡을 수 없이 늘어나는 것을 막기 위해 항체들을 대량으로 만들어낸다.

근본주의의 정의

근본주의는 신성한 문서를 엄격하게 율법 제일주의적으로 해석하여 규정해 놓은 일련의 사고방식과 행동 들이다. 바이러스 관련 용어로 말하자면, 너무 심하게 감염되어 면역력을 갖추었으며 자신들의 믿음에 모순되는 증거는 모두 무시한다는 것을 의미한다. 근본주의는 본질적으로 배타적이다. 개인이나 집단은 자신들만을 진실한 신자들로 여기고 적어도 행위나 믿음에 있어 보다 정당하고 정확하다고 생각한다. 그리고 종종 기생적이어서 완력과 강압, 배척 혹은 정치권력 등의 수단에 기대어 믿음을 강요하려고 시도하며, 심지어는 개인적인 삶의 희생을 요구하거나 아예 몰락시키기도 한다.

어떤 경우에는 끊임없이 근본주의의 돌연변이를 겪는 종교도 있다. 가톨릭의 경우 예수회가 그러한 경우였다. 마틴 루터를 비롯한 이단들을 직면하게 되자, 예수회 수도단은(예수회, 1540년 설립) 복잡한 종교 교육과 젊은이들에 대한 세뇌를 통해 강력한 항체들을 만들어낼 수 있다는 것을 즉시 알게 되었다. 설립될 때부터 수도단의 구성원들은 그리스도의 병사들 그리고 교황의 보병들이라고 불렸다. 그들의 노력을 통해 폴란드와 남부 독일에서는 개신교의 확산이 멈추었다.

종교재판소는 그러한 역할을 했던 또 다른 기구로서, '로마와 전 세계 이단 심판 최고위 신성 총회 Supreme Sacred Congregation

> 신교도는 바울이 베드로를 누르고 승리한 것이고, 근본주의는 바울이 그리스도를 누르고 승리한 것이다. — 윌 듀랜트

of the Roman and Universal Inquisition' 로도 알려져 있다. 수 세기 동안 이 기구의 목적은 이단을 색출하고 맞서 싸워 제거해버리는 것이었다.

군소종교들의 생존법

종교는 명확하게 불리한 입장이라고 판단되면, 종종 지배적인 종교에 위협을 가하지 않는 형태로 변신한다. 당신의 몸에 침투한 외래 바이러스가 강력한 면역 반응을 유발시키는 것처럼, 외래 종교는 강력한 근본주의적 반응을 불러일으켜 약한 종교에게는 치명적일 수도 있기 때문이다. 힘이 약한 종교들은 온건하거나 전혀 위협적이지 않다는 인식을 주는 형태로 변화하여 살아남는다.

가톨릭교회는 고리대금업이나 이자의 징수를 금지했기 때문에 유대인 공동체는 기독교에 이러한 서비스를 대신 제공했다. 모르몬교는 뉴욕과 일리노이 그리고 미주리 주에서 다른 종교들로부터 강력하고 폭력적인 반응을 잇달아 겪은 이후로 미국 대부분의 지역에서는 적의에 찬 선교 방식에서 한발 물러났다. 대부분의 교인들이 유타 주로 물러난 이후로 모르몬 단체들의 태도는 뚜렷하게 비폭력적으로 바뀌었다.

세력이 약한 종교가 온건하게 보일지라도, 더 약한 종교에 대해 폭력적일 가능성은 상존한다. 중세 내내 자행된 유대인 학살과 1492년 스페인에서 있었던 종교재판 및 유대인 추방에서부터 나치의 유대인 대학살, 현재 중동에서 벌어지고 있는 유대인을 향한 위협 등은 이러한 현상의 대표적인 사례들이다. 또 다른 사례로는 프랑스 위그노파의 대학살로서

1572년의 성 바르톨로메오 축일에 11만 명의 위그노들이 살해되었다. 종교적 관용을 요구하는 칙령과 평화로운 공존에 대한 호소가 있었음에도 불구하고 왕과 가톨릭교회에 의해 추진된 박해는 그 후에도 30년 이상 계속되었다.

바이러스의 균형: 종교와 권력

생물학 체계에서 유기체들은 다른 생물상生物相과 협력하여 숙주에게 유익하게 존재할 수도 있지만, 균형을 이루지 못하거나 억제를 당하면 병원성으로 변질된다. 성년에 항생제를 섭취하게 되면 내장의 생물적 평형을 심각하게 붕괴시킬 수 있어 균류와 병원성 박테리아가 뿌리를 내릴 수 있는 기회가 된다. 생물적 평형으로 많은 병원균들의 침투를 막고 있는 질의 경우도 이와 마찬가지의 경우이다. 이러한 평형에 대해 네덜란드의 흐로닝언 대학의 아드리아누스 니콜라스는 이렇게 말한다.

장관腸管은 역동적이고 복합적인 박테리아 생태계를 품고 있다. 장관 내균총의 존재와 구성은 병원성 미생물들에 대한 저항력에 매우 중요하다고 알려져 있다(예를 들어, 공간과 영양적 요소들을 위한 경쟁을 통해). 내균총의 구성은 점막 면역 체계의 발달에 영향을 끼친다.

달리 말하자면, 알맞게 균형 잡힌 내장기관은 강력한 면역 체계를 제공한다. 만약 한 가지 혹은 그 이상의 내장 미생물들이 통제를 벗어난다면 내장기관의 손상과 질병을 초래할 것이다.

　종교들도 서로를 억제할 수 있다. 다원화된 사회에서 종교들은 정치권력의 강탈과 자신들의 믿음에 필요한 법규를 제정하는 데 많은 어려움을 겪는다. 모르몬 바이러스는 1890년경까지 미국의 유타 주에서 정치기구에 대한 완벽한 통제권을 확보하고 있어서 이 고립 지역 내에서 비모르몬교도들은 살해당하거나 추방당했을 정도였다. 1857년의 메도스 산 대학살은 가장 유명한 사례들 중의 한 가지이지만, 모르몬교 역사에서 유일무이한 사건은 아니다. 유타 주의 어느 곳이든 차를 몰고 다녀보면 모르몬교가 통제하는 현재의 수준을 알아차릴 수 있다. 거의 모든 모르몬 교회 옆에는 공립학교가 있다. 모르몬교의 통제를 받고 있는 지역의 교육위원회는 교회와 가까운 곳에 학교들을 위치시켜 학생들이 매일 종교적 가르침을 배울 수 있도록 한 것이다. 유타 주는 교육과 관련해서도 명확하게 바이러스에 봉사하고 있는 것이다.

　다원적인 성격이 약한 사회에서는 하나의 종교의 지배만 받을 수도 있다. 예를 들어, 일부 이슬람 국가들은 종교가 정치권력 구조에 대해 강력한 통제력을 가진다. 이슬람교가 극단적으로 효율적인 이유는 종교와 정치적 통제를 성공적으로 결합시킨 최초의 종교들 중 하나이기 때문이다. 실질적으로 이슬람교에서 종교와 정치를 분리시키는 것은 헌법적으로도 불가능하게 되어 있다. 마호메트가 처음 그 지역을 정복했을 때부터 그의 종교는 정치적이었다. 종교와 국가의 분리는 상상조차 할 수 없었다. 이슬람 바이러스는 다른 모든 갓 바이러스를 방어할 수 있도록 창시자들에 의해 정교하게 잘 만들어졌다. 이슬람은 주요 종교들 중에서도 가장 방어력이 뛰어난 갓 바이러스일 것이다.

이슬람의 뛰어난 방어력은 마호메트가 이슬람교를 형성하던 시기에 광범위한 갓 바이러스들을 겪었다는 사실 때문일 것이다. 아라비아 반도에 고립되어 있던 초창기의 이슬람교는 동서양 사이의 물품과 사상의 교류가 집중하던 지역의 인근에 있었다. 이슬람교의 항체들은 대부분 이슬람교가 성립된 지 100년이 채 되기 전에 만들어졌다. 그들은 마주치는 모든 종교들을 효율적으로 대처했다. 이슬람교의 강력한 방어책은 코란과 그 이후의 저작물들에 상세히 기술되어 있으며, 그 내용은 유대교와 기독교, 아라비아의 다신교들 그리고 그 이후에는 페르시아의 조로아스터교로부터 배웠던 것에 근거하고 있다.

유대교나 이슬람교는 모두 종교 · 정치적 운동으로 시작되었다. 모세와 마호메트에서 비롯된 그들의 뿌리는 군국주의적이며 정치적이었다. 기독교는 로마제국의 지배하에서 군국주의적이지 않은 종교로 탄생했지만 그 후에 군국주의적인 면모를 갖추게 된 것이다. 기독교는 유대교로부터 강력한 방어책들을 물려받았다. 바울이 만들어낸 것들은 군소 종교로서 거대하고 강력한 제국 내에서 살아남기 위해 고안된 것들이었다. 기독교의 항체들은 주로 적대적인 종교적 · 정치적 환경에서 살아남을 수 있는 능력에 초점이 맞춰져 있다. 실제로 바울의 저작물들은 기독교에서 개발해낸 것들 중에서도 가장 훌륭한 방어책들에 속한다고 할 수 있는데, 정치적 신경계를 감염시키기보다는 다른 갓 바이러스들과의 투쟁 그리고 적대적인 지역에서의 생존에 초점을 맞추고 있다.

초창기부터 기독교 저자들은 정치체제를 장악하려는 논리를 만들어냈지만, 3세기에 걸쳐 경쟁 종교와 정치계로부터 제지를 당하거나 견제를 받아왔다. 결국 성공을 거두었지만 기독교가 지닌 초기의 약점으로 인해 정치 영역에서는 이슬람교보다 전문성을 갖추지 못하게 되었으며, 감염시키는 데 있어 군사적 방법들의 운용 경험이나 정당성은 훨씬 뒤떨어진다. 그 결과로서 기독교의 저작물들은 국가의 기구들을 감염시키는 방법에 있어서는 상대적으로 열악한 안내서일 뿐이다. 반면에 이슬람의 저작물들은 처음부터 잘 설계된 안내서들이었다. 바울과 예수 그리고 모세가 마호메트에게 중대한 자료들을 제공한 셈이다.

기독교 바이러스는 길잡이로서 유대교 바이러스에 크게 의존하고 있다. 기독교 전도사들은 구약성서의 정치적 설계를 끊임없이 언급한다. 신약성서에는 그러한 부분이 전혀 없기 때문이다. 이사야, 예레미야, 다윗, 솔로몬 그리고 모세와 같은 고대 이스라엘의 선지자나 족장들 그리고 통치자들은 모두 종교를 정치와 따로 떼어 놓을 수 없는 것으로 생각했다. 오늘날에 이르기까지 이 문제는 정치적 중앙신경계를 감염시키기 위해 유대교가 국가에 끊임없이 압력을 가하고 있는 세속국가 이스라엘의 고된 투쟁으로 남아 있다. 이스라엘 자체의 존속이 다원화된 서구 세계의 지원과 보호에 의존하고 있기 때문에 유대교 근본주의가 접수하도록 내버려둘 수는 없는 것이다. 그럼에도 불구하고, 의회 내의 많은 유대교 집단들은 그러한 의제를 지속적으로 추진하고 있다.

진화한 갓 바이러스

이슬람교는 다른 갓 바이러스들에 대항하는 최선의 방어책을 가지고 있으며, 정치권력과 사회를 결합시킬 때에 보다 더 공격적인 잠재력을 발휘한다. 최근에 생긴 종교들은 이미 포화 상태이며 어느 정도 균형이 잡혀 있는 종교 생태계로 편입되어야 한다는 불행을 겪고 있다. 예를 들자면, 이미 복잡하게 붐비고 있는 바이러스 환경에서 출발한 모르몬교는 신선함과 새로운 방어책들로 인해 성장을 위한 깜짝 놀랄 만한 기회를 만들어내기는 했지만, 이슬람교의 확산과는 비교할 수 없는 것이다. 모르몬교는 시작할 때부터 정치적 신경계를 감염시키기 위해 설계되었으며, 조지프 스미스는 1844년에 대통령 후보로 선거에 뛰어들기도 했다. 모르몬교는 뉴욕 주에서 설립될 때부터 일리노이 주의 노부 그리고 미주리 주의 노스웨스턴으로 옮겨다니던 각 국면에서 한결같이 지역 정치 구조의 통제를 시도했다. 하지만 옮겨가는 곳마다 강력한 종교들이 자리 잡고 있었기 때문에 종교적 공백 상태였던 유타 주로 이주해가기 전까지는 성공을 거둘 수 없었다.

이슬람교는, 다신교 바이러스들은 미약했고 유대교는 기생적이지 않았으며 기독교는 분열되어 있던 혼란한 사회에서 발전했다. 이슬람 바이러스는 매우 잘 설계되어 있어 다른 '책의 백성들'*과는 직접적으로 마주치지 않을 수 있었다. 그 결과로 유대인과 많은 기독교인 공동체들은 그

---

* 마호메트는 성서를 따른다는 이유로 유대교와 기독교를 다른 종교보다 높게 평가했다. 그들의 종교가 타락했다고 생각했지만 마호메트는 여전히 그들을 존중했으며, 다른 종교에는 전혀 보여주지 않았던 관용도 베풀었다.

들이 정치적으로 혹은 군사적으로 저항하지 않는 한 단순히 지나쳐버렸던 것이다. 이것은 이슬람교로 하여금 잘 정립되어 있는 일신교 혹은 유사 일신교들과 싸우기 위해 에너지를 소모하지 않고도 확산할 수 있도록 해주었다.

이슬람교는 기독교를 거짓 일신교라며 공격했다. 마호메트는 세 가지 신을 모시는 종교라고 의심받는 기독교의 성 삼위일체를 빌미로 기독교는 알라의 말씀을 변조한 종교이며 진정한 일신교가 아니라고 주장했다. 이슬람교의 명백한 일신론은 많은 기독교인들의 개종에도 유리하게 작용했다. '알라 외의 신은 전혀 없으며, 마호메트는 그의 예언자다'라는 이슬람의 교의는 삼위일체와 관련된 혼란스럽고 모순적인 이론들을 공박하는 강력한 논거가 되었다.

하지만 이슬람교도 내부적 돌연변이인 시아파와 수니파의 뚜렷한 분열로 인해 끝없이 위협을 받고 있다. 그럼에도 불구하고 이슬람교는 세력 확장에 있어 다른 종교들을 제압할 충분한 힘을 지니고 있으며 오늘날 놀랄 만한 효율성을 바탕으로 지속적으로 성장하고 있다.

사이언톨로지는 또 다른 진보한 바이러스이지만 이 종교 역시 이미 복잡해진 종교적 생태계에 진입해야 한다는 불운을 겪고 있다. 만약 사이언톨로지와 모르몬교가 그다지 복잡하지 않고 바이러스가 약화된 환경에서 태어났다면 두 종교는 전 세계를 휩쓸었을 것이다.

> 종교는 사람들을 분열시키고 통제하며 미혹시키는 세 가지 일을 매우 효율적으로 처리한다.
> – 칼레스피 메리 앨리스 매키니

근본주의: 전염성이 강한 갓 바이러스의 형태

생물학적 바이러스들은 대단히 치명적이거나 대단히 연약한 상태 사이에서 위험한 외줄타기를 하고 있다. 매우 치명적인 에볼라 바이러스는 자신의 숙주를 순식간에 죽일 수 있기 때문에 다른 숙주를 감염시킬 기회가 전혀 없다. 이와는 반대로 천연두 백신처럼 약화된 바이러스는 너무 위태로운 상태에 있기 때문에 번식을 할 수가 없다.

갓 바이러스들 역시 이와 동일한 문제에 직면해 있다. 근본주의는 특정 종교의 한층 전염성이 강한 형태이다. 이것이 숙주 사회에 손상을 입히고 불구로 만들고 분열시키거나 극단적으로는 죽이지 못하도록 하기 위해서는 일반적으로 제지를 받아야만 한다. 근본주의는 대개 갓 바이러스가 공격을 받고 있거나 확장 국면에 있을 때 가장 '활발하게 활개를' 친다. 그렇게 위험한 공격자들로부터 그 종교를 지키기도 하고 세를 확장하여 다른 종교들을 물리칠 수 있는 에너지를 만들어내기도 한다. 동시에 근본주의는 자신의 종교 자체와 대의를 파멸시킬 수도 있다. 1978년에 일어난 이란 혁명은 이란의 왕정을 전복하기 위해 이슬람교의 시아파가 일으킨 것이었다. 일단 혁명에 성공을 하게 되자 근본주의는 줄곧 그 사회와 자신들에게 반대했던 사람들을 희생시켰다.

근본주의의 지배하에서 완고한 행위는 더욱 강화되고 그 노선을 벗어나는 사람들은 즉각적인 제재를 받게 된다. 이란은 결국 1990년대에 이르러 근본주의 마귀를 병 속에 다시 가두었지만, 여전히 가끔씩 통제를 벗어나 활개를 치고 있다.

근본주의는 일종의 염증으로 볼 수도 있다. 인간의 면역 체계는 감염에 맞서 싸우는 도구로서 염증을 활용한다. 불행하게도 경우에 따라 바이러스를 진압한 이후에도 염증은 오랫동안 남아 있기도 한다. 제대로 치료되지 않은 염증은 신체 내에서 건초열, 동맥경화증 그리고 류머티스성 관절염을 일으킬 수도 있다. 근본주의는 일시적으로 종교를 보호할 수는 있겠지만 유용성이 사라진 이후에도 오랫동안 지속될 수 있으므로 단체나 가족 그리고 사회적 구조에 부차적인 손상을 유발시킬 수도 있다.

근본주의가 만연한 사회는 오래 생존할 수 없다. 일단 위급한 상황이 지나가거나 세력 확장이 종결되고 나면 다시 통제를 해야만 한다. 통제되지 않는 근본주의는 사회 자체를 먹이로 삼는다. 이러한 현상은 소련이 철수한 이후 아프가니스탄을 완고하고 혹독하게 통치하던 탈레반에서 찾아볼 수 있다. 이와 비슷한 경우로는 이른바 문화혁명을 통해 3천만 명에 가까운 인민들을 죽음으로 몰고 갔던 중국 공산주의 근본주의를 들수 있다. 많은 사람들이 공격을 받았으며 공산당에 대한 근본주의자들의 믿음을 따라오지 못한다는 이유로 재교육 수용소로 끌려가거나 처형되었다.

사우디아라비아는 1744년에 빈사우드 왕조가 사막의 왕국을 설립하기 위해 성직자인 압둘와하브와 동맹관계를 맺었을 때부터 강력한 근본주의 바이러스를 번식시켰다. 와하비즘은 18세기에 수니파 이슬람을 조금씩 파고들고 있던 일정한 부패행위들에 대항하는 매우 보수적인 개혁운동으로 시작되었다. 이 운동은 수니파 이슬람을 정화하고 유명한 성인들에 대한 숭배와 묘지 순례 그리고 우상숭배와 같은 행위들을 근절하기위해 확립되었다. 압둘와하브는 이슬람교 내의 도덕적 타락을 인지했으며 신도들을 위한 엄격한 행동 규범들을 확립하려고 시도했다. 와하비즘은 두 세기 동안 신중하게 지켜졌으며 지배계층의 통제를 받았다.

수십 년 전에, 내부의 엘리트 지배층에 도전하지 않는 이 전염성 강한 바이러스의 에너지를 사우디아라비아의 바깥으로 집중시키자는 일종의 타협안이 갑자기 떠올랐다. 정치적 중앙신경체계 자체는 고도로 감염되어 있었기 때문에 사우디의 권력층은 이 바이러스와 직접적으로 맞서기를 주저했다. 예를 들어, 오사마 빈 라덴은 와하비즘에서 나온 충실한 추종자였으며 사우디의 유력한 가문 출신이었다.

알 카에다는 와하비즘보다 훨씬 더 근본주의적이지만 와하비즘에서 파생된 직접적인 돌연변이이다. 와하비즘과 알 카에다가 자신들의 역량을 아프가니스탄을 비롯한 지역에 집중시키고 있는 한은 묵인될 수 있었다. 하지만 알 카에다가 사우디의 지배계급에 직접적인 위협이 되었기 때문에 현재는 와하비즘의 불꽃을 부추기지 않고 알 카에다를 제거해야 하는 미묘한 과제를 떠안게 되었다.

와하비즘을 지원하고 그들의 선교활동을 도우면서 이 근본주의 바이러스는 공산주의 이후의 아프가니스탄과 파키스탄의 약화된 사회를 감염시켰다. 근본주의는 이들 지역에서 현재 서

> 자신이 완벽하게 확신하고 있는 일에 헌신하는 사람은 없다. 내일 태양이 떠오를 것이라고 열광적으로 소리치는 사람은 아무도 없다. 태양이 매일 떠오른다는 것은 누구나 잘 알고 있다. 사람들이 정치적, 종교적 믿음들 혹은 그 밖의 교리나 목표에 열광적으로 헌신한다는 것은 언제나 이러한 교리나 목표 들이 의심스럽기 때문이다. — 로버트 M. 퍼시그

서히 풍토병이 되어가고 있다.

생물학적 바이러스의 저장소

자연계에는 바이러스가 아주 오랜 기간 동안 잠복해 있다가 전염병으로 퍼져나갈 수 있는 장소들이 있다. 예를 들어, 광견병 바이러스의 숙주인 박쥐가 그렇다. 광견병은 병원체를 보유한 박쥐로부터 다른 동물로 퍼져나갈 수 있다. 중세의 흑사병과 관련된 박테리아인 Y 페스티스는 병원체를 보유한 동중앙 아프리카의 쥐들로부터 시작된 것으로 알려져 있다. 그 지역에서 간헐적으로 나타났던 흑사병은 그 방향을 북쪽으로 돌려 중동과 유럽으로 번져나간 것이다. 이와 비슷하게 서아프리카의 일정 지역에 잠복해 있다가 때때로 확산되는 에볼라 바이러스는 일반적으로 원숭이를 통해 인간에게 전염되곤 한다.

생물학에서는 종종 특정한 병원균이 널리 퍼지게 되는 이유가 명확하지 않다. 왜 해마다 종류가 전혀 다른 독감이 유행하는 것일까? 그것은 다양한 숙주들에 잠복되어 있는 다양한 독감 바이러스들과 관련이 있을 것으로 보인다. 개별적인 바이러스는 효율적인 벡터들을 찾지 못했거나 특정한 변형에 대한 일반적인 면역으로 인해 억제되고 있는 것이다.

바이러스는 수년간 활동하지 않고 잠복해 있을 수 있으며, 퍼져나가기에 적합한 환경이 만들어질 때까지 돌연변이를 하거나 수없이 변화할 것이다. 중세에 창궐했던 흑사병은 동아프리카의 숙주에서 연속적으로 돌연변이를 일으킨 병원체였을 것이다. 각각의 돌연변이들은 확산 도중에 마주친 방어막을 압도할 수 있을 만큼 충분히 다양했을 것이다.

종교 바이러스의 숙주들

마찬가지로 갓 바이러스에게도 숙주들이 있다. 아프가니스탄은 두 가지 근본주의의 변형체인 탈레반과 알 카에다의 숙주였다. 탈레반은 엄격한 이슬람교의 국지적인 변형으로, 아프간 사회에 만연한 부패에 대한 반응으로 시작되었다. 앞서 언급했듯이 알 카에다는 사우디아라비아 와하비즘의 분파였다. 두 조직 모두 여성의 권리를 엄격하게 제한하고 텔레비전과 사진, 연날리기, 체스 등을 불법으로 규정해 서방의 영향력을 몰아내려는 샤리아법*을 지키도록 강요하고 있다.

두 운동 조직의 근원은 다르지만, 그들은 모두 사회에 만연한 부패에 대해 근본주의적으로 반응하며 사회와 신자들을 정화시키려 하고 있다. 아프가니스탄에서 숙주를 싹틔우고 성장한 후, 지극히 기생적이며 공격적인 이들 바이러스는 1990년대에 더 넓은 지역을 감염시키기 위해 퍼져나갔다. 일단 숙주로부터 빠져나오자 그들은 젊은이와 비교적 교육 수준이 높은 무슬림들을 전염시켜 여러 나라에서 발판을 마련할 힘을 갖게 되었다. 알 카에다는 젊은 사람들을 감염시키는 데 있어 특히 효율적이다. 알 카에다의 자살 폭파범들이 30세를 넘어서는 경우는 드물다는 데에서 짐작할 수 있다.

---

* 코란과 수나를 기반으로 한 이슬람의 법률. (편집자주)

62

과거 수 세기 동안 갓 바이러스는 생물학적 바이러스들처럼 통상 항로와 군대들을 따라 널리 퍼져나갔다. 그러나 오늘날에는 인터넷을 비롯한 세계적인 초고속 통신수단을 통해 퍼질 수 있다. 이처럼 새로운 전자신경체계를 통해 근본주의는 어느 곳에서든 전례가 없는 속도로 성과를 얻어낼 수 있다. 이제는 더 이상 전통적인 통상 항로나 정복군은 필요하지 않다. 서방이나 그 어떤 군대의 간섭도 받지 않는 먼 지역의 숙주들로부터 전 세계적인 감염이 일어날 수 있는 것이다.

이슬람 근본주의는 영국에서 인도네시아에 이르기까지 널리 퍼져 있다. 이러한 형태의 감염에 대항할 면역 체계는 아직 개발되지 않았으며, 각국 정부들과 그 밖의 종교 단체들은 면역 체계를 갖추기 위해 노력하고 있다. 군사적 대응은 성공하기 힘들고 오히려 이슬람 근본주의를 강화시키게 될 것이다. 이슬람 근본주의의 자극으로 인하여 기독교 근본주의는 현재 미국 군부 전반에 걸쳐 강력하게 부상하고 있다. (이 문제는 다음 장에서 좀 더 자세히 다루기로 한다.) 미국의 부시 대통령이 이슬람 테러리즘과 전투를 벌이는 '십자군'을 언급했을 때, 많은 기독교 근본주의자들은 긍정적으로 동조했지만 많은 이슬람 근본주의자들은 부정적으로 반응했다. 이 두 바이러스들은 서로를 먹잇감으로 이용할 수 있고 또 그렇게 하고 있는 것이다.

미국 내에서는 특별히 기생적인 바이러스의 숙주들이 제리 폴웰의 리버티 대학교나 팻 로버트슨의 리젠트 대학교와 같은 곳에 서식하고 있다. 비록 오순절 교회파와 나사렛 교회파 사이에도 존재했었지만, 남부 침례교는 지난 50년이라는 상당 기간 동안 가장 커다란 근본주의의 숙주였던 것으로 보인다.

이러한 것들이 비록 명확한 숙주들로 보이기는 하지만 어떤 숙주가 가장 효율적인 갓 바이러스를 만들어낼지에 대해서는 예측하기 어렵다. 재능 있고, 환상적인 이야기를 만들어내는 독실한 이야기꾼인 조지프 스미스가 1820년에 매우 전염성이 강한 모르몬 바이러스를 만들어낼 것이라고 누가 추측이나 할 수 있었을까? 1517년 마틴 루터에 의해 독일의 비텐베르크에서 시작된 조그마한 운동이 유럽에서 1,200년 동안 유지해온 가톨릭의 독점을 뒤집어엎을 것이라고 누가 예측할 수 있었을까?

1517년에 가톨릭이 그랬듯이, 지배적인 종교가 약해질 때 새로운 종교들은 일어설 기회를 얻게 된다. 루터 이전의 천년 동안 많은 종교들이 그 지배를 뚫고 나오려 했지만 그럴 만한 힘이 없었거나 성공을 거둘 만큼 정치적으로 강력한 지도자가 없었다. 예를 들어 존 후스는 1400년 경에 경쟁력을 갖춘 바이러스를 만들어냈으며 모라비아교 운동을 시작했다. 이 운동은 백 년 이상 부글부글 끓어올랐으며 마틴 루터에게 강한 영향을 주었지만 결국 주류에는 편입되지 못했다.

예를 들자면, 루터는 종교 교육의 현실을 점검하기 위해 작센 지역의 교구들을 방문했을 때의 이야기를 자신의 책《소교리 문답서The Small Catechism》의 서문에 이렇게 소개했다.

"어쩌나, 큰일 났구나! 참으로 가지각색의 불행을 목격했다! 특히 마을에 사는 평민들은 기독교 교리를 전혀 모르고 있었다. 그리고 아아, 슬프게도, 많은 목회자들이 모두 가르칠 능력도 없고 무능했다."

시골 지역 전체가 수확하기 좋을 만큼 무르익어 있었던 것이다. 그로

64

인해 그의 새로운 바이러스
는 북부 독일 대부분의 지
역을 쉽사리 휩쓸었다.

마르크스주의는 또 다른
강력한 바이러스로, 유럽의

> 믿음이란 당신이 믿을 수 없다고 알고 있는
> 것을 믿는 것이다.   – 마크 트웨인

많은 작은 마을들에서 수년 동안 끓어오르다 마침내 러시아의 정치 구조
와 러시아정교회가 약화되자 1917년 러시아에서 분출되었다. 이것의 교
리는 예수나 제리 폴웰이 표명한 선언만큼이나 강한 믿음에 바탕을 둔
것이었다. 그 정당성에 있어 모르몬교보다 경험적인 증거들이 결코 더
많지 않다. 마르크스주의자들의 역사적 책무도 삼위일체의 교리가 그런
것처럼 믿음의 진술에 가깝다.

마르크스주의에는 블라디미르 레닌이라는 특출 나게 효과적인 벡터가
있었다. 많은 경우에 그렇듯이, 일단 이 바이러스가 순조롭게 우월한 위
치를 차지하게 되자, 주요 벡터인 레닌은 살아 있을 때보다 죽은 이후에
더 가치를 발휘했다. 직접 수도원에서 훈련을 받아 종교적 조작 방법들
에 익숙했던 스탈린은 그의 사후에 레닌 숭배 집단을 구축했다. 러시아
정교회 내에서 고유의 종교적 분출구를 박탈당했던 소작농 공동체는 무
덤에 묻힌 레닌을 보기 위해 떼를 지어 몰려들었다. 레닌은 마르크스주
의의 신이 되었으며 모두가 친견할 수 있도록 전시되었다. 그 어떤 파라
오나 로마 황제도 사후에 이보다 더 신격화된 적은 없었다.

근본주의 대 근본주의

근본주의는 조심스럽게 감추어진 숙주 안에서 언제든 분출할 기회를 노리고 있다. 만약 유력한 바이러스나 다른 바이러스들의 억제를 받지 않는다면, 최악의 결과로서 사회를 전복시킬 수도 있다.

근본주의의 감시자로서 우리는 이러한 발달 과정을 확인할 수 있으며 앞으로 어떤 일이 벌어질 수 있을 것인가를 예측할 수도 있다. 우리는 경쟁중인 두 가지 근본주의 바이러스들이 충돌할 때 이성적인 논의는 사라지고 만다는 것을 지적할 수 있다. 근본주의는 타협할 줄 모른다. 근본주의자 운동은 자신들의 방법만이 유일한 길이며 다른 모든 것들은 부패했고 파멸될 운명이라고 믿는다. 그처럼 깊게 감염된 상태에서 생산적인 대화는 이루어질 수 없다.

더 나아가, 근본주의의 존재는 다른 사람들로부터 근본주의적인 반응들을 불러일으킨다. 모르몬교는 1830~1850년대에 일리노이 주와 미주리 주에서 강력한 반발을 불러일으켰다. 이와 유사한 반응은 11~13세기에 걸친 십자군운동 기간 동안에도 일어났으며, 가톨릭 근본주의는 이슬람 근본주의를 불러일으켜 성지를 번갈아가며 정복하는 결과를 가져왔다. 이러한 일은 가톨릭 진영이 스스로 지쳐버려 팔레스타인에서 완전히 철수할 때까지 반복해서 일어났다.

오늘날 우리는 이슬람과 기독교의 근본주의가 각자의 설교대에서 서로를 비방하고 있음을 확인할 수 있다. 미국 군대가 이슬람 근본주의와 전투를 치르기 위해 이슬람 세계에 주둔하면서 미국 군대 내에서 근본주의적 활동이 크게 늘어났다는 것은 우연의 일치가 아니다. 크리스천 엠

버시와 같은 근본주의 단체들은 미국 군대의 최고위급까지 침투해 있으며, 펜타곤 내의 영향력 있는 직위들도 차지하고 있다. 미 공

군사관학교의 복음 전도 추문에서부터 그리스도를 위한 캠퍼스 십자군까지 이라크에 있는 병사들에게 수천 개의 개종 권유 소포들을 보내려 시도하는 등 복음주의자들은 군대를 종교적인 목적으로 활용하기 위해 열심히 노력했다. 그리스도를 위한 캠퍼스 십자군의 스콧 블룸은 홍보용 비디오에서 이렇게 말한다.

"공군사관학교에서 그리스도를 위한 캠퍼스 십자군의 목표는 예수 그리스도 전파를 공군사관학교와 전 세계의 주요한 과제로 삼는 것이다. 이곳을 떠날 때 그들은 정부에서 보수를 받는 선교사가 될 것이다."

근본주의는 언제나 번식을 가장 쉽게 해줄 수 있는 기관들을 감염시키려 노력한다. 미군이든 파키스탄 군대 내의 이슬람교도이든 그들의 목적은 언제나 이미 확립되어 있는 기관들을 활용해 효율적인 번식을 추구하는 것이다.

근본주의 바이러스의 예방법

과학적 방법의 출현으로 인해 갓 바이러스가 꾸며냈던 많은 조작들의 가면을 벗겨낼 수 있게 되었다. 교황은 더 이상 지구가 우주의 중심에 있

다고 주장할 수 없다. 많은 사람들이 기도를 믿고 있기는 하지만, 병을 고치기 위해서는 주치의를 믿는 것이 더 좋다는 것을 알고 있다. 사이언 톨로지교인들은 자신들의 E미터가 한 개인에 관한 모든 종류의 이야기를 다 알려줄 수 있다고 주장하겠지만, 그것을 감히 과학적 연구의 진실에 노출시키려 하지는 않을 것이다. 침례교도들은 인간이 다른 생명체로부터 진화한 것이라는 생각을 좋아하지 않겠지만, 자신들의 창조주 사상을 절대로 나바호족 혹은 힌두교 식의 창조관에 대비하여 시험하려고 들지는 않을 것이다. 이러한 믿음의 방어 거점들이 과학적 검증을 통해 도전을 받게 되었기 때문이다.

유럽은 히틀러의 사망 이후로 주요한 근본주의의 분출을 겪지 않았으며, 러시아는 소련의 붕괴 이후로 주요한 근본주의의 분출을 피해왔다. 이들 사회는 강력한 과학교육을 실시하고 있으며, 지금까지는 보다 전염성이 강한 바이러스들의 대대적인 감염을 피해왔다.

우리가 근본주의로부터 완벽하게 안전할 수는 없겠지만, 가장 훌륭한 예방법은 확고한 과학교육이다. 현재 아시아와 러시아에서는 의미 있는 실험이 진행되고 있다. 마르크스주의/공산주의 종교가 대부분 호감을 잃어버렸지만, 다른 종교들이 그 공백을 파고들어 채우지는 못하고 있다. 중국과 러시아의 정부가 과학적으로 잘 교육받은 대중을 만들어내고 지속적으로 장려하고 있다는 것은 전혀 우연의 일치가 아니다. 그들은 또한 자국민들을 감염시키려는 외부의 종교적 노력을 감시하고 방해하고 있다. 과학교육이 강하게 실시되고 있는 독일, 스웨덴, 아일랜드, 헝가리, 네덜란드와 같은 서구 국가들에서는 모든 종류의 갓 바이러스들의 영향력이 약화되어 있다.

교육은 탈레반이나 침례교 혹은 가톨릭을 위한 바이러스를 영속시키는 데 있어 중요한 핵심이다. 만약 대중 교육을 통제하지 못하게 된다면, 바이러스는 자원을 공공 자산에서 근본주의자 학교에 대한 지원으로 전환시키려 할 것이다. 파키스탄의 마드라사 학원에서부터 미국 내 바우처 제도에 대한 기독교의 압박 그리고 종교적 홈스쿨링 운동까지 종교들은 교육을 통제하거나 교육에 대한 자원을 통제하려 시도할 것이다.

무신론적 종교들

1. 종교로서의 무신론?

무신론을 종교라고 주장하는 사람들이 있다. 하지만 그러한 주장은 제우스나 토르, 알라 혹은 날으는 스파게티 몬스터*를 믿지 않는 사람들을 어떻게 부를 것이냐는 문제를 야기한다. 무신론은 단순히 모든 신들의 증거를 인정하지 않는 것일 뿐이다.

우리가 언급한 모든 종교는 예배의식과 관습, 성스러운 저작물들 혹은 전통 등등의 것들을 가지고 있다. 무신론에서는 그와 같은 것들이 개발된 적이 전혀 없다. 성자들도 없고, 축일이나 성스러운 책들도 없으며,

---

* 2005년 미국 캔자스 주 교육위원회가 신에 의한 지적설계론을 공립학교의 과학교육과정으로 정식 승인한 것에 대해 오리건 주립대학 물리학 석사인 바비 헨더슨이 이에 항의할 목적으로 만든 패러디 종교이다. 웹사이트: www.venganza.org (편집자주)

믿음에 대해 합의된 교회법도 없다. 실제로 무신론자들이 유일하게 의견 일치를 보이는 것은 신이 없다는 사실뿐이다.

2. 공산주의와 그 밖의 무신론적 종교들

무신론이 종교일 수 없는 반면에, 일부 비유신론 종교들에는 성스러운 책이거나 신을 닮은 인물들이 있다. 마틴 루터가 개신교 바이러스를 만들어냈던 것처럼 칼 마르크스는 역사적 책무에 대한 믿음이라는 교리에 근거해 마르크스주의 바이러스를 만들어냈다. 마르크스 역시 기독교인들이 그리스도의 재림에 대한 믿음만큼이나 자신에게 주어진 역사적 책무에 대한 증거를 보여주지 못했다. 마르크스주의는 많은 숙주들을 감염시켰으며, 자신의 생존에 유리한 방식으로 돌연변이를 일으켜 수천, 수백만 사람들의 정신 속에 복제되었다. 결국 스탈린주의와 모택동사상 그리고 그 밖에 북한과 캄보디아, 쿠바 그리고 루마니아에서 찾아볼 수 있는 것과 같이 거의 대부분 개인숭배로 이어지는 공산주의의 다양한 관행으로 진화했다.

형식적으로는 유신론이 아니지만 카이사르나 파라오가 신이었던 것과 같은 의미로, 그 우두머리는 신과 유사한 인물인 것이다. 공산주의자들의 종파는 심지어 죽은 신들까지 숭배하고 있다. 그로 인해 정성을 다해 만들어 놓은 레닌의 묘지에는 여전히 매년 수천 명의 숭배자들이 방문하고 있다. 북한의 전 독재자였던 김일성은 1994년에 죽었지만 오늘날까지도 여전히 공식적으로 '북한의 영원한 지도자'로 남아 있다. 그는 죽은 파라오가 고대 이집트인들에게 그랬던 것처럼 북한 사람들에게는 신과 같

은 존재인 것이다. 죽은 독
재자를 공경하는 것이 서구
인들에게는 매우 기괴한 일
로 보이지만, 기독교인들이
죽은 예수를 숭배하는 것

이나 시아파 무슬림들이 축복을 받기 위해 파티마의 무덤을 순례하는 것
과 무엇이 다르다는 것일까? 그것이 파라오에 대한 숭배이든 독재자 혹
은 메시아에 대한 숭배이든 이러한 행위는 모두 매우 비슷한 것으로 보
인다.

　바이러스는 신성이 충만하거나 일정한 형식으로 영속되는 한 그 힘을
유지하거나 스스로 부활할 수 있다. 하지만 신성이 소멸될 때 갓 바이러
스는 흩어져 없어지고 다른 종교들이 힘을 얻게 될 수도 있다. 개신교 교
회들은 과거 소련에서 공산주의와 러시아 정교회를 대체하기 위해, 시장
점유율을 높이기 위한 작업을 열성적으로 수행했다. 예를 들어, 여호와
의 증인은 매우 커다란 성공을 거두게 되었을 때 법정에 서게 되어 러시
아 정부로부터 제재와 추방 선고를 받았다. 오순절 교회파도 성장을 거
듭해 정교회와 러시아 정부로부터 분노를 사기도 했다. 약화된 정교회
바이러스가 다른 바이러스들의 침투를 막기 위해 정치권력에 도움을 청
했던 것이다.

기생하는 종교들

생태계에는 다른 바이러스들에 비해 일정한 바이러스에 더 쉽게 감염되는 숙주들이 있으며, 다양한 돌연변이들이 발생하여 전체 개체군에 변화무쌍한 영향을 끼친다. 이것이 바로 배우자는 감기에 잘 걸리지 않지만 자신은 쉽게 걸리는 이유이다.

갓 바이러스들도 이와 비슷하다. 여호와의 증인이 러시아에서 지배적인 종교가 될 것 같지는 않지만, 사이언톨로지나 오순절 교회파 그리고 침례교가 그렇듯이 그것의 특별한 바이러스는 일정한 부류의 사람들을 감염시킬 능력이 있다. 이것은 매우 공격적인 바이러스로서 보다 더 기생적인 종교적 접근법인 전도를 통해 전파된다. 기생적인 접근법은 새로운 사람들을 바이러스에 감염시킨 후 사회적, 가족적 궤도를 뛰어넘어 다가가는 수평적 전략을 활용한다. 그 반면에 공생적인 접근법은 보다 수직적이어서, 바이러스를 하나의 세대에서 다음 세대로 대대로 물려주는 방법이다. 대부분의 종교들은 어느 정도는 이 두 가지 번식 형태를 모두 활용하지만 상대적으로는 한 가지를 더 많이 강조한다.

고도로 기생적인 바이러스들은 가장 감염되기 쉬운 숙주들을 골라낸 후 그들을 극적으로 통제하려 한다. 그러므로 기생적 바이러스들은 개종자를 잠재적으로 약화시킬 가능성으로부터 멀리 떨어뜨려 놓기 위해 온전한 가족의 해체를 시도한다. 가장 좋은 예는 문선명이 창립한 통일교 혹은 세계평화통일가정연합으로, 무니Moonie라고도 한다. 통일교는 결혼 전에는 성적인 절제를 해야 하며 모든 결혼은 교회의 승인을 받아야 한다고 주장한다. 그리고 문선명은 자신의 바이러스를 전통적인 문화적 경계를 뛰어넘어 번식시키려는 목적으로, 서로 다른 문화권 출신의 사람들을 결혼시킨다.

러시아에서 여호와의 증인에 대한 주요한 불만 중의 한 가지가 가족과 사회에 끼치는 충격이었다는 것은 그리 놀라운 일이 아니다. '종교적 관용'이라는 단체에서는 2004년 5월 25일에 다음과 같은 논문을 발표했다.

모스크바 법정은 이 공동체가 가족을 붕괴하도록 강요하고, 개인과 그들의 시민권 및 자유를 침해하고, 자살을 방조하거나 종교적 근거로 치명적인 질병에 대한 의학적 도움을 거부하도록 장려하였으며, 시민들로 하여금 법에 의해 규정된 시민의 의무들을 거부하도록 선동한 것에 대해 유죄 판결을 내렸다. 1997년에 제정된 법의 14조에 따라 종교 단체는 합법적 지위를 잃을 수도 있으며, 이러한 근거들에 의해 활동이 금지될 수 있다.

기생적인 종교들은 엄격한 행동 규범 혹은 자격 기준들을 갖고 있으며 구성원들에게 많은 것을 요구한다. 그들은 새로운 구성원들을 끊임없이 끌어들이기 때문에 신앙의 주입과 관리를 엄격히 해야만 한다. 기생적 바이러스의 성직자 계급 제도는 개종자들의 돈과 시간의 희생을 요구한다. 사이언톨로지와 여호와의 증인, 하레 크리슈나교 그리고 통일교는 모두 이러한 방식으로 작동한다.

공생적인 종교

많은 종교들은 기생적이기보다는 공생적이고자 한다. 예를 들어, 레바논과 시리아 그리고 이스라엘의 드루즈교는 외부인을 차단하고 8백년 이상 개종자들을 받아들이지 않고 있다. 이것은 수직적 전략으로 주로 가족과 문화 범위 내에서 다음 세대로 이어지고 있다. 이라크의 야지디파나 미국의 아미시도 이와 비슷한 구조이다. 그 공동체 내에서 태어나지 않았다면, 그 구성원이 될 수 없는 것이다. 만약 개종이 허락된다면 그에 대한 요구 사항은 실질적으로 불가능하거나 대단히 어려운 것들뿐이다.

이것은 성공적인 전략일 수 있다. 공동체는 바이러스를 강하게 유지할 수 있고, 그로 인해 바이러스는 공동체를 단단하게 묶어둘 수 있다. 드루즈, 야지디 그리고 아미시와 같은 공생적인 종교들은 구성원들을 완벽하게 감염시키기 때문에 종교적인 제한이 일상생활과 완전하게 통합된다. 후터파가 그렇듯이 힌두교의 분파들도 공생적이라 할 수 있다.

이 모든 것을 결정하는 것

많은 종교들이 당시의 주변 상황에 따라 기생적이거나 공생적인 수단을 함께 사용한다. 가톨릭 바이러스는 기생적인 행동을 보이면서 일정하게는 공생적인 태도를 유지하려는 경향이 있다. 가톨릭 바이러스는 16세기에 중남미를 정복하는 동안에는 최대한 기생적인 태도를 유지하려 했다. 수백만에 달하는 원주민들의 죽음은 정복을 도와주려는 가톨릭 사제들의 행위와 직접적인 관계가 있었다. 바르톨로메 데 라스 카사스와 같은 소수 사제들의 영웅적인 노력이 있었음에도 불구하고, 정복자들을 동반한 많은 사제들과 훗날의 정착민들은 아메리카 대륙에 있던 사람들에 대한 대량학살과 노예화에 정당성을 부여했다. 이것이야말로 종교가 저지를 수 있는 가장 기생적인 행위인 것이다.

물론 생물학적 바이러스들과 박테리아가 가톨릭 병사들과 사제들만큼이나 혹은 그보다 더 많은 사람들을 죽였겠지만, 이 두 집단은 상대방의 작업을 돕기 위해 협력하여 행동했다. 교황 베네딕트가 2007년 9월에 브라질의 주교들을 상대로 한 주요한 연설을 통해 그는 자신의 교회가 저지른 대참사에 대해 아무런 인식이 없다는 것을 알 수 있다.

   … 라틴아메리카와 카리브 해 지역의 국가들이 기독교 신앙을 받아들인 것은 어떤 의미였을까요? 그것은 풍부한 종교적 전통 속에서도 알아차리지 못한 채 그들의 선조들이 찾고 있던 미지의 신인 그리스도를 알게 되고 영접하게 되었다는 의미입니다. 그리스도는 그들이 묵묵히 갈망하던 구세주입니다. 실제로, 예수님과 그분의 복음에 담겨진 선언은 콜롬비아 이전의 문화를 전혀 소외시키지도 않았으며, 외국 문화가 들어온 거라고 할 수도 없습니다.

두말할 것도 없이 그의 연설은 원주민 집단은 물론 많은 지역의 사제들의 공분을 일으켰다. 만약 갓 바이러스에 완벽하게 감염된 것이 아니라면, 어느 누가 그처럼 맹목적일 수 있을까? 만약 누군가 유대인들은 자신들에게 광명을 주려는 히틀러를 기다려왔던 것이라고 말한다면 그와 같은 무식함으로 인해 비난을 듣게 될 것이지만, 이 교황은 그처럼 무감각한 언사도 마음껏 할 수 있는 자유이용권을 갖고 있는 것으로 보인다.

오늘날 아프리카 내의 가톨릭 바이러스는 기생적인 단계를 완수하고 있는 중이다. 이 갓 바이러스는 HIV 바이러스를 이용해 콘돔의 사용과 산아제한을 적극적으로 공격하고 있다. 그 결과는 가톨릭의 성적 관습으로 개종하거나 HIV로 인해 죽음을 맞이하는 것이다. 아이러니하게도 가톨릭은 그 자신의 고향이며 전 세계에서 출산율이 가장 낮은 국가 중의 하나인 이탈리아에서 세력이 극단적으로 약화되고 있다. 분명 누군가 콘돔을 사용하고 있거나 산아제한을 하고 있는 것으로 보이며, 혹은 이탈리아 사람들이 놀랄 만한 독신주의자가 되고 있는 중인지도 모를 일이다.

미국의 시민 종교

종교란

보통 사람들에게 진실로,

현명한 사람들에게는 거짓으로,

통치자들에게는 유용한 것으로 여겨지는 것이다.

– 세네카(기원전 4~기원후 65)

이번 장에서는 현대사회에서 종교와 문화는 동일하지 않다는 것을 보여주고, 종교가 기존의 문화에 침범했을 때 일어나는 문화적 결합이라는 개념을 소개할 것이다. 이러한 문화적 결합에 대한 사례연구로서 특별히 미국 내에서의 시민 종교의 진화를 살펴보기로 한다.

· · ·

종교와 문화

문화와 종교는 비록 관련되어 있기는 하지만 다른 영역에 속한다. 특히 현대사회에서 문화는 종교보다 더 넓은 수준에 존재한다. 북미와 호주의 원주민, 브라질의 아마존 부족들을 비롯한 초기의 사회들은 모두 문화와 결합된 독특한 종교를 갖고 있었다. 말하자면, 문화와 종교가 너무 밀접하게 결합되어 있어 분리될 수 없는 것이었다. 예를 들어 아마존 부족의 사람이 다른 종족의 종교로 개종하는 것은 상상조차 할 수 없는 일이었다. 그 부족이 살아가고 숭배하는 방식으로서 종교는 한 부족의 구성원임을 나타내는 기능을 했다.

그러므로 부족 종교는 오직 한 가지 종種으로만 살아갈 수 있는 바이러스와 같은 것이었다. 이 바이러스는 단일 종으로 번영할 수 있기 때문에, 만약 그 종에 대해 완전한 면역 체계가 만들어지거나 활동을 멈추게 된다면 이 바이러스는 사라지게 된다. 반면에 어떤 바이러스가 하나의 형태에서 돌연변이를 일으킬 수 있게 되어 다른 종으로도 생존할 수 있게 된다면 이 바이러스는 새로운 방식으로 번식하고 생존할 수 있게 되는 것이다. HIV는 수십 년 전에 원숭이로부터 인간에게 뛰어넘어온 것으로 보인다. 이러한 도약을 통해 이 바이러스는 수십 만 마리의 원숭이들에 잠복하고 있다가 수억 명의 인간에게 넘어오게 된 것이다.

문화로부터의 분리

기원전 600~400년 무렵에 문화와 결합되지 않은 종교를 통해 종교 혁명이 발생했다. 일단 종교가 주어진 문화에서 분리되자, 그것은 그 어떤 문화에도 확산될 수 있었다. 이러한 혁명은 유사한 영향력을 발휘하며 세계 전역에서 몇 번에 걸쳐 발생했다. 예를 들어, 불교는 아주 짧은 시간 내에 인도와 중국을 휩쓸며 수백 가지의 지역 신들을 없애버렸다. 기독교도 그와 똑같은 방식으로 많은 게르만과 켈트의 종교와 문화를 소멸시키며 유럽을 휩쓸었다. 이슬람은 중동을 휩쓸었다.

조로아스터교의 창시자인 자라투스트라가 기원전 600년경에 처음으로 문화와 분리시켰을 것이다. 페르시아를 시작으로 자라투스트라는 선의 군대인 아후라마즈다와 악의 군대인 앙그라 마이뉴 사이의 보편적 전투라는 개념을 제창했다. 당연하게도 사탄이라는 개념도 이 시기에서 비롯된 것이다. 조로아스터교는 수많은 지역 신들과 종교들을 제거하며 현재의 이란과 이라크 지역 전체에 급속하게 퍼져나갔다. 바로 그 직후에 유대인들은 조로아스터교의 중심부인 바빌로니아에 사로잡히게 된 것이었다.

유대교는 조로아스터교에 노출되어 바빌로니아 유수를 겪게 되기 전까지는 고도의 부족 종교였다. 감금을 겪고난 후 유대인들은 자신들의 종교에 대해 근본적으로 다른 인식을 품고 유대 지역으로 돌아왔다. 기원전 538년에서 330년까지 유대인들은 조로아스터교의 영향 아래 있었으며, 조로아스터교는 유대교에 매우 깊이 영향을 끼쳤다. 유수를 겪고 난 후에 자신들의 신에 대한 인식의 변화를 겪은 유대인들은 사탄이라는 개념을 추가하여 그들만의 현대적인 격식들을 갖추기 시작했다.

이것은 거의 4백 년 후에 성 바울에 의해 유대교와 문화의 결합이 완전히 해체되는 기반이 되었다. 기독교 신약성서의 내용을 알고 있는 사람이라면 새로운 기독교 분파에서 이교도의 지위에 대한 바울과 베드로의 충돌을 기억해낼 수 있을 것이다. 성 바울과 성 베드로 (그리고 그 밖의 사도들) 사이에 있던 많은 갈등은 기독교가 유대의 문화와 분리될 수 있을 것인가의 문제를 둘러싼 것이었다. 베드로를 비롯한 사도들의 주장은 새로운 개종자들은 할례를 받아야만 하며 그 밖의 유대의식들도 실천해야 한다는 것이었다. 반면에 바울은 이교도들이 새로운 분파에 합류하기 전에 유대인이 되어야 할 의무는 없다고 주장하며 강하게 반대했다. 결국 성 바울이 그 논쟁에서 승리했다.* 그 결과로 기독교는 유대 문화로부터 극적으로 분리되었다. 이것은 기독교 바이러스가 유대교의 격식들에 대한 논쟁 없이 침범할 수 있는 모든 곳으로 자유롭게 나아갈 수 있도록 했다.

---

* 사도행전 15, 갈라디아서 2:11~14

종교와 문화의 결합

문화로부터의 분리는 종교를 확산시키지만, 종교는 자신의 생존을 확실히 하기 위해 주어진 문화를 접수하려 시도한다. 종교적 감염이 심해질수록, 종교는 주어진 문화 내에서 보다 더 안전하게 자리 잡을 것이다. 대상 문화를 충분히 감염시킬 수 있게 되면, 종교는 분리될 수 없는 필수적인 부분과 같은 것이 된다. 그렇게 해서 조로아스터교는 수백 가지의 지역 신들을 밀어내고 수백 년 동안 안정적인 지위를 확보하면서 페르시아의 국가 종교가 되었다. 가톨릭 없는 중세는 상상조차 할 수 없다. 사우디아라비아가 어떻게 이슬람교로부터 분리될 수 있을까? 이 종교들은 각자 새로운 문화와 강력하게 결합했던 것이다.

이와는 반대로, 알렉산더 대왕의 정복은 그리스의 종교에 의지하지 않고 정치적 그리고 군사적인 조건으로 이루어졌다는 것을 쉽게 알 수 있다. 그리스인들도 자신들의 종교적 사상을 지니고 있었지만, 이슬람교나 기독교와는 달리 그것을 패전국 백성에게 강요하지 않았다. 알렉산더 대왕의 시기에 그리스의 종교는 보편적인 형태로 완전하게 분리되지는 않았던 것이다.

일단 새로운 문화와 결합을 하게 되면, 종교는 기생충처럼 달라붙어 종교의 안전과 전파를 확고히 하는 방식으로 문화적인 발전을 지향하려는 경향이 있다. 광견병 바이러스가 개나 너구리의 뇌 속에 깊이 파고드는 것처럼 종교는 문화 속에 단단히 자리잡게 된다. 성공적으로 결합하게 되면 문화와 종교가 하나라는 환상이 만들어지며, 추종자들은 종교 없이는 문화가 살아남을 수 없다고 믿게 된다. 더 나아가 일상생활에 깊이 관여하고 있기 때문에 다른 종교들은 이 종교를 쉽게 몰아낼 수 없다. 이것이 대부분의 중동 국가들에서 이슬람교가 차지하고 있는 위상이다. 예를 들어, 이집트의 민사법에는 이슬람교로 개종할 경우 간단한 행정 절차로 종교를 바꿀 수 있다고 명시되어 있다. 하지만 이슬람교에서 그 밖의 다른 종교로 개종할 경우에는, 비록 합법이지만, 정부에 의해 실질적으로 불가능하도록 되어 있다.

미국 내의 많은 종교 · 정치적 단체들은 미국과 기독교가 분리될 수 없는 것으로 생각한다. 그들은 만약 우리가 성서 구절에 대한 그들의 해석을 신봉하지 않으면 신의 분노가 내릴 것이라고 믿는다. (주로 구약성서에 담긴 사고방식에 근거한 것으로 현재의 정치 운동에 강요되고 있다.) 그들은 허리케인에서부터 9/11 테러 공격에 이르기까지 모든 것을 미국에 대한 신의 심판이라고 생각한다. 예를 들어, 로널드 레이건의 전 정책 자문관이었던 디네시 디수자는 이렇게 말한다.

미국 내의 모든 사람들이 '외적 존재'로부터 주어진 도덕률을 따르지 않기 때문에 무슬림 근본주의자들의 공격을 받고 있는 것이다. 새로운 도덕률은 간통과 동성애 결혼과 같은 행위들을 이끌어낸다.

2008년에 대통령 선거 유세를 펼치면서 공화당의 대통령 후보인 마이크 허커비는 신의 율법에 따라 헌법을 수정하자고 요구했다.

[일부 나를 반대하는 사람들은] 헌법의 개정을 원치 않습니다. 하지만 나는 헌법을 고치는 것이 살아 있는 하느님의 말씀을 바꾸려 하는 것보다 훨씬 더 쉬운 일이라고 믿습니다. 그리고 우리가 해야 할 필요가 있는 일은 헌법을 개정하는 것입니다. 그렇게 하는 것이 하느님의 기준을 바꾸려고 시도하는 것보다 오히려 하느님의 기준에 맞는 일이기 때문입니다.

디수자나 허커비와 같은 광신자들은 이슬람교가 이집트와 결합된 것만큼이나 확실하게 미국을 기독교 바이러스에 묶어두려고 한다. 이것은 건국의 아버지들이 미국의 헌법에 그 어떤 신도 언급하기를 거부한 이후부터 근본주의 기독교인들이 줄곧 이룰 수 없었던 목표이다.

계몽운동

서구의 계몽운동은 새로운 종류의 연합 해제로서 종교를 문화로부터 완벽하게 분리시킨 경우였다. 15세기에 에라스뮈스와 같은 초기의 인문학자의 공격으로부터 시작되어, 16세기에는 개신교와 경쟁하면서 가톨릭은 유럽 문화에서 독점적 지위를 잃어버렸다. 이러한 상황은 홉스, 루소, 볼테르를 비롯한 철학자들에게 기독교와 서구 문화 사이의 균열을 일으킬 수 있는 기회를 제공해주었다. 이러한 균열은 서서히 넓어졌지만, 미국 독립전쟁과 그에 이은 프랑스혁명이 일어나기 전까지는 충분히 벌어지지 않았다. 계몽주의 시대에서 제2차 세계대전까지의 서부 유럽의 역사는 모두 깊숙이 심어져 있던 종교들의 지배로부터 문화를 분리시키려는 엄청난 투쟁이라고 볼 수도 있을 것이다.

미국 독립전쟁과 문화

전혀 감염되지 않은 정치 체계의 등장은 역사에서 비교적 낯선 일이었다. 미국의 헌법 체계가 계몽운동의 기반 위에 정립되기 전에 종교 바이러스의 감염을 성공적으로 막을 수 있었던 주州는 전혀 없었다. 실제로 주요 주들은 모두 처음부터 통치자와 지배계급을 정당화해주는 역할을 하던 주별 종교가 있었다.

미국의 건국자들은 종교가 언제나 국가의 중앙신경체계를 감염시키려 한다는 것을 알고 있었다. 매디슨을 비롯한 사람들의 노력에 힘입어 헌법에는 신에 대한 언급이 전혀 없었으며 교회와 국가의 분리는 제1차 수정안에 정식으로 기술되었다. 교회와 국가의 분리는 종교적 감염으로부터 정치 체계를 분리시키려는 첫 번째 시도들 중의 한 가지였다. 식민지 이후의 미국에서 경쟁을 펼치던 많은 종교들과 함께 이것은 어떤 한 가지 종교가 전체 문화를 지배하거나 속박하게 되는 것을 효과적으로 막았다.

> 미합중국 정부는 절대 기독교에 근거해 세워지지 않았다. — 존 애덤스, 미국 2대 대통령

정치적 감염

> 교회가 헌법에 간섭하고, 다시 한 번 권력의 칼을 쥐게 하라. 그러면 모든 세대의 소중한 열매는 인간들의 입술 위에서 재로 변할 것이다.
> – 로버트 잉거솔

광견병 바이러스는 면역 체계로부터 감추어진 신경 경로를 활용해 말초신경계를 통해 조용하게 번져나간다. 그리고 뇌를 향해 헤집고 나아가 그 자신의 번식을 위해 중앙신경체계를 차지해버린다.

갓 바이러스도 이와 똑같은 방식으로 활동한다. 그들은 국가의 권력 중심으로 향하는 지름길을 탐색한다. 그러므로 그렇게 하지 않는다는 설명에도 불구하고 종교들은 지배적인 위치에 있을 때마다 정치 체계를 빼앗으려고 한다. 국가의 권력을 차지하는 것은 그 어떤 것보다 번식과 경쟁하는 종교들을 방어하는 데 있어 가장 효과적인 수단인 것이다.

정치권력에 관심이 없다고 말하는 종교에 대해서는 의심을 하는 것이 현명하다. 적절한 환경만 주어진다면, 대부분의 종교는 그 유혹을 거부할 수 없다. 모든 종교는 문화에 단단하게 들러붙는 수단으로서 정치권력을 추구한다. 이것이야말로 모든 종교의 진짜 DNA이다.

이러한 생각들에 비추어 종교가 사회와 한데 묶이기 위해 어떤 시도를 하는지 알기 위해 미국의 시민 종교의 특정한 사례를 살펴보겠다.

시민 종교와 미국의 운명

미국의 시민 종교는 공화국의 초기에서부터 존재해왔다. 로버트 벨라

는 자신의 획기적인 저서인 《미국의 시민 종교Civil Religion in America》에서
이렇게 설명한다.

　　공화국의 초기부터 우리는 신성한 것들과 관련이 있으며, 하
　　나의 집합체로 제도화되어 있는 한 무더기의 믿음과 상징과 종
　　교의식 들을 갖고 있다. … 미국의 시민 종교는 그 자체의 고유
　　한 예언자와 순교자 들, 신성한 사건과 신성한 장소 들, 엄숙한
　　종교의식과 상징 들을 가지고 있다. 이것은 미국을 최대한 완벽
　　하게 하느님의 뜻에 일치하도록 만들고, 모든 국가들의 빛이 되
　　게 하려는 것과 관련되어 있다.

　시민 종교는 깊이 뿌리를 내린 신화이며 미국이 시작된 이래로 초종교
超宗敎로서 존재해왔다. 어떤 한 가지 교리에 매이지 않은 이 모호한 신앙
체계는 신이 이 국가에 축복을 내렸으며 이 국가의 운명을 인도하는 힘
이라는 주장과 함께 느슨하게 유대 기독교 전통에 기반을 두고 있다.
　신의 뜻을 명확히 하는 것은 1800년대 초기에 줄곧 시민 종교의 중심
적인 주제였으며, 멕시코-미국 전쟁(1846~1848)은 물론 아메리카 원주민
부족의 축출 그리고 대륙을 가로지른 확장을 정당화하는 데 활용되었다.
　존 오설리번의 유명한 1839년의 에세이는 당시 전체적인 국가의 인식
을 잘 드러내 보여주고 있다.

　　불변의 진리이자 하느님의 은혜로서 이 땅 위에 도덕적 위엄

과 인간의 구원을 확립하려는 모든 것이 우리 미래의 역사가 될 것이다. 생명을 주는 진리의 빛으로부터 내몰린 전 세계의 국가들을 향한 축복받은 사명을 위해 미국이 선택된 것이다. 미국의 위대한 모범은 왕들의 폭정을 거세게 내리칠 것이며, 수많은 사람들이 들판의 짐승들보다 더 나을 것도 거의 없이 생존을 인내하고 있는 곳으로 평화와 호의의 희소식을 전달해 줄 것이다. 그렇다면 우리 국가가 후세의 위대한 국가가 될 운명이라는 것을 과연 누가 의심할 수 있을까?

링컨은 남북전쟁 내내 국가를 이끌어가는 데에 있어 시민 종교를 능숙하게 활용했다. 1960년대에 마틴 루터 킹 주니어는 인권운동을 위한 수단으로서 시민 종교를 활용했으며, 조지 월리스 주지사는 남부에서 자행되고 있던 인종차별의 정당성을 증명하기 위해 활용했다. 이 두 사람이 모두 그처럼 반대되는 목적에 시민 종교를 활용할 수 있었다는 것이 아이러니하게 보일 수도 있겠지만, 그것이야말로 이 신화의 모호한 본질인 것이다. 킹 목사가 인종 간의 평등을 신이 부여한 것이라고 생각했듯이 월리스도 '주州의 권리'는 신이 부여한 것이라고 믿었다. 두 가지 생각이 여러 가지 경우에 따라 시민 종교 내에서 이리저리 흔들리고 있는 것이다.

시민 종교는 다른 종교들만큼이나 바이러스적인 본질을 갖고 있다. 종교들이 추종자들의 뇌 속에 있는 결정적인 사고 영역을 어떻게 무력화하는지를 다시 생각해보자. 추종자들은 다른 종교적 믿음들의 불합리한 점들은 알아차릴 수 있지만, 자신들의 종교에 대해서는 맹목적이다. 시민 종교도 전체 집단의 결정적인 사고 기능을 둔감하게 만드는 비슷한 능력을 갖고 있어서 국가에 대한 비판은 불경죄에 상응하는 것이 된다. 예를 들어, 베트남 전쟁을 비난하는 사람들은 가장 종교적인 사람들이나 지도자들로부터 '미국을 사랑하라. 그렇지 않으면 떠나라'라는 말을 들어야 했다. 좀 더 최근에는 많은 목사들이 2003년의 이라크 침공을 지지하는 매우 애매모호한 설교를 했다. 그들은 그 침공에 반대하는 것은 비애국적인 것이라고 공공연히 말했다. 일반적으로 전쟁과 종교는 서로 협력하며 전투에 참여한다. 다음은 2003년 3월 11일, 래리 킹 라이브에 출연한 밥 존스 대학의 학장인 근본주의자 밥 존스의 발언이다.

> 그리고 이라크에서의 전쟁은 숱한 테러의 공급원에게 경고를 보내는 데 많은 도움을 줄 것입니다. 나는 평화를 사랑한다는 사람들이 어떻게 이 전쟁에 반대를 하는지 알 수가 없습니다. 그들이야말로 평화를 파괴하는 사람들입니다.

또한 시민 종교는 종교적 영향력을 대통령에게 끼치려 하면서, 국가의 이름 아래 진행되는 조찬기도회, 신에 대한 일상적인 언급 그리고 분명한 예배 참석 등과 같은 일정한 종교적 행위들을 대통령이 해줄 것을 기대한다. 그 결과로 대통령은 많은 국민들에게 마치 시민 종교의 고위 성직자인 것처럼 비춰진다. 자연재해나 국가적인 비극이 닥치면 대통령은 신에게 기도를 올리고 워싱턴 D. C.에 있는 국립 성당과 같은 유명한 교회들의 예배에 참석해야만 한다. '국립 성당'과 같은 교회 이름이 존재한

> 기독교는 어떤 성과를 이루어냈을까?
> 대체로 모든 곳에서, 성직자들은 자만심과 게으름을, 평신도들은 무지와 노예근성을 얻었으며, 두 계급 모두 미신과 편협함 그리고 박해를 얻었다. - 제임스 매디슨, 미국 4대 대통령

다는 사실 자체가 시민 종교가 지닌 권력의 증거인 셈이다. 다른 교회의 구성원일지라도, 최근의 대통령들은 모두 국가적 위기나 슬픔을 겪을 때 국립 성당의 예배에 참석했다.

시민 종교는 미국의 문화와 너무 확고하게 결합되어 있어서 많은 미국인들은 이 종교를 말하지 않고는 미국에 대해서 생각조차 할 수 없다. 이것을 조지 H. W. 부시는 1987년 8월 27일에 있었던 기자회견에서 명확하게 보여주었다.

"아닙니다, 나는 무신론자들을 시민이라거나 애국자라고 생각해야만 하는지 잘 모르겠습니다. 미국은 하느님의 가호 아래 있는 하나의 국가입니다."

이 발언에 함축되어 있는 생각은 오직 시민 종교의 신을 믿는 사람들만이 시민이 될 수 있다는 것이다. 신을 믿지 않거나 유대 기독교의 신이 아닌 다른 신을 숭배하는 사람들은 평등한 시민이 아닌 것이다.

시민 종교의 표명과 관련된 또 다른 예는 2007년 미국 상원에서 발생했다. 상원의 예배에서 자기 지역구의 종교 지도자를 초청하여 기도와 묵상을 이끌도록 하는 것은 관습이자 각 상원의원의 특권이었다. 2007년 7월 12일 북부네바다 인도연맹(힌두교)의 라잔 제드는 다수당의 지도자인 해리 리드에게 초청을 받아 상원에서 기도를 이끌게 되었다. 이 기도

회는 공개적으로 진행되었
는데, 당시에 기독교 근본
주의자들은 이 기도회를 방
해하기 위해 방청석에 모여
있었다. 결국 제드가 두 번
에 걸쳐 방해를 받은 후에
야 그들은 상원 방청석에서

> 남부 연방의 좌우명은 '하나님은 우리의 대변
> 자' 혹은 '하나님은 우리 편이다'라는 것이었
> 다. 애틀랜타는 신이 다른 계획을 택했다고
> 생각했던 사람들에 의해 잿더미가 되었다.
>
> – 크리스토퍼 히친스

쫓겨났다. 시민 종교의 표명으로서 1790년대에 이러한 전통이 시작된 이
래로 예배를 이끄는 성직자는 모두 기독교나 유대교 성직자였다. 힌두교
성직자가 초청되었다는 사실은 획기적인 사건이었으며 시민 바이러스에
대한 도전으로 당연히 반발을 불러일으켰다. 그날 이후로 방청석에서 쫓
겨난 시위대에 대한 근본주의자들의 강력한 항의가 이어졌다. 지금까지
미국의 시민 종교는 힌두교도에게 완전한 시민권을 인정하지 않고 있으
며, 무신론자들은 그보다 더 열악한 상태에 있다. 상원은 언제쯤이면 자
연숭배자나 이교도 혹은 무신론자를 초청하여 기도와 묵상을 이끄는 것
을 허용할 수 있을까?

새로운 시민 종교

시민 종교가 제2차 세계대전 전에는 온건한 세력이었다고 주장할 수
도 있다. 하지만 경쟁하던 러시아의 마르크스 바이러스의 부상과 함께
미국의 종교는 냉전의 무기로 변형되었다. 도전하는 바이러스의 존재는

> 확고히 자리 잡은 종교 내에서 객관적 사실이 설 수 없는 것처럼, 공립학교에서 기도는 설 자리가 없다.
>
> — 《심슨가족》 제1편에 등장한 교육감

종종 근본주의 운동을 불러일으켰다. 미국의 시민 종교는 소련의 '신을 부정하는 공산주의'와 맞서기 위해 떨쳐 일어섰다. 기독교와 마르크스주의는 서로를 먹여살리는 바이러스였다. 국민의례가 1954년에 '하나임의 가호 아래'를 포함하게 되고 1957년 미국 지폐에 '우리는 하느님을 믿는다'는 표어를 끼워넣게 된 것은 결코 우연이 아니다.

1950년대는 매카시 시대가 정점으로 치닫고, 적극적인 시민 종교가 부상했던 시기로, 종교적 명령에 따르기를 거부하는 사람들을 박해하는 정치적 마녀사냥이 벌어지고 있었다. 대부분 비종교적인 유럽의 NATO 국가들에서는 종교 활동이 지속적으로 쇠퇴하고 있었지만, 미국에서는 시민 종교와 일반적인 종교의 중요성이 크게 부각되어갔다. 오늘날 근본주의와 적극적인 시민 종교가 떠오르고 있는 것은 공산주의의 위협을 의식하던 시절에서 그 유래를 찾아볼 수 있을 것이다. 공산주의의 소멸과 함께 초점은 신을 부정하는 공산주의에서 신을 믿지 않는 세속의 인본주의로 이동해갔다. 공산주의를 반대하던 설교들이 세속의 인본주의를 거부하는 설교들로 대체된 것이다.

새로운 시민 종교의 침투

성적 자유의 향상과 이혼의 극적인 증가, 낙태의 합법화 그리고 점점 늘어가는 산아제한의 활용으로 미국 내의 많은 근본주의 바이러스들이 위협을 느끼게 되었다. 1960년대와 70년대의 재생산권 운동은 침례교, 나사렛교, 가톨릭 그리고 모르몬 등 모든 갓 바이러스들의 직접적인 위협이 되었다.

도덕적 다수파Moral Majority*는 많은 기생적인 바이러스들이 공통의 문제를 찾아내고 정치적 중앙신경체계를 감염시키기 위한 전략을 만들어낼 수 있게 해준 돌연변이였다. 이것은 제리 폴웰이 1979년에 창설한 단체이다. [그는 어느 단일 종교 단체가 정치계를 감염시키고 지배할 수 없다면 연합을 통해서 가능할 것이라고 생각했다.] 이들 전략의 중요한 부분은 목표를 달성하기 위해 이미 발달되어 있는 시민 종교를 활용하자는 것이었다. 개미의 뇌에 침투한 란셋 흡충이 소에게 먹힐 수 있도록 개미가 풀잎을 기어오르게 만드는 것처럼, 도덕적 다수파는 시민 종교를 감염시켜 정치인들의 먹이가 될 수 있도록 조종했던 것이다. 그렇게 감염된 정치인들은 이제 도덕적 다수파나 그 밖의 기독교 연합과 같은 유사한 단체들의 목적을 완수하기 위해 활동하고 있다. 시민 종교는 더 이상 온건한 전국적인 종교적 표현이 아니라 만개한 새로운 시민 종교로서 강력한 근본주의 경향을 띠고 있다.

폴웰을 비롯한 이 단체의 인사들은 종교를 문화와 결합시키고 정치계

---

* 미국의 보수적 기독교 정치 단체. (편집자주)

를 지배할 필요가 있다고 주장한다. 그들은 매카시의 전술과 새로운 시민 종교의 언어를 활용하여 정치인들을 협박하고 자신들이 지원하는 후보자들을 공직으로 진입시킬 수 있었다. 그 결과로 오늘날의 종교는 많은 주들에서 고위 공직에 오르기 위한 실질적인 자격시험의 역할을 하고 있다. 이 종교적 시험을 제대로 치르지 못한 후보자들은 반종교적 혹은 그보다 더 나쁜 인물이라는 딱지가 붙게 된다.

얼마나 광범위하게 그리고 다양하게 이러한 연합이 이루어지고 있는가에 대한 징후로서 모르몬교가 충실한 파트너로서 환영받고 있다는 점에 주목할 필요가 있다. 모르몬교가 어떻게 하여 이러한 연합에 가담할 수 있었을까? 과거에는 기독교 종파들이 모르몬교를 비난했다. 실제로 모르몬경을 잠시 살펴보면, 신성한 속옷을 입는 것에서부터 자신들만의 행성에서 신이 된다는 것, 유대인 디아스포라로서 아메리카 원주민이라는 것 그리고 예수가 아닌 조지프 스미스가 마지막 예언자라는 것까지, 이 종교가 기독교와는 근본적으로 다른 것이라는 사실을 알 수 있다.

그 해답은 제리 폴웰의 우산 전략에서 찾을 수 있다. 단순히 새로운 시민 종교의 근본주의 원칙들에 동의하는 것만으로도 누구나 단체에 참여할 수 있었던 것이다. 그 원칙들에는 학교에서의 기도, 미국의 공식 종교로서 기독교 채택, 법원에 보수적인 법관 배치, 줄기세포 연구 반대, 동성애 결혼 반대, 군대 내에 복음을 전하는 군목 배치, 낙태와 성교육 반대 등과 같은 생각들이 포함되어 있다.

전염의 결과들

이 전략은 어느 정도 성공을 거둔 것으로 보인다. 도덕적 다수파가 연방제에 감염시킨 결과는 작지만, 몇몇 효과적인 법령들을 찾아볼 수 있다.

- 연방 대법원에 특정한 종파의 인물들을 배치한다.
- 국가 공직에 지원하는 자는 모두 자신들의 종교를 보여줄 수 있는 증명서를 공개하도록 한다.
- 군대 내에 근본주의 군목을 배치한다.
- 비유대기독교 군목은 거부한다.
- 군대 내에 보다 더 종교적인 장교들을 양성한다.
- 줄기세포 연구를 제한한다.
- 바티칸에 대사관을 개설한다.
- 콘돔의 사용 금지와 그 밖의 산아제한을 막고, 낙태를 지지하는 단체들에 대한 지원을 금지한다.

이러한 모든 것들은 이 새로운 시민 종교의 활동과 직접적으로 관계된 최근의 발전 상황이다.

이 새로운 시민 종교는 힌두교와 시크교, 이교도 그리고 마술숭배와 같은 종교들에 대해 적대적이거나 불리한 환경을 만드는 것은 물론 이슬람의 종교적 표명에 대해서도 적극적으로 반대하고 있다. 미네소타 주의 민주당 후보자인 키스 엘리슨이 최초의 이슬람교 의원으로 선출되었을 때, 새로운 시민 종교는 그를 공격했다. 다음은 CNN에 등장했던 시민 종교의 표명의 한 가지 예이다.

2006년 11월 14일에 방영된 CNN 헤드라인 뉴스 프로그램에서, 글렌 벡은 11월 7일에 무슬림 최초로 국회의원에 당선된 키스 엘리슨과 인터뷰를 하면서, '정치적으로 올바르지 않은 점을 밝히기 위해 5분만 시간을 달라'라며 양해를 구했다. 엘리슨이 승낙하자 글렌 벡은 이렇게 말했다.

저는 의원님과의 인터뷰 내내 기분이 좋지 않습니다. 사실 저는 '의원님, 당신이 우리의 적들과 함께 일하지 않고 있다는 걸 증명해주세요'라고 말하고 싶습니다. 의원님이 적이라고 비난하고 있는 것은 아니지만, 아주 많은 미국인들이 나처럼 느끼고 있을 거라고 생각합니다.

그 밖에도 많은 사람들이 엘리슨에 대해 이와 비슷한 감정을 드러냈다. 새로운 시민 종교의 목표는 전통 종교들이 지배적인 위치에 남아 있는 것을 확실히 하겠다는 것으로 보인다.

새로운 시민 종교가 미국의 공식적인 정책은 아니지만 마치 공식적인 것처럼 기능을 하고 있다. 오늘날 과연 어떤 대통령이 제퍼슨이나 링컨처럼 이신론적인 믿음을 지지할 수 있을까? 제퍼슨이 그랬던 것처럼 과연 어떤 대통령이 추수감사절을 국경일로 선포하는 것을 거부

> 내 학교 안에서 기도하지 마시오. 그러면 난 당신들의 교회에서 생각하지 않으리다.
>
> – 작자 미상

할 수 있을까? 과연 어떤 대통령이 시민 종교의 고위 성직자로서 빌리 그레이엄이나 그의 후계자들을 무시할 수 있을까? 과연 어떤 대통령이 무신론자나 힌두교도, 무슬림, 이교도 혹은 이신론자를 국무장관으로 임명할 수 있을까?

연방정부의 감염

1980년대부터 이 시민 종교의 돌연변이는 미국의 정치계에서 매우 강력한 영향력을 끼치게 되었다. 이것은 정부의 고위 공직자들을 감염시켰다. 그리고 조지 W. 부시라는 완벽하게 감염된 인물을 백악관에 앉히는 데 성공했다. 현재 5명의 감염된 판사들이 대법원에 자리 잡고 있으며, 모두 보수적인 가톨릭교인들이다. 연방이나 주 정부의 많은 공무원들과 공직자들은 모두 현재 확고하게 자리를 잡고 있으며, 줄기세포 연구에서부터 교내 성교육 그리고 지질학과 진화생물학 교육에 이르기까지 모든 분야에서 바이러스의 위력을 행사하고 있다.

시민 종교 바이러스는 교의에 아무런 관심이 없으며, 오직 성장과 번식에만 전념하고 있다. 그로 인해 이전에는 경멸하던 단체들을 함께 불러모을 수 있게 된 것이다. 예를 들어, 모르몬교의 힘을 끌어들이는 것으로 성장을 도모하면서 정치적 중앙신경계를 감염시킬 능력을 향상시킨 것이다. 모르몬교는 이 분야의 전문가이다. 그들은 미국의 갓 바이러스들 중에서 정치계를 감염시키는 데 있어 가장 커다란 성공을 거두었다. 유타 주에서는(솔트레이크시티를 제외한), 만약 모르몬교도가 아니라면 선출

> 나는 그리스도의 신성을 믿지 않는다. 그리고 내가 동의할 수 없는 정통 교리의 공준들도 많이 있다.
>
> – 윌리엄 하워드 태프트, 미국 27대 대통령

직 공무원이 되거나 영향력을 끼칠 수 있는 어떤 자리에 오르는 것은 거의 불가능하다. 모르몬교는 기독교 종파가 아니라는 종교적 우파(보수주의 종교운동)의 전통적인 견해에도 불구하고 밋 롬니가 2007~2008 대선의 중요한 후보자로 여겨졌을 만큼 모르몬교의 영향력은 강력하다.

스텔스 바이러스로서의 시민 바이러스

조지프 매카시 시대에는 매카시의 의견에 동조하지 않는 사람들을 공산주의자로 낙인찍는 것이 가장 성공적인 전술이었다. 이것은 반대 세력을 효과적으로 봉쇄시켰다. 아이젠하워 대통령과 같이 뛰어난 인물들도 매카시를 두려워했다. 매카시는 새로운 시민 종교의 초기 벡터였다. 그는 공산주의자라는 낙인이 찍혀 상원에 소환되거나 J. 에드거 후버와 함께 FBI의 조사를 받게 될 것이라는 공포에 휩싸여 꼼짝달싹 못하게 하는 방법으로 자신의 반대자들을 공격하는 데 능숙했다. 객관적으로 보면 매카시는 자신이 신봉하던 기독교적 가치들의 초라한 한 가지 본보기일 뿐이라는 사실을 즉시 알아차릴 수 있지만, 바이러스는 벡터가 공격을 가하고 있는 한 그러한 문제들에 대해서는 관심을 기울이지 않는다. 1957년 매카시가 알코올 중독에 의한 급성 간염으로 죽게 될 때까지 시민 바이러스에 대한 그의 유용성은 오랫동안 지속되었다.

매카시의 전술들은 수두나 헤르페스, 광견병 혹은 HIV 등에서 볼 수 있는 전술들의 조합과 유사하다. 이러한 바이러스들의 일부는 면역 체계로부터 벗어나 머물 수 있는 유기체의 신경계를 감염시키는 일종의 스텔스 바이러스이다. 수두 바이러스가 성인들의 몸에서 대상포진을 일으키는 것처럼 신경계 자체는 공격을 개시할 바이러스의 저장소가 된다. 반면에 HIV와 같은 바이러스는 면역 체계 자체를 공격한다. 이 바이러스는 면역 체계의 중요한 요소들을 무력화시켜 알아차리지 못하는 사이에 아무런 방해 없이 번식할 수 있다.

탈레반은 아프가니스탄에서 이러한 두 가지 전술을 활용했다. 레닌과 스탈린은 러시아에서 활용했다. 반대 세력을 꼼짝 못 하게 만드는 핵심은 어떤 이성적인 반응일지라도 '적군'이라는 낙인을 찍어버리는 것이다. 히틀러는 자신에게 반대하는 사람들은 모두 공산주의자라고 각인시켰다. 스탈린은 반대 세력을 자본주의자 혹은 파시스트로, 탈레반은 새로운 시민 종교가 그렇듯이 반대 세력을 불경한 세력으로 낙인 찍었던 것이다. 이러한 접근 방법은 사실들에 대한 이성적인 토론이나 논리적 검증을 배제하고 있다. 감염된 사람들은 자신들의 종교적 믿음의 어리석음을 볼 수 없기 때문에 단순히 그들 뇌 속의 일정한 부분만 자극하는 것으로 그들은 비이성적인 논쟁에 쉽게 빠져들게 된다.

새로운 시민 종교는 미국 내에서 두 가지 전술을 채택했다. 첫째, 면역 체계를 공격한다. 둘째, 정치조직을 감염시킨다. 이 새로운 시민 종교에 의심을 품는 사람은 누구라도 불경하고 반기독교적이며 비애국자라고 불린다. 이것은 면역반응을 봉쇄시켜 반대자들을 무력하게 하고 과학이나 이성에 근거한 합리적인 토론을 제거해버린다. 극단적인 우익 토크쇼의 진행자인 앤 콜터는 이러한 전술을 지속적으로 활용해왔다. 그녀의 책, 《무신: 자유주의자들의 교회》는 좋은 예이다.

미네소타 주 출신의 공화당 의원인 미셸 바크먼은 자신의 근본주의적 믿음과 단체 활동은 숨긴 채 상대방의 종교적 믿음과 애국심의 부족을 지속적으로 들추어내는 것으로 의회에 성공적으로 진입했다. 그녀는 극단적으로 보수적인 기독교인으로, 공립학교에서 종교를 교과과정으로 장려하고, 공금으로 종교적 홈스쿨링을 실시해야 한다는 주장을 지지했다. 또한 교실 내에서 창조론을 가르치고 시민 바이러스가 교육을 위한 공적 자금을 활용할 수 있도록 돕기 위해 은밀한 노력을 많이 기울여왔다. 그녀는 자신을 지원했던 근본주의 단체들과의 관계를 부정했지만 그들의 회의에 참석하여 연설도 했다. 그녀의 법학 학위는 오럴 로버츠 대학에서 취득한 것이었지만, 공직 초기에 그녀는 그 사실을 공개하기를 주저하고 감추려 했다. 비록 자신은 부정하지만, 종교는 그녀의 정치 방향을 좌지우지했다. 그녀의 정치에 뒤섞여 있는 종교적 믿음에 대한 질문을 받았을 때 바크먼은 "나는 하느님을 믿습니다. 하지만 그것과는 큰 관련은 없습니다"라고 답했다. 바크먼은 스텔스 전술과 분명한 종교적 의제를 바탕으로 의회에 진입한 많은 사람들 중의 한 가지 예일 뿐이다.

캔자스 주의 공화당은 주 교육위원회에 선출되기 위한 후보자 명부를 두 배로 차지하기 위해 이와 똑같은 두 가지 전술을 효과적으로 활용했다. 일단 선출되고 나면 이들은 개인적으로 전체 교육계를 시민 바이러스로 감염시키기 위한 작업을 열심히 진행시켰다. 그들의 기괴한 짓에는 지적설계가 공립학교에서 교육될 수 있도록 과학을 다시 정의내리는 것까지 포함되어 있다.

강력한 갓 바이러스가 활동하는 사회에서는 공격적 의미가 담긴 완곡한 표현(코드 네임)들이 종종 행동에 의한 반응을 촉발시키기 위해 활용된다. 공산주의, 성교육, 동성 결혼 그리고 교내에서의 기도와 같은 것들은 모두 감염된 사람들의 바이러스적인 행동을 촉진하기 위해 사용되는 표현들이다. 일단 활성화되고 나면 바이러스는 논의 과정을 지배한다. 1618년부터 1648년까지 있었던 30년의 전쟁 기간 동안 감염된 사람들을 불러 모으기 위해, 가톨릭은 '신을 믿지 않는 개신교'라는 표현을, 개신교는 '교황 절대주의자'라는 표현을 서로에 대한 코드 네임으로 활용했다. 1600년대 후반에 플리머스 베이 식민주의 개신교 정착자들은 코드 네임으로 '교황 절대주의', '마법', '청춘의 타락' 그리고 '신의 분노'라는 코드 네임을 사용했다. 이러한 모든 경우에서 코드 네임들은 갓 바이러스의 방어 혹은 발전에 있어 무분별한 행동을 일으키는 반응을 촉발시켰다.

갓 바이러스에게 가장 중요한 것은 합리적인 토론을 무력화하는 것이며, 바이러스적인 위협에 강하게 반응하도록 이미 프로그래밍되어 있는 사람들의 원초적인 두려움에 호소하는 것이다. 유권자들 내의 커다란 집단들이 보다

> 신의 존재마저도 대담하게 의심해 보아야 한다. 만약 신이 있다면 맹목적인 두려움보다는 이성을 더 존중해야만 한다.
>
> – 토머스 제퍼슨, 미국 3대 대통령

기생적이고 공격적인 바이러스들에 감염되어 있다면 강력한 반응들을 일으키기는 훨씬 쉬워진다. 도덕적 다수파와 FOTFFocus on the Family 단체 혹은 700 클럽*과 같은 단체들의 구성원들은 공격적인 갓 바이러스에 감염되어 있다. 이러한 단체들의 지도자들은 이미 추종자들을 프로그래밍하여 보다 특정하고 정치적으로 집중된 방식으로 반응하도록 훈련시켰다.

개인적인 차원에서 갓 바이러스는 자기 자신의 종교에 대해 비판적으로 생각하는 능력을 무력화시킨다. 시민의 차원에서는 국가적인 현안들에 대해 합리적이고 이성적으로 토론할 수 있는 능력을 무력화시킨다. 제5장에서 살펴보겠지만 주요 바이러스의 최우선적인 관심은 생물학적 번식과 성 그리고 결혼에 집중되어 있다. 그 종교가 이슬람이든 힌두교이든 기독교 혹은 그 어떤 것이든 관계없이 모든 것에 해당된다. 새로운 시민 종교 바이러스도 마찬가지로 이 문제에 집중한다. 제임스 돕슨의 FOTF 단체가 적절한 예이다. 그들은 새로운 시민 종교의 전파를 위한 매개물로서 가정에 집중한다. 모든 가족들에 집중하는 것은 아니고, 오로지 바이러스를 영속시키기에 가장 적합한 가족들에만 집중한다.

이러한 작업이 어떻게 진행되는지를 좀 더 잘 이해하기 위해 지금부터 생물학의 바이러스 부하負荷의 개념에 대해 살펴보기로 한다.

---

* 각각 제임스 돕슨과 팻 로버트슨이 설립한 전국적인 종교 기관이다. 모두 도덕적 다수파와 비슷하게 정치적 성향을 띤다. (편집자주)

바이러스 부하

바이러스 부하는 조직 내에서 발견되는 바이러스의 집중도를 뜻하는 것으로, 신체가 원조하고 먹여 살리는 바이러스의 총량을 말한다. 바이러스 부하가 충분해지면 증상들이 나타나며 병상이 뚜렷해진다.

대부분의 사회는 어느 정도의 종교적 바이러스 부하를 포함하고 있다. 최근 수십 년간 미국의 면역 체계에 가해졌던 공격들은 국가의 건립 이후 전혀 볼 수 없었던 방식으로 미국을 바이러스에 쉽게 감염될 수 있도록 만들었다.

새로운 시민 종교의 위력은 매우 강력해서 대통령 후보자들은 모두 자신들의 종교를 명백히 밝힐 것을 요구받고 있다. 오늘날의 사람들은 이신론자인 토머스 제퍼슨이 추수감사절과 기도의 승인을 태연하게 거부했던 것에 대해 비난을 할까? 그는 공공연하게 무신론자로 불렸지만, 그 자신도 부정하지 않았으며, 독립선언서의 저자로, 프랑스 대사로 그리고 국무장관으로 훌륭하게 활동했으며 미국 대통령에 두 번이나 선출되었다. 그런 일이 오늘날에도 일어날 수 있을까? 링컨이 대부분의 종교를 조

우리는 교회로부터 자유를 얻은 것이 아니다. 모든 사람은 태어날 때부터 자유롭다는 위대한 진실은 시나이 황무지의 험한 바위산이나 적막한 갈릴리 호수의 기슭에서 배운 것이 절대 아니라는 것이다.　　　　－ 로버트 잉거솔

나는 세상에 알려져 있는 모든 미신들을 조사해보았는데, 기독교라는 우리의 특별한 미신이 다른 미신들의 결점을 벌충하는 장점을 전혀 찾지 못했다. 그것들은 모두 한결같이 우화와 신화에 근거한 것이다. － 토머스 제퍼슨

롱하고 그 어떤 종교도 갖지 않았던 것에 대해 비난할 사람들이 있을까? 시어도어 루스벨트가 교회에 참석하는 것에 대해 관심을 가졌던 사람들이 있었을까? 우드로 윌슨이나 프랭클린 루스벨트가 매일 기도를 한다 해서 신경을 쓰는 사람들이 있었을까? 이들과 같은 과거의 대통령들은 모두 오늘날의 시민 바이러스의 검열을 통과하지 못했을 것이다. 바이러스 부하는 정치적 신경계에 과중하게 작용하고 있다. 감염은 이제 만성이 되었으며, 앞으로 수십 년 동안 이 국가의 정치적 담론에 영향을 미칠 것이다.

유럽의 연합 해제

문화적 감염이 필연적으로 피할 수 없거나 영원한 것은 아니다. 유럽 국가들에는 시민 종교가 존재하지는 않지만 세력은 한층 더 약화되었다. 문화는 어느 정도까지는 스스로 해독할 수 있다. 한때 열렬히 가톨릭을 믿던 벨기에의 어느 지역에는 이런 농담이 퍼져 있다. '사람들은 평생 네 번 교회에 간다. 그리고 그 중 두 번은 억지로 가야만 한다.' 유럽의 사람들은 보통 비신자이거나 명목상의 신자들이다. 그 결과 종교는 미국과는 달리 유럽의 정치에서 커다란 역할을 하지 못한다. 유럽의 문화는 제2차 세계대전 이후로 종교와의 연합을 효과적으로 해제시켰다. 한때 끝없는 전쟁을 벌이기도 했지만, 가톨릭교도와 신교도 그리고 유대교인들은 서로 결혼을 한다.

2005년에 《USA 투데이》는 '서구 유럽에서 종교의 쇠퇴'라는 주제로 톱

기사를 다뤘던 적이 있다. 가장 종교적인 국가인 아일랜드에서조차 1975년도 교회의 참석율은 85%에서 60%로 떨어졌다. 다른 국가들에서는 이보다 더 큰 폭으로 떨어지고 있다. 2000년에 스웨덴에서 실시한 유럽 국가들에 대한 연구에서 60%의 프랑스인들은 '전혀' 혹은 '실질적으로 전혀' 교회에 참석하지 않는다고 응답했음을 보여준다. 그 외의 국가들에서는 29~48% 정도로 나타났으며 영국에서는 55%였다. 이에 비해 미국에서는 오직 16%만이 전혀 혹은 실질적으로 전혀 교회에 참석하지 않는다고 응답했다.

유럽인들은 수백만 명이 올리는 기도가 전혀 응답을 받지 못한다는 것을 깨닫기까지 두 번의 세계대전을 겪어야 했다. 이 두 번의 전쟁에서 9천 2백만 명이 죽어가는 동안 신은 아무 일도 하지 않았다는 것 혹은 제2차 세계대전 동안 교황과 개신교의 성직자 그리고 기독교도들이 히틀러와 공모나 협력을 했다는 것을 알아차리는 데에는 뛰어난 지능이 필요하지 않았다.

문화로부터 종교가 분리되는 이처럼 극적인 연합 해제는 교황과 다양한 종교 지도자들의 영향력을 축소시켰다. 이것은 또한 유럽인들로 하여금 어떤 원인으로 미국인들이 그와 같은 지도자들에게 그처럼 쉽게 영향을 받고 조종당하는지 의아하게 생각하도록 만들었다. 많은 사람들이 미국에서는 대통령이나 정치인으로 선출되기 위해서 왜 자신들의 종교적 태도를 명확히 드러내야만 하는 것인지를 이해하기 힘들어한다.

오늘날 유럽은 무슬림 이주자들의 유입이라는 새로운 도전에 직면해 있다. 영국 무슬림들의 샤리아법에 대한 인정 요구로부터 여성 공무원들의 베일 착용, 이슬람교의 창조설 교육 요구에 이르기까지 이슬람은 유럽의 문화를 감염시키는 절차를 밟기 시작했다. 그것은 미국의 정치계 내에서 근본주의자들이 펼치고 있는 요구들과 놀라울 정도로 비슷하다. 무슬림들은 세속법이나 오랫동안 유지해온 교회와 국가의 분리 원칙에 관계없이 공공 분야에서도 자신들의 종교적 의식과 믿음을 인정해줄 것을 주장하고 있다.

아이러니하게도, 미국의 창조주의자 운동단체들은 터키의 공립학교에서 창조론의 교육 시행을 압박하기 위해 터키 내의 이슬람 근본주의자들과 긴밀하게 협력하고 있다. 이처럼 깜짝 놀랄 만한 동맹은 현재 유럽의 학교들에서 창조론을 가르치게 하자는 운동을 촉진시키고 있다. 가까운 시일 내에 유럽은 이슬람 갓 바이러스를 대처해야 하는 새로운 시련을 겪게 될 것이며, 그것은 근본주의에 감염된 미국의 정치계가 겪고 있는 것과 유사한 것이다.

경제와 종교?

이란의 회교 지도자들은 국가의 경제적 번영에 대해 그다지 관심을 갖지 않는다. 근본주의 이슬람은 만약 번식에 보다 더 큰 성공을 거두게 된다면 문화를 석기시대로 되돌리게 될 것이다. 이것은 서구의 고등교육을 받고 비교적 적게 감염된 개인들이 이해하지 못하는 일이다. 어떻게 경제적인 발전에 대해 관심을 갖지 않을 수 있는 것일까? 그 실마리를 찾기 위해 신약성서의 몇 구절을 살펴보기로 하자.

너희의 소유를 팔아서 자선을 베풀어라. 너희는 자기를 위하여 낡지 않는 주머니를 만들고, 하늘에다가 없어지지 않는 재물을 쌓아두어라. 거기에는 도둑이나 좀의 피해가 없다. (누가복음 12:33)

부자가 하느님의 나라에 들어가는 것보다 낙타가 바늘귀로 지나가는 것이 더 쉽다. (마가복음 10:25)

돈을 사랑하는 것이 모든 악의 뿌리이다. 돈을 좇다가 믿음에서 떠나 헤매기도 하고, 많은 고통을 겪기도 한 사람들이 더러 있다. (디모데 전서 6:10)

마호메트의 경제 모델을 보라! 이슬람교에서는 이자를 받는 것은 죄악이다. 그것은 중세의 가톨릭에서도 마찬가지였다. 실제로 최근까지도 죄악으로 여겨져왔다. 어떤 경제 모델이 이자의 요구를 금지한다는 말인가? 이자는 자본주의의 기본적인 원칙이다. 종교들은 일반적으로 매우 원시적인 경제 모델을 제시한다. 바이러스는 우선적으로 경제를 감염시키는 것에 관심이 있다. 그러한 점을 설명하기 위해 기독교 교회의 경제와 예산을 상세하게 살펴보기로 한다.

교회 경제 혹은 5% 해법

종교 단체에 기부를 할 때 사람들은 그들의 돈이 좋은 일에 쓰일 것이라는 이야기를 자주 듣게 된다. 만약 그 '좋은 일'을 객관적으로 살펴보려면 우리는 그 돈이 실제로 어디에 쓰이는지를 물어볼 필요가 있다. 좀 더 깊은 논의를 위해 나는 그 '좋은 일'을 빈궁한 사람들에게 더 많은 음식과 물자 혹은 실용적인 정보를 제공한 것의 결과로 정의하려 한다. 스스로 전기를 생산하거나 농장을 더 잘 운영할 수 있도록 장비와 기술을 제공받은 아프리카의 마을이 그러한 예가 될 수 있을 것이다. 또한 적절한 교육을 받지 못하는 환경에 있는 어린이들에게 실용적인 교육을 제공하는 것이 될 수도 있을 것이다. '실용적인 교육'은 코란이나 성서를 외우는 것과는 달리 수학, 언어, 읽기, 쓰기, 재정 관리 혹은 직업 훈련과 같은 실생활에서 필요한 기술들을 가르치는 것을 뜻한다.

이러한 정의에서 보자면 이슬람의 마드라사에서는 그 재원의 80%를 코란을 가르치는 데 지출하고 읽기나 수학을 위해서는 20%가량을 사용한다. 실용적인 교육에 기껏해야 20%를 지원하는 것이다. 성서와 종교를 가르치는 데 30%의 재원을 소비하는 기독교 학교는 오직 70%만을 실용적으로 사용한다.

대학생이었을 때 내가 다니던 교회에는 농구 코트 두 개 크기의 아름다운 현대식 체육관이 있었다. 그곳은 거의 사용되지 않았다. 그래서 나는 교회 운영회에 체육관에서 이웃 동네의 어린이들을 위한 방과 후 레크리에이션 프로그램을 열자고 제안했다. 즉각 돌아온 답변은 "여기는 낙후된 지역이에요. 하층계급의 아이들이 올 것이고 그러면 우리의 아름다운 시설물을 망가뜨릴 수도 있어요"라는 것이었다.

몇 달에 걸쳐 제안서를 거듭 고쳐 써가며 설득한 끝에 나는 마침내 교회로부터 최소한의 급여를 받고 일하는 조건으로 방과 후에 두 시간 동안 체육관을 이웃에 개방할 수 있었다. 프로그램은 성공을 거두었다. 하루 평균 25명 이상의 어린이들이 체육관을 찾아왔고, 평상적으로 사용했을 때와 비교해 시설이 더 훼손되지도 않았다. 프로그램은 내가 더 이상 관리를 할 수 없게 되었을 때까지 진행되었다. 나를 대신해 그 일을 맡아줄 사람을 찾을 수 없었기 때문에 그 프로그램은 종료되었고 체육관은 그 후 30년간 개방된 적이 없다.

내가 다니던 교회는 그 아름다운 시설물을 위해 얼마나 많은 돈을 지불했을까? 그 시설물로부터 사람들은 얼마나 큰 가치를 되돌려받았을까? 교회의 자금 중 아주 작은 일부분만이 실용적이라고 정의될 수 있는 분야로 지원됐다. 이 아름다운 자원은 대부분 낭비된 것이다. 종교는 더 큰 사회에 봉사하는 데에는 관심이 없는 것이 분명했다.

2000년 여름에《교회 리더십 저널》에서는 교회들의 예산을 어떻게 짜야할 것인가에 관련된 기사가 실렸다. 기사에서 추천한 항목들은 다음과 같다.

교회 예산

- 종사자들의 보수: 40~60% (60~65%는 '증가할 종사자'를 위한 것으로서 분명하게 의사소통을 해야만 한다.)
- 시설물: 20%

- 부채 상환: 8%
- 설비: 5%
- 유지 관리: 5%
- 보험금: 6%
- 전도 사업: 16% (외부와 내부 비용은 50/50)
- 프로그램: 10% (급여는 비포함)
- 관리: 6%
- 종파 회비: 5%

각 항목을 다 더하면 121%가 넘는다. 이 추천 예산안을 얼핏 살펴보는 것만으로도 상당액의 돈이 누군가를 돕는 일에 직접적으로 사용되지 않는다는 것을 알 수 있다. 대부분의 교회들이 이와 비슷하게 예산을 집행한다고 가정하고서 교회가 '좋은 일'을 얼마나 많이 하는지 살펴보기로 하자.

바이러스 전파에 사용된 모든 비용을 제외하면 종사자들의 보수는 주로 종교적 가르침에 바쳐지고 있었다. 시설물과 부채 상환은 관리와 종파 회비가 그렇듯이 주로 종교적 업무와 관련된 것이다. 내가 다니던 교회의 건물 내에서는 보이스카우트 단의 모임이 있었지만, 개신교 교회를 다니는 소년들만 들어갈 수 있었다. 그 소년들은 실용적인 기술들을 배우기는 했지만 특별한 단체의 일원으로서 기도와 시끌벅적한 개신교 포교를 포함하는 '하느님과 국가'와 같은 형식의 교육을 더 많이 받고 있었다.

내가 이웃 지역의 어린이들이 체육관을 사용할 수 있도록 허락을 받으면서 겪었던 어려움을 생각해보면, 종교적이지 않은 조건으로 시설물들을 사용하는 것은 드문 일이라는 것을 알 수 있다. 이러한 예들로 보아 시설물과 설비, 유지 관리 그리고 보험과 관련된 모든 비용들은 실질적으로 종교적인 본질을 띠고 있다는 결론을 내릴 수 있다. 어린이들에게 읽기를 가르치기 위해 혹은 여름의 뜨거운 열기를 피해 시원한 곳을 찾는 에어컨이 없는 집의 노인들을 돕기 위해 그 시설물들을 사용하는 경우는 없다.

그것들은 프로그램과 예배를 위해 마련되어 있다. 대부분의 프로그램에는 어린이들에게 종교적인 의식을 심어주기 위한 크리스마스와 부활절 프로그램, 여름 성경학교 프로그램, 교회 캠프, 성인과 어린이 성가대 등등 모두 우선적으로 바이러스에 집중된 교육이 포함되어 있다. 그 결과로 사람들은 실생활과 살림살이, 질병, 육아 혹은 그 밖의 일상적인 문제들을 더 잘 관리할 수 있게 되었을까? 교회가 이러한 일들을 가르쳐야 한다고 주장하면서 육아와 살림, 질병 관리 혹은 예방에 있어 전달한 종교적 가르침들은 비실용적인 종교적 인식과 노골적인 미신에 심하게 경도되어 있다. 암 환자를 위한 철야기도, 10대들을 위한 금욕 강좌, 기독교식 재정 관리와 같은 것들은 모두 바이러스에 집중되어 있다. 이러한 활동들은 단 한 명의 암 환자도 치유할 수 없다. 나는 원치 않는 임신이 예방되었다는 증거를 전혀 본 적이 없다. 교회에 다니는 사람들은 세속의 재정 관리 강좌를 듣는 것이 훨씬 더 이익일 것이다. 적어도 그곳에서는 수입의 10%를 내라는 압력 같은 것은 없다.

전도 활동은 또 어떤가? 대부분의 전도 활동비는 그 종교의 특별한 계시를 설교하는 사람에게로 흘러들어간다. 나의 부모님은 은퇴 후에 전도사가 되셨기 때문에 다른 전도사들이 자신들에게 주어진 돈을 어떻게 사용하는지 가까이서 지켜볼 수 있었다. 전도 활동비의 대부분은 전도 설교자와 장소를 제공한 교회에 지불된다. 어린이들에게 읽기를 가르치고, 소농장을 보다 더 효율적으로 운영하는 법을 가르치며, 지역의 기간 시설을 건립하고 자원을 보호하는 데에는 그 돈 중의 아주 적은 일부분만이 사용될 뿐이다. 반면에 수천 권의 성서와 종교 서적들이 판매되고 배포되며 종교의식이 거행되고 수백 명의 사람들이 세례를 받고 수백 명의 어린이들이 성서의 구절들을 외우지만, 하루가 끝날 즈음이 되면 사람들을 가난에서 끌어내줄 일은 전혀 진행된 것이 없고, 급변하는 현대사회에서 살아가는 데 필요한 기술들도 제공해주지 못한다.

나는 전도 활동에서 돌아와 자신들이 했던 '좋은 일'에 대해 이야기하는 것을 듣곤 했다. 그들은 사람들에게 자신만의 사업을 하도록 가르쳤다거나 자녀들을 좀 더 잘 교육시켜야 한다는 이야기는 하지 않는다. 그들은 농장이나 정원에서 고품질의 생산품을 만들어내야 한다거나 질병이나 죽음을 예방하는 것에 대해 이야기하지 않는다. 그 대신 그들은 새로 지은 교회에서 신의 영광을 선언하거나 세례받은 사람들의 숫자, 배포된 성서의 숫자 그리고 선교사 성서대학을 졸업한 남녀의 수에 대해 이야기한다.

종교 단체에 기부된 것 중에서 5% 미만(어쩌면 훨씬 더 못 미치는)의 돈만이 실용적 가치를 지닌 일에 제공된다. 대부분의 돈은 그 종교의 전파를 확실하게 하는 데에만 쓰이는 것이다. 비종교적 자선 단체와 비교해보면

112

어떨까? 소비자구제민간기관인 BBBBetter Business Bureau의 자선 단체인 '현명한 기부연합Wise Giving Alliance'은 예산의 65%를 수혜자를 위한 프로그램 활동에 그리고 35%는 기금 조성과 관리에 사용할 것을 권장한다. 일반적으로 종교 단체에 기부된 1달러는 5센트만이 실용적인 활동에 사용된다. 하지만 BBB의 지침을 따르면, 적십자Red Cross나 유나이티드 웨이United Way 그리고 해비타트Habitat for Humanity를 비롯한 비종교적 단체에 기부된 1달러는 실질적인 자선 활동에 65센트가 사용될 것이다. 비교하자면, 교회에 기부된 95%는 바이러스를 위해 투자되고 5%만이 사람들을 위해 사용된다.

700 클럽, 도덕적 다수파 혹은 FOTF와 같은 종교 단체에는 사용처에 대한 뚜렷한 설명도 없이 수백만 달러의 돈이 기부되고 있다. 그리고 그 돈은 실용적인 선행에 전혀 사용되지 않고 새로운 시민 종교를 돕기 위한 정치 행위를 포함한 활동들에 흘러들어가고 있다. 제임스 돕슨이 이끌고 있는 FOTF는 입법자들과 정치인들에게 애매하게 포장된 자신들의 정치적 의사를 전달하기 위해 엄청난 돈을 낭비하고 있다. 돕슨은 2008년 8월에 버락 오바마의 민주당 후보 수락 연설을 저지하기 위해 인베스코 필드에 비가 내리도록 기도할 것을 요구하는 이메일을 전체 회원들에

> 종교는 아무도 지원하지 않는다. 오히려 지원을 받아야만 한다. 종교는 밀도 옥수수도 전혀 생산하지 못한다. 땅도 전혀 일구지 않는다. 산림 개척도 전혀 하지 않는다. 영원히 구걸하며 산다. 남들의 노동을 먹고 연명하면서 자신을 먹여살리는 사람들을 지원하는 것처럼 거드름을 피운다.
> — 로버트 잉거솔

게 발송했다. 그의 기도는 응답을 받지 못했지만 그 단체가 정치 영역에서 바이러스를 증진시키기 위해 활용되었던 것만은 분명하다. 아이러니하게도 그 다음 주에 허리케인 구스타브가 공화당 전당대회장을 엉망진창으로 만들어버렸다. 돕슨은 자신이 믿는 신의 의중을 제대로 파악하지 못했던 것으로 보인다.

수년간에 걸친 교회 재정을 둘러싼 추문들 역시 기부된 돈이 얼마나 쉽사리 오용될 수 있는지를 보여준다. 뉴스에는 다음과 같은 제목들이 거의 정기적으로 등장하고 있다.

- 플로리다 교구에서 발생한 금전 추문이 교회를 재난에 빠뜨리다
- 교회의 타락, 오래 지속되어온 베이커 추문, 의심스러운 선물 수수
- 금품 추문 와중에 재정의 건전성을 제기하다

재정의 투명성이나 감독 없이 많은 교회와 성직자들은 비종교적 자선단체들과는 달리 실제적인 압박감을 전혀 느끼지 않는다.

시민 종교는 이러한 단체들을 통해 자신들의 번식을 위한 자금을 매우 성공적인 방법으로 지원해왔다. 돕슨의 FOTF, 폴웰의 도덕적 다수파, 팻 로버트슨의 700 클럽 혹은 기독교 연합은 제대로 된 재정 감독을 받지도 않으며, 정치 활동에 참여하는 종교 단체에게는 허가되지 않은 면세 혜택까지 받는 것으로 보인다. 이러한 단체들은 새로운 시민 종교의 자금줄 역할을 하고 있다.

제 4 장

THE GOD VIRUS

신은 너를 사랑하신다:
옭아매는 죄의식

너는 애타게 해답을 얻으려 하지.

손가락에서 피가 흐를 때까지,

그 갈망이 충족되도록, 부족함을 충분히 채우기 위해.

그들은 너에게 죄의식을 먹이지, 네가 줄곧 비천하게 살도록.

그들은 몇몇 인물과 신화를 만들어냈지, 천년 전에.

– 멀리사 에더리지, 앨범 〈Yes, I am〉의 수록곡 〈고요한 유산〉 중에서

지금까지 갓 바이러스의 사회적, 정치적 면모를 살펴보았으므로 이제부터 우리는 보다 더 개인적이고 정신적인 구성 요소들을 살펴볼 수 있다. 우선 종교 번식에 있어 죄의식의 역할에 대해 살펴보는 것으로 시작할 것이다. 죄의식은 어떻게 행위를 이끌고 가는 것일까? 죄의식은 어떻게 사람들을 갓 바이러스에 얽어매고 있을까?

・・・

요셉 신부

내가 개인 병원을 운영하고 있을 때, 48세인 가톨릭 신부 한 분이 상담을 위해 병원을 찾아왔다. (비록 그의 본명은 아니지만 그를 요셉 신부라고 부르기로 하겠다.) 그는 자신의 이야기를 비밀로 해야만 한다며 걱정을 했다. 그는 자신이 자위행위를 하며 이를 위해 포르노를 이용한다고 했다. 그것에 대해 엄청난 죄의식을 가지고 있지만 스스로 그만둘 수가 없다고 했다. 그에게서는 우울증의 증세까지 보였다. 몇 번의 만남을 가진 후에 그는 자신이 자기파괴적인 생각을 가지고 있다는 것을 인정했다.

"이처럼 끔찍한 생각들과 욕구를 갖고 사는 것보다 차라리 죽는 것이 낫겠다고 생각해요. 설교를 하거나 부부를 상담할 때에도 그런 생각을 합니다."

그는 성당 내에는 이런 이야기를 나눌 사람이 전혀 없다고 생각해 나를 찾아왔다고 했다. 그의 이야기는 그저 평범한 남성의 이야기로 들릴 뿐이었다. 허락된 성적 배출구가 전혀 없는 남성일 뿐이었다. 그가 그동안 배우고 익힌 것에 따르자면 자위와 포르노는 치명적인 죄악인 것이다. 그의 걱정과 죄의식을 듣는 것은 고통스러운 일이었다. 내가 해줄 수 있는 것은 내게 들려준 모든 것들이 지극히 정상적인 것이라고 말해주는 것이었다. 나는 한 남성의 성적 욕구는 극단적으로 강력하며 그것을 그런 태도로 누르려고 하는 것은 자연스러운 일이 아니라고 말해주었다.

여러 번에 걸친 끈질긴 치료 과정 통해 우리는 그의 배움과 자연스러운 욕구 사이의 커다란 갈등을 해소하기 위해 노력했다. 그가 자신의 문제를 해결했는지 확신할 수는 없었지만 6개월 후에 요셉 신부의 소개를 받은 다른 신부가 상담을 위해 나를 찾아왔다. 그리고 비슷한 과정이 다시 시작되었다.

매우 섬세하고 걱정이 많은 이 두 남자는 모두 지극히 정상적인 일로 괴로워하고 있었다. 그들이 겪고 있던 마음의 갈등과 죄의식 그리고 근심은 그들을 우울증으로 몰아갔으며, 점점 더 악화되어갔다. 종교 바이러스는 그들의 정신을 차지하고 성적으로 프로그래밍하였기 때문에 두 성직자들은 모두 본능을 분출할 곳을 찾을 수 없었던 것이다. 치료 과정을 거친 후에 그 두 사람에게 어떤 변화가 있었는지에 대해서는 모른다. 자신들의 삶을 헌신했음에도 불구하고 그들은 충분한 보상을 받을 수가 없었다. 평상적인 욕구에 따른 행동이 그들이 모시는 신의 눈으로나 그들 자신의 눈으로나 비난을 받아야만 하는 것이 되었다.

당신은 절대로 착하지 않다

죄의식은 서방 종교들이 이용하는 가장 중요한 도구들 중의 한 가지이다. 물론 죄의식은 유대교나 기독교 혹은 이슬람교가 생기기 훨씬 전부터 존재해왔지만, 종교들은 매우 효율적으로 죄의식을 유발하는 기법들을 발전시켜왔다. 개인적인 죄의식은 갓 바이러스를 위한 에너지로 이용된다. 즉, 죄의식을 더 많이 느끼게 될수록 종교가 자신을 죄의식으로부터 구원해줄 것이라는 기대를 더 많이 갖게 된다. 그럴 때 신부나 목사가 그러한 죄의식을 없애는 데 도움을 준다면 개인은 안도감을 느끼게 되고, 그로 인해 다음에 죄의식을 느끼게 될 때 종교에 더욱 긴밀하게 얽매이게 된다.

죄의식은 끝없이 순환되는 길로서 바이러스에 의해 통제되고 에너지를 긍정적인 방법으로 소비하지 못하도록 막는다. 종교적 죄의식을 확실하게 제거하는 유일한 방법은 그 바이러스에 항복하는 것이다. 항복을 한 이후에도 만약 죄의식을 느낀다면, 그것은 종교에 확실하게 항복하지 않았다는 증거이다. 이것은 스스로를 강화하는 동시에 가두는 바이러스의 방법이다. 당신은 절대로 착하지 않다. 요셉 신부는 종교를 믿는 대부분의 사람들보다 훨씬 더 헌신했지만 여전히 만족스러울 만큼 착하지 않다.

11살 무렵부터 사춘기 초반 내내 나는 하느님에게 자위행위를 하고 싶은 욕구를 없애달라고 열심히 기도했다. 부모님과 교회, 주일학교 교사들 그리고 체육관의 선생님들마저도 자위는 죄스러운 일이며 그것으로 인해 지옥에 가게 될 것이라고 했다. 기도를 하면 할수록 나는 더 많이 자위를 하게 됐다. 교회 캠프에서도 했다. 만약 교회 캠프에서 자위행위를 했다는 이유로 즉시 죽이지 않는다면, 하느님은 분명 나를 지옥으로 보내려 했을 것이다. 게다가 나는 섹시하게 생긴 전도사의 딸을 생각하며 자위를 했으니, 죽어 마땅한 죄였을 것이다.

> 죄의식: 신보다 앞서 자신에게 벌을 주는 것
>
> — 앨런 코언

매스터스와 존슨의《인간의 성적 반응Human Sexual Response》과 그 후에 출간된《섹스의 즐거움The Joy of Sex》을 마주치기 전까지는 나의 종교가 자위에 대해 전적으로 틀렸다는 것을 전혀 인식하지 못하고 있었다. 죄의식에서 벗어나자마자 나는 이렇게 묻기 시작했다.

"이 밖에 내 종교에서 틀린 것은 또 무엇이 있나요?"

만약 종교적인 환경에서 자라난 사람이라면 종교적 죄의식과 관련된 이와 비슷한 경험을 했을 것이다. 종교적 죄의식은 대개 부정적인 것이며 갓 바이러스로부터 벗어나기 위한 당신의 여행에서 꼼꼼하게 살펴보아야 할 대상이기도 하다. 문제는 그 프로그래밍이 매우 은밀해서 자신이 종교적 죄의식에서 벗어난 상태에 있다는 것을 인식하지 못한다는 것이다.

종교 내의 애매한 계시들

성인들이 마주해야 하는 난제들 중의 한 가지는 과거의 바이러스성 프로그래밍을 건설적으로 다루는 것이다. 종교 교리의 주입은 극단적으로 혼란스러워 수백 가지의 잡다한 계시들을 일생을 통해 전달받게 된다. 많은 성인들이 어린 시절에 주입된 기억들을 지니고 살고 있다. 다음은 사람들의 어린 시절에 듣고 기억하게 되는 믿음들 중의 일부이다.

- 하느님은 너를 사랑하시지만, 네가 그분의 말씀대로 행동하지 않으면 지옥으로 보내질 것이다.
- 하느님은 너를 사랑하시며 그분의 창조물을 알아보고 이해할 수 있는 지적인 뇌를 주셨지만, 금지된 질문들을 한다면 벌을 받게 될 것이다.
- 하느님은 너를 사랑하시며 너에게 성性이라는 엄청난 즐거움을 주셨지만, 너는 엄격한 제한 내에서만 활용해야 한다.
- 하느님은 너와 너의 자녀들을 사랑하신다. 만약 네가 그들을 타락시키면 그분은 너에게 벌을 주실 것이다. (마가복음 9:42)
- 알라는 너를 사랑하시며 아름다운 피조물로서 여성들을 창조했지만, 결혼생활 내에서나 문이 닫혀 있는 곳 외에서 즐기는 것은 금지하신다.
- 알라는 너를 사랑하시지만 너의 남편에게 복종하지 않거나 남편의 다른 아내들과 잘 지내지 못한다면 천국을 볼 수 없을 것이다.
- 하느님은 너를 사랑하시며 네가 번성하는 것을 원하신다. 만약 네가 가난하거나 배를 곯는다면 분명 너는 그분이 보시기에 잘못된 일을 했기 때문이다.
- 하느님은 너를 사랑하신다. 그분은 너에게 고통과 슬픔과 재난과 홍수와 허리케인 그리고 그보다 더 많은 것들을 겪게 하여 네가 회개하고 명령받은 대로 행하는지를 살펴보신다.
- 하느님은 너를 사랑하시어, 사탄을 창조해 너를 유혹하고 시험하신다.

- 하느님은 너를 사랑하신다. 그렇기 때문에 유혹을 거부하기 힘들게 하고 곧고 좁은 곳에 머물도록 하시는 것이다.
- 하느님은 너를 사랑하신다. 그분은 모든 기독교인들을 사랑하신다. 하지만 그분은 무슬림과 불교도, 힌두교도 그리고 그를 부정하는 모든 사람들을 미워하신다.
- 하느님은 너를 사랑하시므로 너는 부모, 자녀, 이웃이나 친척을 불문하고 희망 없는 비신자들은 모두 거부해야만 한다.
- 하느님은 너를 사랑하시지만 이혼을 한다면 너는 부정한 것이다. (마태복음 5:31~32)
- 하느님은 너를 사랑하신다. 그래서 자신의 아들을 죽게 한 것이다. 수백만 명의 사람들이 그의 이름으로 죽었으며 너도 기꺼이 그렇게 해야만 한다.
- 하느님은 너를 사랑하시지만 너는 부정하게 태어났으며 하느님 없이는 절대로 깨끗해질 수 없다.

이러한 종류의 계시들은 모호한 구속 상태를 만들어낸다. 우리는 절대로 충분히 착해질 수 없으며 제아무리 열심히 노력하더라도 나 자신의 결함이라는 느낌을 준다. 그래서 예수와 알라 혹은 그 밖의 기댈 수 있는 신이 필요하다는 것이다.

"모든 사람이 죄를 범하였으매 하느님의 영광에 이르지 못하더니." (로마서 3:23)

이것이 갓 바이러스의 중요한 언급이다. 모든 신도들을 궁극적인 결핍 상태에 놓이도록 하는 것이다. 신은 우리를 불완전하게 만들었기에 오직 그를 통해서만 행복을 느낄 수 있다.

유튜브에 수십 가지의 영상물을 올리는 인기 있는 젊은 전도사인 폴 와셔와 같은 사람들의 연설을 몇 분만이라도 들어보라. 사실상 그 비디오들은 죄의식과 천벌 그리고 배교에 대한 내용들로 가득 채워져 있다. 당신을 구할 수 있는 유일한 길은 그의 처방을 정확히 따르는 것뿐이다.

종교적인 삶은 끊임없는 궤도들 중의 하나를 계속해서 되돌아가는 것이다. 당신은 죄인으로 태어났으며 늘 죄인이다. 그래서 당신을 태어날 때부터 부정한 존재로 만들어낸 신으로부터 용서를 구해야만 한다. 용서를 받아라. 그리고 다시 태어나라. 이후로는 다시 죄를 저질러서는 안 된다.

죄를 저지르게 되면 그 과정은 전부 다시 시작된다. 용서를 구해야만 한다. 바이러스는 근절해버릴 수 없는 영속적인 죄의식과 비천함을 심어 놓는다. 셰익스피어의 작품 속에서 던시네인 성을 배회하던 맥베스 부인이 손을 씻으며 "사라져라, 저주받은 핏자국이여"라고 말하는 것만큼이나, 종교는 씻어 없애버릴 수 없는, 지워지지 않는 감정의 자국을 만들어 내는 것이다.

죄의식 사이클

많은 어린이들이 부모나 친지 혹은 권위 있는 인물들로부터 죄의식을 느끼도록 가르침을 받는다. 어린 시절의 그러한 죄의식은 종종 어린이가 저지르는 잘못된 행동보다는 부모의 불안감이나 감정적인 문제와 관련되어 있다. 잠자기 전에 키스를 안했다는 이유로 자녀에게 죄의식을 갖도록 하는 엄마나 매일 전화를 하지 않는다는 이유로 꾸짖는 조부모의 경우를 생각해보자. 이러한 종류의 행위들은 어린이에게 어른이 될 때까지 이어지는 죄의식을 심어 두는 것이다.

죄의식을 줄이거나 없애려는 욕구는 매우 강력하여 사람들은 그 어떤 일이라도 하려고 한다. 그들은 성인이 되어서도 조부모님께 매일 전화를 하게 될 수도 있다. 그들은 어머니에게 키스하는 것을 절대로 잊지 않을 수도 있다. 그들은 성인이 되어서도 스스로가 결정해야 할 일들을 부모에게 허락을 얻으려 할 수도 있다. 많은 성인들이 자신들이 지니고 있는 죄의식의 일부는 어린 시절의 부적절한 훈련에서 비롯된 것이라는 사실을 발견한다. 심리치료사들의 진료실에는 어린 시절에 갖게 된 죄의식을 다루는 방법을 배우려는 사람들로 가득하다. 죄의식은 강력한 심리적 영향력을 갖고 있으며, 죄의식을 줄이려는 욕구는 평생은 아닐지라도 수년 간은 일정한 행위들을 유발시키게 된다. 죄의식을 줄이려는 욕구에 대한 이해는 종교의 위력을 이해하는 데 도움이 될 것이다.

종교적 죄의식의 사이클

마틴 루터 자신도 이러한 죄의식의 사이클에서 벗어나기 위해 애를 썼다. 루터가 내놓은 해결책은 비록 창의적이기는 했지만, 오랜 시간 동안 그를 추종해온 수백만 명의 루터교회파 사람들의 죄의식을 완화시키는 데에는 아무런 영향을 미치지 못했다. 루터의 해결책은 의로운 행위가 아닌 믿음을 통해 구원을 발견하겠다는 것이었다. 그것은 면죄부를 구입할 수 있다거나 구원을 얻기 위해 의로운 행위를 해야 한다고 믿는 가톨릭의 경향에 대한 반응이었다.

믿음에 다가서는 것은 너무 어렵기 때문에 믿음에 집중한 루터의 해결책은 일을 더 힘들게 만들어버렸다. 의로운 일들을 기록하는 장부를 계속 작성하거나 신이 회계 부서를 운영한다고 믿는 것은 쉽다. 하지만 믿음은 무엇을 의미하는 걸까? 예수가 당신에게 은총을 부여해주었다는 것을 어떻게 알 수 있을까? 비록 죄의식을 누그러뜨리고 신을 향한 길을 제공하기 위해 설계되었지만, 의롭다고 인정받는 것과 관련된 루터의 교의는 불확실한 혼란 상태와 다를 바 없는 것일 뿐이다. 구원에 대해 확신했기에 루터는 유대인들을 비난할 수 있었고, 그들의 탄압을 조장하여 1524~1525년에 일어난 농도들의 반란을 진압할 수 있었다. 그는 그 일에 대해 아무런 죄의식도 느끼지 않았던 것으로 보인다. 불행하게도 그의 추종자들에게 루터의 해결책은 구원에 대한 더 많은 불확실성을 안겨주었으며, 그에 상응하는 죄의식만 조금 줄였을 뿐이었다.

최근의 예를 살펴보자면 테레사 수녀보다 더 좋은 예는 없을 것이다. 살아 있는 동안 그녀는 신앙과 종교적 경건함의 모범으로 받아들여졌다. 하지만 사망 이후 발견된 그녀의 편지들은 죄의식에 의해 고통받는 매우 불안정한 한 여성을 드러내 보여주었다. 미래의 성자마저도 죄의식으로부터 자유롭지 못하다면 평범한 신도들은 어떻게 해야 한단 말인가?

마약이나 알코올 중독자 혹은 종교 중독자들이 대개는 자신들의 행위에 대해 죄의식을 느끼지만 곧바로 평소처럼 행동한다는 것을 알아차린 적은 없을까? 그들은 이렇게 말할 것이다.

- 아이들에게 담배를 끊겠다고 약속을 했는데 지금은 오히려 더 많이 피워요.
- 지난 밤에 더 이상 술을 마시지 않겠다고 혼자 다짐하고, 술집 문을 닫아버렸어요.
- 아이들과 더 많은 시간을 보내겠다고 하느님께 약속했지만, 오히려 야근을 매주 하고 있네요.
- 헌금 접시가 지나갈 때, 10달러밖에 넣지 못해서 죄의식을 느끼고 있어요.
- 다시는 자위를 하지 않겠다고 하느님께 맹세를 했지만, 이번 주에만 벌써 두 번을 했어요.
- 결혼을 하기 전에는 여자친구와 성관계를 갖지 않겠다고 하느님께 약속했지만, 그녀가 자꾸 유혹을 해서 지난 밤에 성관계를 하고 말았어요.

죄의식을 불러일으켰던 행위들을 변화시키기보다 죄의식은 종종 똑같은 일을 더 많이 하도록 이끈다. 죄의식을 더 많이 느낄수록 애초에 죄의식을 갖게 했던 바로 그 일을 통해 자신의 죄의식을 누그러뜨리려고 하는 것이다. 이것은 완벽한 순환 고리를 만들어내어 외부의 도움 없이는 빠져나갈 수가 없다. 컴퓨터가 어느 순간에 무한 루프에 빠져들어 작동

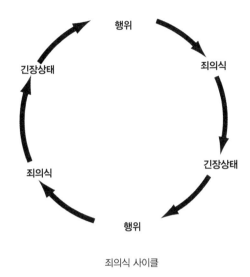

죄의식 사이클

을 멈추는 것처럼 뇌가 죄의식의 루프에 빠져 더욱 악화될 뿐인 것이다.

당신이 이러한 죄의식이라는 감정적인 부담을 지니고 있을 때 신부와 랍비 혹은 목사가 도움을 주겠다는 약속과 함께 다가올 것이다. 그들은 그 순환 고리를 깨뜨리고 죄의식이 종교를 통해 당신에게 흘러 들어가도록 하는 것으로 도움을 완성한다. 다음과 같은 방식으로 진행되는 것이다.

죄의식을 당신의 힘으로는 극복할 수 없다. 자신을 하느님에게 맡기면 그분이 극복할 수 있도록 도와줄 것이다. 자신의 나약함을 극복하게 될 것이며 자신의 죄에 대해 용서를 받게 된다.

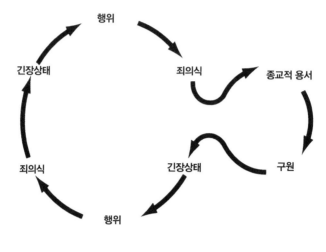

종교적 죄의식 사이클

당신은 더 이상 이러한 죄의식의 부담을 지고 살지 않아도 된다.

이것은 어느 정도의 위안이라는 효과는 있지만 그 대가는 매우 크다. 각각의 죄의식-용서 사이클은 바이러스를 보다 깊게 심어 놓기 때문에 시간이 지날수록 구원을 얻는 것은 더 힘들어진다.

두 가지 종류의 죄의식

죄의식을 종교의 독자적인 것이라고 보기는 어렵다. 이것에 대해 보다 명확히 이해하기 위해 사회적 죄의식과 종교적 죄의식이라는 두 가지 상반된 형태로 살펴보기로 하자.

당신은 주어진 문화에서의 사회화라는 문제로 인해 사회적 죄의식을 느낀다. 많은 사람들이 자신의 의도와 달리 정지선을 넘어서게 되면 죄의식을 느낀다. 나의 할머니는 어떤 친구분의 생일날에 전화하는 것을 까먹었다는 것 때문에 며칠 동안 죄의식을 느끼셨다. 나 역시 중요한 기념일이나 행사를 잊어버린 것에 대해 커다란 죄의식을 느끼고는 한다. 이러한 것들은 사회적인 기준을 범했을 때 느끼는 사회적 죄책감이다.

사회적 죄책감이 종교적 죄의식보다 더 나을 것은 없지만, 많은 경우에 있어 사회적 죄책감은 좋은 것이다. 다른 누군가에게 불편을 끼치게 되었을 때 죄책감을 느끼는 것은 적절한 태도이다. 누군가를 속이거나 의도적으로 마음을 상하게 했다면 죄책감을 느끼는 것이 바람직하다. 이러한 경우에 죄책감을 느끼지 못한다는 것은 반사회적인 인격의 징후라 할 수 있다.

소소한 일들이라도 약간씩의 죄의식을 불러일으킨다. 악의적인 험담을 퍼뜨리거나 속이고 혹은 누군가의 물건을 훔치는 등 다른 사람에게 상처를 주는 행동은 모두 그만한 죄책감을 만들어내야 하며 다시는 그렇게 하지 않겠다는 생각을 가져야만 한다. 나는 이러한 종류의 행위에 대해 죄책감을 느끼지 못하는 사람과는 관계를 맺고 싶지 않다. 이것은 종교와는 아무런 관계가 없고 모두 다 우리 문화 내에서의 훌륭한 사회화와 관련이 있는 것이다.

반면에 종교(실제로 어떤 특정한 종교)라는 맥락에서만 죄의식을 이끌어내는 일들이 있다. 그러므로 만약 그 종교의 신자가 아니라면 죄의식을 느끼지 않을 것이고, 다른 종교를 믿는 경우에도 죄의식을 느끼지 않을 것이다. 자위행위는 종교가 어떻게 정상적인 인간의 행위로 죄의식을 이끌어내는가를 보여주는 명확한 예이다. 가톨릭 교리에서는 자위를 죄로써 비난하며, 이슬람교와 함께 대부분의 근본주의 개신교 단체들에서도 교묘하게 비난받는다. 반면에 위카나 퀘이커교 혹은 유니테리언에서는 전혀 개의치 않는다.

자위는 그처럼 기본적이고 보편적인 행위여서 그것에 대한 통제는 현실적인 대상이 될 수 없다. 심지어는 FOTF의 창시자인 근본주의자 제임스 돕슨도 청춘기의 남성 99%가 자위를 한다는 것을 인정한다. 그는 자위가 청춘기의 무익한 싸움이라고 인정하지만 결혼의 품위를 손상시키기 때문에 결혼 이후에는 해서는 안 된다고 주장한다.

현실적으로 금지할 수 없으며 감시할 수도 없는 어떤 일을 굳이 금지하려는 의도는 과연 무엇일까? 그 목적은 종교적 죄의식을 만들어내겠다는 것이다. 비록 멈추게 할 수는 없어도 죄의식 사이클을 불러일으켜 사람들을 종교에 더 가깝게 얽어매려는 것이다.

가족의 가치, 종교적 죄의식과 수치심

오늘날 미국의 정치적 풍토에서 '가족의 가치'라는 용어는 대단히 헤프게 사용되고 있다. 이것은 가족과 성적 행동에 대한 엄격하고 편협한 해석을 위한 법전이다. 가족의 가치는 동성 결혼을 포함하지 않는다. 가족의 가치는 낙태에도 반대한다. 또한 금욕은 물론 10대들과는 산아제한에 대해 토론하면 안 된다는 것을 뜻한다. 대부분의 종교는 일종의 가족의 가치와 같은 것을 지지하지만 종종 가족의 이익을 위하지는 않는다. 가족의 가치는 '가족은 바이러스를 위해 가치가 있다'라는 의미이다. 어떤 가족이 바이러스적인 가치를 가지고 있지 않을 때, 바이러스는 그 가족을 해체시킬 수도 있다. 초점은 가족을 바이러스를 위한 하나의 완전하고 기능적인 벡터로 유지하는 것에 맞추어져 있다. 가족과 다른 종교를 선택한다는 것은 적어도 추방될 수도 있다는 것을 의미한다. 무슬림의 여성이 힌두교로 개종하려 한다면 이른바 '명예 살인'의 표적이 될 수도 있다. 불교로 개종을 한 기독교도는 가족들 사이에서 기독교 목사가 된 형제와 똑같은 대접을 받지 못할 것이다. 가톨릭교인이 되는 것에 관심을 표명하는 개신교 어린이는 즉각적이고 불쾌한 '가족의 가치'라는 경험을 하게 될 것이다.

가족의 수치심은 이러한 바이러스적인 방어의 중요한 일부분이다. 바이러스에 반대되는 행동을 한 가족 구성원은 가족 전체를 부끄럽게 만드는 것이다. 바이러스는 위생학적으로 가족들이 강하게 수치심을 느끼게 하여 위반한 구성원에 대해 행동을 취하도록 자극한다.

누가복음 12장 51~53절에서는 이렇게 말한다.

너희는 내가 세상에 평화를 주러 온 줄로 생각하느냐? 내가 너희에게 말하니, 그렇지 않다. 도리어 분열을 일으키러 왔다. 이제부터 한집에서 다섯 식구가 서로 갈라져서, 셋이 둘에게 맞서고, 둘이 셋에게 맞설 것이다. 아버지가 아들에게 맞서고, 아들이 아버지에게 맞서고, 어머니가 딸에게 맞서고, 딸이 어머니

에게 맞서고, 시어머니가 며느리에게 맞서고, 며느리가 시어머
니에게 맞서서, 서로 갈라질 것이다.

사람들을 가족과 사회구조로부터 떼어 놓는 것은 정연한 태도를 유지
하고 잠재적인 감염의 가능성을 배제하는 사람들을 위협하는 효과적인
방법이다.

미국에서 강한 근본주의 가족들은 종종 자기 뜻을 펼치려 하는 가족
구성원들을 스스로 멀리한다. 모르몬교 집안에서 자라난 어린이가 가톨
릭교도가 되었다면 집으로 돌아왔을 때 환영을 받지 못할 것이다. 다른
갓 바이러스를 선택하는 것은 가족 내에 긴장을 불러일으키게 되며 지배
적인 종교가 침범하는 종교를 내쫓기 위해 싸우는 과정에서 가족 내에
불화를 일으키게 된다.

독실한 침례교 가족과 이제는 이교도가 된 고집이 센 성인 자녀를 상
상해보자. 추수감사절 만찬에서 이교도인 성인 자녀가 가족들을 식탁 주
변에 모아놓고 "모두들 여신에게 지난 한 해 동안 우리들에게 베풀어주
신 은혜에 감사하는 기도를 올립시다"라고 말한다. 가족들은 그 기도에
대해 어떤 반응을 보일까? 그 다음 해에는 어떤 일이 벌어질까? 가족들
은 그를 어떻게 대우할까?

바이러스는 번식을 위한 가족의 가치에만 관심이 있다. 그 외의 것들
에 대해서는 강력하게 부정적으로 반응한다. 가족 내의 중요한 구성원
한 명 혹은 그 이상이 강력하게 대립하는 바이러스에 감염되면 가족들은
함께 사는 데 있어 힘든 시간을 겪게 된다.

부모와 갓 바이러스

합리적인 부모들은 자녀들이 충분히 논리적이고 비판적인 능력을 지닌 훌륭한 교육을 받아 균형감각을 갖춘 사람으로 자라기를 원한다. 하지만 일단 감염이 되고 나면 이성적인 부모는 전혀 없다. 그 결과 부모는 자녀에게 종교, 특히 그들만의 특정한 종교에 대해 비판적인 사고능력을 가르칠 수가 없다.

모든 부모들이 알고 있듯이, 어린이들은 자신들만의 정신세계를 갖추고 있다. 그들은 주변에 있는 갓 바이러스들, 특히 근본주의와 사이비 종교 바이러스들이 제공하는 것들에 의해 쉽게 영향을 받을 수 있다. 많은 부모들은 사춘기나 청년기의 자녀들이 사이비 종교에 빠져들어 가족을 저버리는 것을 두려워한다. 대부분의 종교들이 다른 종교들에 대항할 젊은이들을 키우는 데에 많은 시간과 공을 들이는 것은 전혀 놀라운 일이 아니다. 젊은이들을 위한 많은 설교나 주일학교의 수업에서는 다른 종교들에 대립되는 그 종교만의 특별한 점들에 대해 세심하게 가르친다. 내가 속해 있던 종파에서는 세례 방식으로 침례를 강조했다. 누군가 올바르게 침례를 받지 못했다면 그 사람은 천국에 가지 못한다는 것이었다. 그들은 또한 아기는 그리스도를 위한 결정을 내릴 수 없기 때문에 아기에게 세례를 주는 것은 부도덕한 것(a la Catholic)이라고 가르쳤다. 침례교에서는 그들에 의해서만 세례를 받아야만 하며, 그렇지 않을 경우에는 가치가 없는 것이라고 가르쳤다.

바이러스를 주입하는 아미시의 럼스프린가

16세가 되면 아미시*의 청소년들은 세례를 받겠다고 결정할 때까지 바깥세상으로 나가 생활해야 한다. 일정한 기간 동안 이곳저곳을 다니며 생활하면서(이것을 '럼스프린가'라고 부른다.) 세례를 받을 것인지 아니면 영원히 아미시 공동체를 떠나 가족과의 접촉을 끊고 생활할 것인지를 결정한다.

아미시의 럼스프린가는 훌륭한 통과의례이다. 톰 색트먼은 자신의 책 《럼스프린가: 아미시로 살 것인가 아니면 떠날 것인가Rumspringa: To Be or Not to Be Amish》에서 이렇게 설명하고 있다.

> 아미시는 젊은이들이 금지된 것들의 강한 흡인력에 맞설 수 있도록 예방접종으로서 럼스프린가에 의지하고 있다. 그들에게 약간의 세속적인 경험을 백신으로 투여하는 것이다. 이러한 도박은 또한 신앙과 삶의 방식에 있어 속박에서 벗어난 자유로운 선택보다 더 확고하게 결합력을 갖게 하는 것은 없다는 생각에 기반하고 있다.

색트먼이 바이러스의 은유를 사용하고 있다는 점이 흥미롭다. 아미시는 자녀들에게 예방접종을 해야 할 필요성을 인식하고 있으며, 흔히 그렇듯이 그로 인해 질병이 발생하지는 않을 것임을 인식하고 있는 것이

---

* 보수적인 성향의 프로테스탄트 교회의 교파. (편집자주)

다. 그럼에도 불구하고 일부를 잃을 수도 있다는 위험 정도는 감수하겠다고 생각하는 것으로 보인다.

아미시의 입장에서는 돌아오지 않는 자녀들의 경우 그들 내부에서 문제를 일으키지 않도록 하기 위해 떠나보내는 것을 최선으로 생각한다. 결함이 있는 숙주를 추방하면 바이러스를 건강하고 강하게 유지시킬 수 있다. 대부분의 아미시 자녀들은 현대의 사회에 대해 완전히 아무런 준비도 되어 있지 않으며 그러한 사실이 그들이 돌아올 것임을 거의 보증하는 셈이다. 실제로 80~90%가 돌아와 세례를 받고 있으며 평생 집단 내에 머물게 된다. 돌아오지 않는 자녀들을 포기한다는 것은 너무 잔인한 일이라고 말하는 사람들도 있을 것이다. 하지만 이것은 의미 있는 관심사가 아니다. 그들은 사람에 대한 인간적인 대우가 아닌 아미시 갓 바이러스의 순수성만이 중요하다. 그것이 누군가의 희생이 따라야만 하는 일이라면 기꺼이 그렇게 한다. 종교들은 이러한 방법으로 수천 년간을 활동해왔다. 세상을 멀리하고 배척하고 파문시키는 것은 바이러스의 순수성을 유지하기 위한 방편인 것이다.

부모의 행위, 죄의식과 수치심

부모들은 다른 부모들이 보는 앞에서 최선의 행동을 할 필요가 있다는 것을 걱정한다. 이것은 죄의식보다는 수치심과 관련된 것이다. 내가 아이들을 그리스도를 섬기는 사람으로 기르지 않았다고 목사님이 생각하는 일은 절대 없도록 해야 해! 우리 아들이 매주 주일학교는 잘 다니고 있을까? 매주 성서 공부는 잘하고 있는 걸까? 나는 아이들이 잠들기 전에 올바른 종교책을 읽어주고 있는 것일까? 바이러스는 가능한 모든 자원을 동원해 어린이를 감염시키는 것을 확실히 하기 위해 부모들의 마음속에 근심과 죄의식 그리고 수치심을 불러일으키고 있다.

자녀들을 키우는 동안 부모들은 바이러스의 노예가 될 수 있다. 그들의 일거수일투족은 교회의 다른 구성원들과 목회자, 주일학교 교사와 다른 부모들로부터 검증을 받는다. 감염된 부모들의 가장 커다란 두려움은 자녀들을 충분히 감염시키는 데 실패하는 것이다. 내 아이들이 자라나서 교회를 떠나면 어떻게 하지? 내 딸아이가 결혼도 하지 않고 임신을 해서 가족의 명예를 해치면 어떻게 하지? 내 아들이 동성애자라면 어떻게 해야 하나? 이러한 모든 생각들은 신을 실망시키고 남들의 눈앞에서 망신을 당하는 수치심과 밀접하게 관련되어 엄청난 두려움을 불러일으키게 된다.

많은 부모들의 근심과 걱정은 성적 수치심과 죄의식에 집중되어 있다. 하지만 섹스와 생식에 대한 솔직한 토론을 벌이기보다 종종 토론 자체를 하지 않으려고 한다. 많은 독실한 가정들은 성적인 행위와 관련된 죄의식이 너무나도 강력해서 부모와 자식 간에 합리적인 토론을 가로막는다. 부모가 죄의식을 더 많이 느낄수록 자녀들과 섹스에 대해 실질적인 대화를 더 적게 나누게 되는 것이다. 이것은 섹스에 부정적인 종교의 부산물 중의 한 가지로서 제5장에서 상세히 논의하겠다.

바이러스는 그 자신만의 정신이나 의지가 없다는 것을 기억하고 있어야만 한다. 바이러스는 오로지 번식에만 관심이 있으며 그러한 목표를 위해 필요하다면 무엇이든 다 동원해 활용한다. 생물학적 바이러스나 기생충의 생존방식과 동일한 것이다. 부모들이 더 심하게 감염될수록 바이러스는 번식을 위

> 산타클로스가 없다는 것을 믿도록 만드는 것이 불가능한 아이들도 있다. 그 아이들은 진실을 제대로 깨닫지 못하는 것이다.
> – R. 리불레

한 자원들을 더 많이 훔쳐갈 수 있다. 비록 전혀 다르게 주장하고 있기는 하지만, 대부분의 갓 바이러스들은 죄의식을 바탕으로 번창한다. 죄의식이 크면 클수록 부모들은 자식들이 완벽하게 감염되도록 하기 위해 가지고 있는 모든 수단을 다 동원한다. 궁극적인 수단으로는 홈스쿨링과 개인적인 신앙 교습이 있다. 그러한 교육 방식이 나쁜 것은 아니다. 그것들은 죄의식에 사로잡힌 부모들로 하여금 바이러스를 실망시키지 않도록 해주는 확실한 방법이다. 신은 언제나 지켜보고 있으므로, 다른 바이러스들이나 세속주의가 자기 자녀들에게 영향을 끼치지 못하도록 할 수 있는 모든 일을 하려는 것이다.

확대가족과 자녀들

자녀를 기르는 것은 어려운 일이 될 수 있다. 특히 부모와 조부모, 고모와 삼촌들이 늘 지켜보면서 다음과 같은 말들을 한다면 더욱 그렇다. "그 애는 언제쯤 세례를 받을 거니?" "그 애를 유대인 학교에 보낼 거지, 그렇지?" "그 애가 기독교 유치원에 다닌다면 분명 훨씬 더 좋아질 거

야.""가톨릭을 믿는 할머니가 저 애를 교구의 학교에 보내려는 걸 그냥 보고만 있진 않을 거지? 여기 우리 마을에는 그보다 훨씬 좋은 침례교 학교가 있잖아."

주변 사람들에게 자신의 종교관과 자녀들에 대한 그들의 참견을 어느 정도까지 용납할 수 있는지를 명확하게 드러내는 것 외에는 그러한 간섭에 대처하는 데에 용이한 방법은 없다.

종교가 없는 내 친구의 자녀들이 여름방학을 맞아 근본주의를 믿는 조부모와 함께 지내게 된 적이 있었다고 한다. 그곳에 머무는 동안 아이들은 온갖 종류의 두려움에 억눌려 지내야 했다. "한밤중에 커튼이 움직이는 건 악마가 너희들의 방에 들어가려고 하는 거야. 그러니 악마를 쫓으려면 하느님께 기도를 해야 한단다." 아이들은 그 후 몇 달 동안 혼란을 겪어야 했다. 이러한 종류의 행위는 내가 자라나던 시절에는 지극히 일상적인 일이었으며 오늘날에도 여러 가정과 교회 들에서 지속되고 있다. 그 목적은 어린이들을 보다 효과적으로 감염시키기 위해 두려움의 문을 활짝 열어젖히는 것이다.

대부분의 사람들은 부모들이 생각하는 적합한 방법으로 자녀들을 양육할 권리를 존중하지만, 자녀들을 종교와 무관하게 키우겠다고 공언하는 때부터 종교를 가진 친인척들이 간섭을 하기 시작한다. 그들은 종교와 무관하게 키우겠다는 목표를 무너뜨리고 그들의 갓 바이러스로 아이를 감염시키는 것에 대한 면허증이라도 가진 듯이 행동한다. 당신이 아이에게 바이러스 주입 작업을 하지 않고 있기 때문에 자신들이 그런 행위를 하는 것을 공정한 게임이라도 되는 것처럼 생각한다. 비종교적인 부모들은 가족 내에서 벌어지는 이러한 종류의 바이러스 행위를 인식하고 있어야 하며, 자녀들이 작업중인 바이러스를 알아차릴 수 있도록 도와주는 방법으로 대처해야 한다.

특별히 효과적인 방법 중의 한 가지는 자녀들에게 일찍이 그리고 자주 광범위한 종교들에 대해 가르쳐주는 것이다. 일찍부터 여러 종교들에 대해 알게 하며 다양한 종교들이 사람과 행동에 미치는 영향에 대해 토론을 할 수 있는 기회를 갖게 한다. 자녀들은 스스로 다양한 형태의 종교적 믿음과 행위들에 대해 판단할 것이다. 내 아이들이 10~14살이 되었을 때, 우리는 솔트레이크시티에서 모르몬교 여행을 했다. 그 후에 이어진 토론은 몇 시간 동안 계속됐다. 아이들이 경험한 것에 대해 이런저런 이야기를 주고 받을 때 나는 거의 아무런 말도 하지 않았다. 내가 거들지 않았음에도 아이들은 모르몬교가 죽은 사람에게 세례를 한다거나, 성스러운 속옷을 입고, 스스로 저마다 신이 된다는 등등의 괴상한 생각들을 많이 한다는 결론을 내렸다.

아이들을 갓 바이러스들로부터 완벽하게 보호하려는 것은 아니다. 아이들로 하여금 다양한 종교들의 종교적 행위들을 직접 관찰하고 해석할 수 있도록 도와주려는 것이다. 이러한 과정은 완전하지는 않겠지만 많은 종교들에 대응하는 일종의 예방주사가 될 것이다.

내가 자라나던 때를 생각해보면, 나의 가족들은 나를 철저하게 감염시키기 위

> 종교는 아동기 신경증과 비슷한 것이다.
>
> *– 지그문트 프로이트*

해 할 수 있는 거의 모든 일들을 했던 것 같다. 우리 가족은 매주 세 번씩 교회에 참석했으며, 성서 공부와 기도 모임, 성가대, 청년부 활동, 성서 캠프 등과 같은 활동들을 했다. 나의 고모와 삼촌은 매우 다른 세계관을 가진 퀘이커교인이었다. 그들은 한층 더 '자유주의적'인 교회에 다닌다는 이유로 가족들로부터 의심을 받았다.

그분들은 자신들을 적극적으로 드러내지 않는 방법을 선택하셨다. 10대 후반에 내가 명확하게 질문을 하기 전까지는 종교관을 둘러싼 논의도 전혀 하지 않으셨다. 그분들은 솔직했고 이해심이 깊었으며 매우 유익한 이야기들을 많이 들려주셨다. 그분들과 이야기를 나누면서 나는 나의 부모님과 조부모님이 나에게 들려주지 않았던 이야기들이 매우 많았다는 것을 알 수 있었다. 그동안 내가 전혀 들어보지 못했던 종교 사상의 전반적인 흐름을 알 수 있었다. 나의 눈을 뜨게 해주신 그분들에게 감사를 드린다. 그분들이 내게 들려준 이야기 자체를 말하는 것이 아니다. 근본주의나 교조주의에 빠지는 일 없이 이야기를 들어주고 함께 논의했던 수용하는 자세를 말하는 것이다. 그것은 나의 가족이나 그 밖의 누구에게서도 전혀 경험해보지 못한 것이었다. 그 결과는 이 책을 집필하는 것을 포함해, 평생 동안 종교에 대해 질문을 던지는 열린 마음으로 나타났다.

제 5 장

섹스와 갓 바이러스

텍사스 주 러벅에서의 생활은 내게 두 가지를 가르쳐주었다. 하나는 하느님은 너를 사랑하시지만, 결국에는 지옥 불구덩이에 던져진다는 것이다. 다른 하나는 섹스는 이 세상에서 가장 끔찍하고 더러운 것이며 너를 사랑하는 사람을 위해 아껴두고 있어야만 한다는 것이다.

— 부치 핸콕

이번 장에서는 종교들이 성과 성생활을 통제하기 위해 활용하는 방법들에 대해 살펴볼 것이다. 커다란 성공을 거둔 종교들은 종교적 번식을 이롭게 하는 데에 있어 이처럼 강력한 인간의 욕구를 어떻게 활용하는지를 알고 있다. 우리는 통제의 스펙트럼이라는 관점으로 성에 부정적인 그리고 성에 긍정적인 종교들의 효과에 대해 살펴볼 것이다. 이 중요한 주제를 이해하기 위해 우선 사라라는 한 여성의 경험을 살펴보는 것으로 시작하자.

・・・

사라의 이야기

나는 사라가 여호와의 증인을 떠나면서 겪었던 일들에 대해 듣기 위해 그녀와 그녀의 동성 애인을 레스토랑에서 만났다. 그녀는 평생 교회를 다녔으며 18세가 되던 해에 교회에서 만난 남편과 결혼을 했다. 그들은 세 명의 자녀를 낳았다. 몇 년간의 결혼생활을 한 후, 사라는 자신의 삶에 커다란 구멍이 있다는 것을 느꼈다. 그녀는 강한 성적 욕구가 있었지만 남편에게서는 별다른 매력을 느끼지 못했고 늘 자신과 같은 여성을 생각하고 있었던 것이다. 그러는 동안 남편은 자신에게 반응을 보이지 않는 그녀에게 갈수록 실망하게 되었고 육체적으로 그리고 감정적으로 학대를 하기 시작했다.

사라는 선량한 여호와의 증인으로 살아온 자신과 여성을 향한 강한 욕구 사이에서 고통을 겪어야 했다. 사람들은 모두 남편을 만족시키고 복종하는 것이 그녀의 의무라고 말한다. 성서는 그녀가 남편을 거부하면 신을 저버리는 죄를 짓고 있는 것이라고 명확하게 밝혀주고 있다.

몇 년간에 걸쳐 심적인 갈등을 겪은 사라는 마침내 자녀들을 데리고 남편을 떠나겠다는 결정을 내렸다. 교회에서의 오랜 학습은 그녀가 법원과 정부를 두려워하고 믿지 못하도록 만들었다. 그래서 그녀는 자신의 상황에서 여성들이 활용할 수 있는 수단들을 아무것도 활용하지 않았다. 그녀는 돈을 모으고, 남편으로부터 멀리 떨어진 곳에 집을 구하고 나서 어느 날 밤에 아이들을 데리고 몰래 집을 떠났다.

하지만 불과 몇 주 후에 남편과 교회의 원로들이 그녀의 집에 나타나 아이들을 데리고 가버렸다. 그녀는 남편에게 아이들을 데리고 있게 해달라고 호소했지만, 돌아온 대답은 교회에서 이미 재판을 열었으며 그녀는 이제 교회에서 축출되었다는 이야기뿐이었다. 그녀의 자식들을 포함해 어느 누구도 그녀와 만나서는 안 되었다. 아이들의 아버지는 독점적인 양육권을 갖게 되었으며 그녀와 아이들이 만나는 것을 허락하지 않았다.

사라는 깊은 우울증에 빠지게 되었다. 법원을 신뢰하지 않았던 그녀는 자기 아이들에 대한 법적인 주장을 전혀 하지 않았다. 그리고 심리학자들은 사악하다고 배웠기 때문에 자신의 우울증을 치료하는 데 도움을 줄 수 있는 사람들과의 대화도 모두 거부했다.

그녀가 우울증에서 빠져나오고 자신과 아이들의 삶을 위한 긍정적인 행동을 하기 시작한 건 새로운 배우자를 만난 후부터였다. 그녀는 대학에 등록하고, 부분적인 자녀 양육권을 위해 법원에도 갔다. 사라의 배우자는 그녀를 잘 도와주었고 이해심도 깊었지만, 철저하게 프로그래밍된 그녀는 여전히 자신과 자녀들을 위한 어떤 선택도 할 수가 없었다. 사라가 대안적인 방법들을 생각하고 행동에 옮길 수 있게 되기까지는 그 후로도 몇 년의 시간이 필요했다.

그녀의 삶은 여전히 힘겨웠다. 특히 자녀들과의 관계는 더욱 어려웠다. 방문권과 양육권 신청은 매번 교회의 장로들에 의해 방해받고 또 무산되었다. 교회의 장로들은 사라의 자녀들에게, 만약 어머니와 이야기를 나눈다면 공동체에서 추방될 것이라고 위협했다. 한 아이만이 한밤중에 모두가 잠자리에 든 이후에 그녀와 비밀스럽게 전화 통화를 했을 뿐이었다. 물론 사라가 전화를 할 경우에는 아무도 전화를 받지 않았다.

성적 통제

많은 사람들이 사라의 경우는 사이비 종파의 프로그래밍 때문이라고 말하겠지만, 그렇게 쉽게 떨쳐버릴 수 있는 것이 아니다. 이러한 형태의 프로그래밍은 현재 대부분의 종교에서 실행되고 있다. 많은 복음주의 그리고 근본주의 단체들은 심리학자와 정신과 의사들을 신뢰하지 않으며 동성애를 중대한 죄악이라고 믿는다. 가톨릭에서는 비록 종교가 다른 사람들끼리 결혼을 했을지라도 자녀들을 가톨릭교인으로 키워야 한다고 요구하는 것으로 가톨릭교회를 지키려 한다. 그들은 동성 관계와 자위를 금지시키고 모든 성행위는 오직 결혼생활 내에서만 이루어져야 하며 인위적인 산아제한을 하면 안 된다고 강요한다. 신부와 수녀들은 대단히 부자연스럽고 정상적이지 않은 독신생활을 위해 자연스럽고 정상적인 욕구들을 거부해야 한다. 나사렛교도들은 공개적으로 동성애나 동성의 관계를 밝히는 사람들을 기피하며, 세속의 심리학자들을 믿지 않고, 미혼들의 성적 금욕을 설교한다. 무슬림은 결혼한 개개의 남녀가 관계를 가질 경우 돌로 쳐죽이며 동성애를 이단으로 취급하여 박해한다. 대부분의 무슬림 국가에서 여성들은 친족이 아닌 남성에게 보여서는 안 된다. 힌두교에서는 이혼을 하거나 결혼 전에 성관계를 가진 여성을 매우 수치스럽게 여긴다. 인도에서 공개적인 장소에서의 키스는 범죄 행위이기도 하다. 모든 주요 종교들과 대부분의 군소 종교에서는 여성들이 해당 종교에서 금지하고 있는 방식으로 성적 관심을 표현하는 것에 대해 제재를 가한다. 여호와의 증인과 그 밖의 종교들은 단지 정도의 차이만이 있을 뿐이다. 이번 장에서 살펴보겠지만 성적인 통제는 종교의 중요한 전략이다.

성에 부정적인 환경

이 그래프는 과학적인 것은 아니며, 다양한 갓 바이러스들의 성에 대한 부정적인 정도를 보여주기 위한 것이다. 이러한 등급을 매기는 데 있어 주된 요소들은 통제의 정도와 제재의 엄격함이다. 성적 행위를 이유로 사형이라는 처벌을 내리는 경우는 이슬람과 힌두교 그리고 구약성서에서 찾아볼 수 있다.

우리 사회의 일부 기독교 근본주의자들은 구약성서 형식의 제재를 보다 더 선호하고 있다. 다음은 그들이 즐겨 인용하는 구절들이다.

남자가 다른 남자의 아내 곧 자기의 이웃집 아내와 간통하면,
간음한 두 남녀는 함께 반드시 사형에 처해야 한다. (레위기 20:10)
남자가 같은 남자와 동침하여, 여자에게 하듯 그 남자에게 하

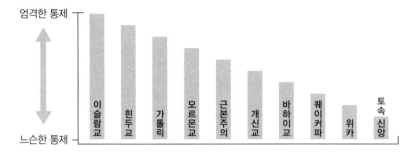

성적 통제의 스펙트럼

면, 그 두 사람은 망측한 짓을 한 것이므로 반드시 사형에 처해야 한다. (레위기 20:13)

이러한 구절들의 주장을 따르자면 현재 미국 인구 중의 많은 사람들이 사형에 처해져야 할 것이다.

가톨릭은 성에 부정적인 환경을 통해 성장해왔다. 개신교 또한 성에 부정적인 환경을 만들어왔지만 좀 더 유연한 태도로 살아남을 수 있었다. 이슬람은 성에 가장 부정적인 종교들 중에 속한다. 성에 부정적인 종교들은, 자위와 여성의 역할 그리고 임신과 성적 쾌락 등 성에 관한 모든 요소들를 통제하려 한다. 성에 부정적인 태도의 정도는 규칙을 위반했을 때 제재하는 정도에 의해 결정될 수 있다. 예를 들어, 사우디아라비아의 젊은 여성이 결혼을 하기로 되어 있지 않은 아무 관련이 없는 남자의 눈에 띄게 되면 두 사람 다 돌을 맞아 죽는다.

사형이 극단적인 제재이긴 하지만 다른 제재들도 거의 비슷한 효과를 갖고 있다. 최근 이라크에서 전해진 뉴스에 따르면 어느 젊은 여성이 사촌에 의해 강간을 당하자 가족을 수치스럽게 만들었다는 이유로 그녀의 아버지가 시리아 국경에 내다 버리고 가족에서 추방했다고 한다. 그로 인해 그녀는 시리아에서 강제로 매춘을 하게 되었다는 것이다. 대부분의 이슬람 국가에서는 가족을 수치스럽게 만드는 일은 죽음까지는 아니라 해도 엄중한 제재를 가하고 있다. 대부분의 주요 종교들은 여성들에 대한 제한을 유지하고 있다. 여성은 목회자가 될 수 없으며, 성적 위반에 대해서는 한층 강력한 제재를 가해지며, 의복에 대한 엄격한 규약 그리고 월경과 임신 기간에 일정한 의식들을 강요받고 있다. 많은 종교들이 여성의 범죄 행위를 성서에 소개된 아담을 유혹한 이브의 이야기에 근거하고 있는 것으로 보인다.

앞선 장에서 보았듯이 기독교도 교회에 대한 정절만큼이나 성과 결혼의 정절을 확실하게 하기 위해 죄의식을 활용한다. 죄의식은 남성과 여성에게 있어 성적 장애의 중요한 요인이 된다. 종교의 관점에서 보자면 쾌락을 위한 섹스는, 특히 갓 바이러스의 번식과 관련이 없는 경우에는 에너지의 낭비일 뿐이다. 그러한 이유 때문에 성적 쾌락은 가톨릭에서 불량한 것으로 의심받고 있는 것이다.

가톨릭 바이러스는 성에 관한 규제라는 바구니 안에 독신, 금욕, 낙태 반대, 피임 반대 등과 같은 수많은 달걀들을 담아두고 있다. 마리아는 처녀였으며, 예수는 무성無性의 존재로 결혼을 하지 않았고, 결혼을 한 사도는 전혀 없다(그들 모두 무성의 존재였다). 성 바울은 니케아 이전의 신부들이 대부분 그랬듯이 성을 억제하는 데 집착했다.

다른 형태의 통제는 여성의 의복에서 찾아볼 수 있다. 가톨릭 수녀들의 복장이 이슬람의 부르카와 비슷하다는 것은 흥미로운 일이다. 둘 다 성적 통제의 상징이며 남편, 신부, 교황, 예수, 주교 등 남성 인물에 대한 복종의 상징이다.

제임스 돕슨의 FOTF 단체는 이러한 본보기를 활용하고 있는 것으로 분석할 수 있다. 그의 종파가 '가족에 집중'하는 것이 아니라 '바이러스에 집중'하고 있다는 것은 쉽게 파악할 수 있다. 가족은 바이러스를 위한 수단에 불과하다. 성서에 성적 관심에 대한 죄의식을 엄격한 해석에 근거하여 기술해 놓은 것은 제임스 돕슨의 바이러스적인 노력을 보여주는 보증이다. 만약 자신들의 요구에 미치지 못한다면, 종교는 가족을 해체하는 데 아무런 거리낌도 없다. 다른 종교들과 마찬가지로 기독교는 만약 부모 중 한 명이 바이러스로부터 떨어져 나가거나 다른 종교로 개종을 한다면 이혼을 지지할 것이다. 자녀들이 다른 종교에 감염되는 모험을 하기보다 차라리 부모의 이혼이 더 나은 것이다.

길 알렉산더 모걸은 이혼을 하기 전까지는 FOTF의 창립 멤버였다. 자신의 책 《미국에 대한 돕슨의 전쟁James Dobson's War on America》에서 그는 단체에서 제거되기까지의 이야기를 밝히고 있다. 제임스 돕슨은 모걸의 이혼을 단체에 대한 모욕이라고 보았다. 돕슨 바이러스는 그가 단체에 남아 잠재적인 오염원이 될 수도 있다는 것을 허용할 수 없었던 것이다.

> 모든 성적 탈선들 중에서도, 순결이 가장 기묘한 것이다.
> – 아나톨 프랑스

종교에 우호적인 환경

종교들은 번식을 쉽게 할 수 있는 환경을 만들려고 노력한다. 대부분의 경우, 종교적 번식은 생물학적 번식과 밀접하게 연결되어 있다. 가족이 대를 이어가는 것과 마찬가지로 바이러스도 그런 행로를 따라간다. 바이러스는 다음 세대로 이어지는 것을 확실하게 해야만 한다. 이러한 이유 때문에 어린이들이 가장 효과적으로 감염될 수 있는 환경을 만들어내고자 한다.

가족

첫째, 종교는 바이러스에 감염된 부모들로만 가족이 이루어질 수 있도록 노력한다. 주요 종교들은 모두 신앙이 다른 사람과의 결혼에 일정한 제재를 가하고 있다. 힌두교인은 무슬림과 결혼을 하지 않으며, 무슬림은 기독교인들과의 결혼을 허용하지 않는다. 만약 위반했을 경우, 그것에 대한 제재는 매우 강력해서 사형에 이르기도 한다. 최근에 뉴스 미디어에는 단순히 비무슬림인 사람과 결혼하고 싶어한다는 이유로 살해당한 이슬람 여성들의 이야기가 많이 등장하고 있다. 관련된 분파 사이의 결혼 또한 금지될 수 있다. 가톨릭은 개신교 사람과의 결혼을 억제한다. 시아파 무슬림은 수니파 무슬림과의 결혼을 방해한다. 드루즈파는 다른 종교를 가진 사람과의 결혼을 인정하지 않는다. 모르몬교는 신자들이 자신들의 교파 내에서만 결혼을 하도록 모든 노력을 기울이고 있다.

'종교가 다른 사람들 간의 결혼'에 있어, 종종 자녀의 양육과 관련된 요구가 대두된다. 예를 들어, 가톨릭에서는 개신교도와 혼인할 경우 자녀들을 가톨릭교도로 양육할 것을 강요한다. 만약 예비부부가 이러한 서약을 하지 않는다면, 그들은 가톨릭식 결혼 혹은 성사聖事를 거부당하게 된다.

자녀들

둘째, 종교는 젊은이들을 완전하게 감염시키는 것을 확실하게 하고자 한다. 이것은 시간이 필요하고 모든 자원을 집중시켜야만 하는 일이다. 이러한 이유 때문에 종교는 가족 단위를 완전하게 유지시키는 데 집중하는 것이고, 그럼으로써 다음 세대를 감염시키는 데 모든 자원을 쏟아부을 수 있게 된다. 이러한 과제를 위해 많은 장치들이 동원된다.

- 부모의 죄의식: 내 자식에게 신에 대해 충분히 가르치고 있는 것일까?
- 성적인 정절: 정절을 지키는 것이 신에게 얼마나 중요한 일인지를 내 아이들에게 가르쳐주었나?
- 충만한 바이러스: 다른 종교들이나 세속주의에 영향을 받지 않도록, 내 자녀들이 줄곧 종교 활동에 몰두하도록 하고 있는가?
- 바이러스의 격리: 나는 아이들이 종교 학교, 교회 캠프, 주일학교, 수요기도회, 목요 성서연구, 청소년 성가대, 성서 외우기 등에서 다른 아이들과 함께 열심히 몰두할 수 있도록 모든 일을 다하고 있는

것일까?

다원화된 사회에서 자녀들을 다른 종교들로부터 격리시키는 것은 매우 어렵다. 완벽하게 감염시키기 전까지 다른 종교로부터 공격을 받고 감염될 수 있는, 더 나아가 종교를 갖지 않게 될 위험이 항상 도사리고 있다. 다원화된 사회에서 감염시키는 일은 아프가니스탄의 어느 마을과 같은 획일적인 문화권에서보다 훨씬 더 어렵다. 어떤 종교가 문화와 완벽하게 결합했을 때, 그 문화는 한층 강력한 힘으로 바이러스에 봉사할 수 있게 된다. 경쟁하는 종교들이 전혀 없는 환경이 되는 것이므로, 격리는 이미 성취된 것이기 때문이다. 이러한 환경은 감염을 효율적으로 일으킨다. 또한 이리저리 갈등하는 자녀들에게 쉽게 무거운 제재를 부과할 수 있도록 해준다.

성생활과 출산의 통제

통제받지 않는 성생활은 효율적인 번식을 방해하며 바이러스 자원들을 낭비한다. 성생활을 통제하는 가장 주요한 방법은 금지와 제재의 환경을 만들어내는 것이다. 서방의 모든 주요 종교들과 많은 동방 종교들은 성적 충동의 힘을 억누르는 방법을 알고 있다. 이것은 어쩌면 오늘날의 주요 종교들이 성공을 거두는 데 가장 커다란 요인이 되었을 것이다. 종교들은 죄의식의 활용, 여성의 성생활 억제 그리고 젊은이들에게 오직 결혼생활 내에서만 섹스를 해야 한다는 의식을 주입함으로써, 바이러스

의 번식을 위해 성적 충동
의 힘을 얽어매고 있다.

이러한 맥락에서 종교는
짝짓기와 생식에 관련된 뇌
의 부분을 점령하고 특정한

> 속세의 기쁨들 중에서 인간은 성교를 가장 좋
> 아한다. 하지만 자신의 천국에서 그것을 없애
> 버렸다.   – 마크 트웨인

행위를 지시한다. 이러한 행위는 절대 인간들이 하고 싶어하지 않는 것
이며 사실 엄청나게 특이한 것이기도 하다. 그것은 개인에게는 가장 큰
관심사는 아닐 수 있지만, 갓 바이러스에게는 가장 큰 관심사인 것이다.
종교는 섹스의 쾌락적인 면에는 아무런 관심이 없다. 그들의 관심사는
오직 번식이다. 이러한 태도는 바이러스에게 도움이 되는 성에 부정적인
환경을 만들어낸다.

성적 자살

바이러스의 권력은 매우 강력해서 성적인 자살을 유도할 수도 있다.
예를 들어, 가톨릭 신부와 수녀들은 자위행위를 포함한 모든 성적 행위
를 하지 않을 것을 요구받는다. 정상적인 생물학적 욕구들은 다른 방향
으로 유도되거나 아예 제거되어 벡터로 하여금 자신의 모든 에너지를 바
이러스의 번식에만 사용하게 한다. 그 과정은 신부와 수녀들에게 커다란
정신적 · 심리적 문제들을 일으켜 병적인 행위로 이어진다.

이슬람교는 독신과 같은 부자연스러운 요구들을 하지 않지만, 이슬람
젊은이들의 자살 폭탄 테러는 사실상 바이러스를 위해 자신들의 번식 능

력을 포기하는 성적 자살을 감행하는 것이다. 실제로 최근에 발생한 모든 자살 폭탄 테러범들은 왕성하게 생식할 수 있는 젊은이들이다.

번식의 통제

번식의 통제는 바이러스의 기초적인 전략이다. 이 전략이 훼손되면 바이러스는 약해진다. 예를 들어, 다른 지역들에 비해 산아제한과 낙태가 빈번히 이루어지는 유럽에서는 갓 바이러스들의 힘이 약하다. 아이러니하게도 유럽은 낙태율은 물론 10대의 임신율도 매우 낮다. 미국 내의 많은 종교들이 낙태와 10대의 임신을 줄이기를 원한다고 주장하지만, 종교가 큰 힘을 발휘하는 지역에서 오히려 그 비율은 훨씬 더 높게 나타난다. 바이러스의 말에 속아서는 안 된다. 만약 낙태와 10대의 임신을 줄이는 것이 목표라면 몇 년 내에 이룰 수도 있다.

다음의 통계를 살펴보자.

갓 바이러스는 낙태나 10대의 임신에는 전혀 관심이 없으며, 번식에만 관심이 있다. 갓 바이러스들은 낮은 출산율로 인해 심각한 위협을 받고 있다. 그것이 바로 많은 기독교 바이러스들이 생명이 언제부터 시작되느냐는 질문에 그토록 초점을 맞추고 있는 이유이다. 낙태와 산아제한은 잠재적인 숙주들을 제한한다. 낙태와 산아제한의 유효성은 환경을 보다 섹스에 긍정적인 방향으로 나아가도록 만든다. 주요한 갓 바이러스들 중에서 섹스에 긍정적인 환경에서 번창하는 경우는 없다. 성적 통제가 없다면 그들의 존재는 심각한 도전에 직면하게 된다. 가톨릭 바이러스가

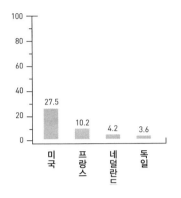

15세~19세 여성 1,000명당 낙태율

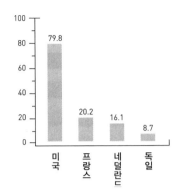

15세~19세 여성 1,000명당 임신율

성에 긍정적이라고 생각이나 할 수 있을까? 베네딕트 16세, 팻 로버트
슨, 제임스 돕슨, 빌리 그레이엄과 같은 인물들이 공개적으로 성에 긍정
적인 메시지를 전하는 것을 과연 상상이나 할 수 있을까?

　그들로부터 그러한 설교를 듣기는 힘들 것이라고 생각한다. 바이러스
의 벡터들로서 그들의 임무는 바이러스의 번식을 위해 성적 통제를 확실
히 하는 것이다. 그러므로 그들의 설교는 금욕과 절제, 낙태의 공포, 플
랜 B 의약품의 추문 그리고 10대들에게 산아제한용 피임약이나 콘돔을
배포하는 것에 대한 증오에 관한 내용이 될 것이다. 성적 제한이 주된 내
용이며, 성에 부정적인 바이러스의 입장에서는 그 외의 다른 방법은 생
각할 수 없는 것이다.

　미국의 근본주의자들로부터 지지를 받는, 청소년들을 대상으로 한 금
욕적인 성교육은 대부분의 연구 조사에서 끔찍할 정도의 실패를 거둔 것

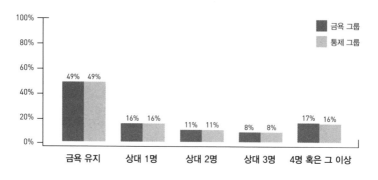

보고된 성적 상대의 수의 추정 효과

※출처: 10대의 행동과 태도에 관한 웨이브 4 조사, 매스매티카 폴리시 리서치 그룹, 2005년

으로 나타났다. 그럼에도 불구하고 이러한 프로그램들은 청소년들에게 충분한 죄의식과 두려움을 만들어내어 그들을 종교에 붙들어두는 효과를 거두었다. 조사 결과에 따르면, 이러한 프로그램들이 임신과 성적 접촉에 의한 질병, 처음으로 성을 경험하는 나이 혹은 성행위 상대의 수 등을 줄이지 못했음을 보여준다. 성교육 프로그램들에 대한 대대적인 사후 분석 결과를 보여주는 위의 그래프에서 볼 수 있듯이, 금욕 그룹과 통제 그룹 사이에서 아무런 차이도 발견할 수 없다. 두 그룹은 실질적으로 동일하다.

만약 이러한 프로그램들이 명백하게 효과가 없다면, 정부는 왜 수백만 달러에 달하는 자금의 지원을 지속하고 있는 것일까? 이것은 새로운 시민 바이러스와 연합한 갓 바이러스들에게 공립학교 체제 내의 청소년들에게 다가가는 직접적인 통로를 제공하고 있는 것이다. 금욕은 성에 대한 것이 아니다. 그것은 공립학교의 재정적 도움을 받아 갓 바이러스들에게 학생들을 노출시키는 것이다. 만약 임신과 성적 접촉에 의한 질병의 감소가 진짜 목표라면, 어찌하여 그러한 문제들이 현저하게 낮게 나타나고 있는 비종교적인 유럽 사회의 방식을 도입하지 않고 있는 것인가? 대부분의 유럽 국가들에서는 청소년들을 위한 저비용의 산아제한과 적절한 성교육을 실시하고 있다. 이러한 생각들은 갓 바이러스에게는 저주가 될 것이다. 금욕적인 성교육 프로그램을 주입시켜야만 청소년들의 머릿속에 죄의식 사이클을 새겨둘 수 있으며 그로 인해 그들을 보다 더 깊게 감염시킬 수 있기 때문이다. 그러면 그들은 갓 바이러스를 통해 자신들의 죄의식에 대한 구원을 얻고자 할 것이다.

특별 면죄부를 받는 성직자들

가톨릭교회는 최근에서야 신부들의 성폭행 추문에 대해 비난을 하고 나섰지만, 개신교 교회들에는 여전히 제대로 밝혀지지 않은 그들만의 추문이 있다. 2007년 1월 23일 어린 소녀들을 추행한 혐의로 고발된 두 명의 북텍사스 침례교 목회자들에 관한 논설에서 뉴올리언스 침례교 신학교의 교수인 조 트룰은 이렇게 말했다.

가능한 한 통계를 꼼꼼히 살펴보라. 이러한 일들은 책임감 부족으로 인하여, 종파와 관련이 없는 교회나 침례교 교회에서 더 빈번하게 발생하고 있을 것이라고 생각한다. 그곳의 목회자들은 자신들의 종파에서 양성되지 않는다. 이러한 목회자들을 양성하는 신학교나 대학에서는 여전히 자기 종파의 목회자를 양성하는 태도가 아닌 그저 한 단체의 경영자라는 생각만 있을 뿐이다. 나를 더욱이 우울하게 만드는 것은 이런 부정행위가 다른 목사나 교회 들에 얼마나 큰 영향을 미칠지에 대해 아무런 판단이 없다는 것이다.

다른 종파에서는 만약 비난이 쏟아진다면, (목회자들은) 진실만이 그것을 헤쳐 나갈 수 있다는 것을 알고 있다. 의사들과 심리학자들은 만약 이런 일에 휘말린다면 신뢰를 잃을 것이며 의료 과실에 대한 소송이 벌어진다는 것을 알고 있다. 하지만 대부분의 침례교 그리고 종파와 관련이 없는 목회자들은 "만약 이런 일에 휘말리면, 캘리포니아로 이사해서 새로운 교회를 열면 된다"라고 생각한다.

독립적인 교회들의 지배 구조는 전적으로 벡터에 의존하기 때문에 이들에 대한 감독은 지극히 어렵다. 그들이 위원회를 장악하긴 하지만, 그들의 임명은 대부분 벡터에게 달려 있으며, 벡터는 너무 많은 질문들을 쏟아내는 사람들을 내쫓아버리는 방법을 알고 있다.

트룰의 논설은 이렇게 이어진다.

텍사스 주 오스틴 출신의 변호사 크리스타 브라운은, 만약 어린이들의 성폭행에 대해 진심으로 걱정한다면 침례교 지도자들의 자치권을 유예하는 소송을 허용해서는 안 된다고 주장한다. 브라운은 성직자의 성폭행에서 벗어난 사람들의 모임인 '신부들의 학대에서 벗어난 사람들의 네트워크'와 함께 활동하고 있다. 그녀는 웹사이트 www.stopbaptistpredators.org를 운영하고 있으며, 총회 내의 성폭력 사건을 조사하기 위해 독립적인 전문가들을 고용해야 한다고 텍사스 주의 침례교 대표자 회의에 요구하고 있다.

이것이야말로 바이러스는 성폭력의 근절보다 전도사들의 보호에 더 많은 관심을 갖고 있다는 것을 보여주는 강력한 증거이다. 침례교가 가까운 시일 내에 효과적인 행동을 취할 것으로 보이지는 않는다. 독립적인 방식은 대단히 효과적이었다. 나는 개인적으로 다섯 개의 종교 모임이 성직자의 성 추문으로 해체되는 것을 직접 목격하기도 했다. 각각의 경우에서 성직자들은 많은 의문들을 제기하면서 자신들을 몰아내려는 사람들을 충분히 물리칠 수 있었다. 결국 10~15년에 걸쳐 여러 번의 사건이 발생하고 난 후에야 그 성직자들은 강제로 쫓겨났지만, 다른 교회로 옮겨 가서 약탈적인 행위를 계속했다.

감염된 사람들은 벡터들의 부적절한 행위를 제대로 알아보는 데에 심각한 어려움을 겪는다. 그들은 실질적으로 벡터가 절대 커다란 잘못을 저지르지 않는다는 최면에 빠져 있다. 섹스에 부정적인 종교는, 모든 사람들을 이혼이나 성폭력, 성기능 장애, 어린이에 대한 이상 성욕 혹은 간통 등 일정한 종류의 타락의 함정에 빠뜨려 놓는다.

강간을 저지르는 경우, 성직자의 성폭력은 섹스보다는 권력과 더 많이 관련되어 있다. 특히 대형 교회에서는 카리스마를 인정받는 벡터들이 더욱 더 많은 권력과 기회를 누리고 있다. 인류학적인 관점에서 보면 대형 교회의 목회자들은 그 사회적 구조 속에서 자신들을 알파 남성으로 분명하게 자리매김시킨다. 대부분의 경우, 그들은 위원회 운영과 예산안을 다루는 사람들을 완벽하게 통제한다. 알파 남성으로서, 목회자는 많은 여성들의 관심을 남성들에게 쏟도록 하려는 경향이 있다. 이러한 교회들의 성적 비율은 여성들이 우세해서 60 대 40이거나 그보다 더 높은 경우도 있다. 이러한 맥락에서 알파 남성은 록 밴드들처럼 열렬한 추종자들을 거느린다. 여성들은 위원회와 자원봉사 단체 등과 같은 분야에서 일하는 것으로 알파 남성에게 더 가까이 다가가려고 애를 쓴다. 높은 신분의 남성은 여성들에게 성적으로 매력적이다. 그로 인해 그는 자신의 추종자들 중에서 가장 매력적인 상대를 고를 기회를 갖게 되는 것이다.

이것이 억지스럽게 들릴 수도 있겠지만 모든 일부다처제 사회의 구조에서는 매우 적절하게 들어맞는다. 초기 모르몬교 문화에서는 지위가 높은 알파 남성들이 가장 매력적인 여성들을 선택할 수 있었다. 많은 광신교들에 대한 짐 존스의 연구에서도 이와 비슷한 패턴을 밝히고 있다. 대형 교회들은 이와 동일한 성적 패턴을 적용하여 고위성직자들로 이루어진 부족적인 그룹을 만들어내고 있다. 언젠가 헨리 키신저가 말했듯이, 권력은 최음제인 것이다.

섹스에 긍정적인 종교들도 있지만 미국 내에서는 인지도가 낮다. 마법을 숭배하는 위카와 퀘이커교 그리고 바하이교 역시 섹스에 대해 좀 더 긍정적이지만 여전히 전반적으로 섹스에 부정적인 문화에 커다란 영향을 받고 있다. 그들도 산아제한 전략을 쓰기는 하겠지만 제대로 활용하지는 않을 것이다.

> 내가 무릎을 꿇는 것은, 기도를 하기 위한 것이 아니다.
>
> – 마돈나

섹스에 부정적인 환경에서 살기

만약 종교가 없는 사람이라도 오염된 강물을 피할 수 없는 물고기만큼이나 섹스에 부정적인 환경을 피할 수 없을 것이다. 사후 피임약이나 임신 중절 수술에서부터 피임약의 판매를 거부하는 근본주의 약사 그리고 금욕 프로그램에 대한 공공의 지원에 이르기까지 주변에는 온통 종교적 통제를 위한 시도들로 넘쳐난다.

심리학자로서 나는 종교적 죄의식과 직접적으로 관련된 성기능 장애를 수없이 보아왔다. 자녀들이 집에 있을 때 섹스하는 것을 두려워하는 부모들은 특정한 바이러스적인 행동들을 보인다. 나는 자녀들이 가까운 곳에 있다는 것만으로도 섹스를 즐길 수 없게 된 많은 여성들을 치료해왔다. 자녀들이 부모의 성적 본능을 알아서는 안 된다는 것이 주된 이유였다. 이러한 생각은 어디에서 비롯된 것일까?

그리 멀지 않은 과거에 우리 문화권에서 그랬으며, 오늘날에도 다양한 문화권에서 여전히 자녀들이 잠들어 있는 방에서 부모들은 성행위를 한다. 방이 하나뿐인 오두막에서 생활하는 후투족 부부는 자녀들이 듣거나 볼 수 있는 환경에서 어떻게 성행위를 할 수 있을까? 유목생활을 하는 샤이엔족과 쇼니족 인디언들은 어떻게 천막 안에서 함께 생활하는 자녀들의 눈을 피해 성행위를 할 수 있을까? 사방이 공개된 천막생활을 하는 이로쿼이 원주민들은 어떻게 성생활을 할 수 있을까? 그 대답은 바로 그들은 그 문제에 대한 걱정을 하지 않는다는 것이다. 성행위는 정상적이며 자연스러운 행동으로 여겨지는 것이다. 이러한 문화권에서는 공공연히 성행위를 보여주지는 않지만 자녀들에게 감추려고 애쓰지도 않는다. 뭔가를 감춘다는 것은 죄의식을 의미하는 것이다. 아담과 이브의 이야기를 기억해보라. 그들은 신에게 보이지 않기 위해 자신들의 벗은 몸을 감춘다.

섹스에 대해 부정적인 기독교와 이슬람의 바이러스들이 엄청난 성공을 거두며 침입해오기 전까지 다양한 문화권은 섹스에 대해 한층 긍정적이었다. 문화적인 배경이 없는 바이러스성 종교들의 부흥이 한때는 섹스에 대해 긍정적이었던 많은 문화권을 섹스에 대해 부정적인 환경으로 이끌어가고 있다. 섹스에 부정적인 종교가 어떤 문화권에 침범하면서 그 문화의 관습과 금기에 강력한 영향을 끼쳤던 것이다. 오래된 관습과 금기가 섹스에 대해 긍정적이었든지 부정적이었든지와는 관계없이 그러한 침범을 받으면 그들은 필연적으로 섹스에 대해 부정적인 방향으로 나아가게 된다.

기독교 선교자들은 지난 2천 년 동안 토속 문화를 침범하여 섹스에 부정적인 환경을 만들어내고 있다. 그 과정은 매우 완벽하여 어떠한 주요

종교도 받아들이지 않았던
문화권마저도 그 영향을 받
고 있다. 천연두가 백인을
한 번도 본 적이 없었던 아
메리카 대륙을 감염시켰던

> 모든 가부장적 종교들의 기본적인 종교관은 성적 욕구를 부정하는 것이다. – *빌헬름 라이히*

것처럼, 섹스에 부정적인 생각들은 선교사를 한 번도 만나본 적이 없는
사회들에까지 전달된 것이다.

하와이 문화에 끼친 선교의 영향을 살펴보면 그 과정을 잘 파악할 수
있다. 하와이에서 결혼은 대략적으로만 규정되어 있었으며 성적 접촉은
특별히 통제되지 않고 있었다. 어느 저술가는 서구 사람들과 접촉하기
이전의 하와이 사람들은 성행위보다는 먹을 것을 더 많이 통제하고 있었
다는 점에 주목하고 있다. 성에 관한 민족지 학자인 밀턴 다이아몬드는
섹스에 긍정적인 문화의 본보기로서 하와이에 대해 이렇게 설명한다.

집에서 함께 잠자리에 드는 그들은 부모들이 성교하는 것을
지켜본다. 마샬이 묘사했던 것처럼, 망가이아 섬 주민들도 하와
이와 그 밖의 폴리네시아 지역에서 발견된 것과 유사한 '사생활'
을 가졌을 것이다. 망가이아 사람들은 자신들의 조상들이 그랬
던 것처럼 다양한 연령대로 구성된 5~15명가량의 가족들과 함
께 머무는 오두막의 단칸방에서 성교를 했을 것이다. 딸들은 바
로 그 방에서 밤에 찾아오는 다양한 구혼자들을 집으로 받아들
이고 성교를 했을 것이다. 하지만 대부분의 경우에 그 과정을 지

켜보는 사람은 없었다. 모두들 다른 방향을 바라보고 있었을 것이다.

당신의 성적 관심

만약 미국에서 자랐다면 당신은 섹스에 부정적인 문화에서 성장한 것이며 아마도 섹스에 부정적인 생각과 행위를 어느 정도는 갖고 있을 것이다. 인생에서 갓 바이러스를 제거한다는 것은 당신의 의식 바깥에 존재할 수 있는 행동들을 있는 그대로 받아들여야 한다는 것을 의미한다. 당신의 태도를 예전의 하와이 사람들과 비교해보라. 그들은 섹스에 대해 어떤 죄의식도 느끼지 않았던 것으로 보인다. 그것은 우리의 문화적으로 그리고 개인적으로 지니고 있는 섹스에 대한 부정적인 태도에 대한 하나의 척도가 될 것이다.

섹스에 대한 죄의식은 주로 부모와 성직자, 수녀, 전도사 그리고 주일학교 교사로부터 전달받는다. 교황이 과연 다른 누군가에게 섹스에 대한 조언을 해줄 수 있을까? 교황이나 사제 혹은 수녀가 섹스에 대해 가르침을 주거나, 섹스와 관련된 문제들에 대해 조언을 한다는 것은 오히려 기묘한 일이 될 것이다. 그보다 훨씬 더 끔찍한 일은 완고하고 섹스에 대해 지극히 부정적인 근본주의 전도사가 당신에게 섹스의 즐거움에 대해 설교하는 것이다. 당신의 결혼생활을 보다 풍족하게 만들기 위해 테드 하거드와 같은 근본주의자들이 대체 어떤 종류의 조언을 해줄 수 있단 말인가!

오늘날 당신에게 영향을 끼치고 있는 바이러스에 대해 분석해볼 때 스스로에게 물어봐야 할 몇 가지 질문들을 제시해본다.

- 내가 받았던 성에 부정적인 학습은 나의 대인 관계에 어떤 영향을 끼쳤을까?
- 그런 학습이 내가 성생활을 즐기는 데 있어 어떻게 영향을 끼치고 있을까?
- 그러한 학습이 금지하는 일들에 나 자신은 얼마나 고착되어 있을까?
- 섹스에 대한 나의 반응은 죄의식이나 이전의 바이러스적인 학습에 의해 영향을 받고 있을까?
- 나의 부모님은 나에게 섹스에 대해 어떻게 가르치셨나?
- 내가 자랄 때 나의 부모님은 섹스에 대해 개방적이고 솔직하셨던가? 아니면, 섹스와 관련된 일들에 대해 감추거나 예민한 태도를 보이셨던가?
- 바이러스에 강하게 영향을 받는 섹스 상대가 있었던가? 그것이 그들과의 관계와 즐길 수 있는 나의 능력에 어떤 영향을 미쳤던가?
- 나는 자위행위를 하는 것에 대해 죄의식을 느끼는가?
- 나는 바이러스와 연관된 문제로 나의 신체에 대해 일정한 자의식을 품고 있나?

성문화의 진화

우리의 문화가 대부분 섹스에 부정적이지만 긍정적인 발전을 이루기도 했다. 그러한 발전은 여성들의 참정권 운동과 1800년대에 가족계획을 교육하고 지원했던 엘리자베스 캐디 스탠턴과 수전 B. 앤서니의 노력에 의해 서서히 시작되었다. 1960년대의 산아제한, 1970년대의 여성해방운동, 1990년대의 동성애 운동 그리고 최근의 폴리아모리(다자연애) 운동과 더불어 다양한 형태의 섹스에 긍정적인 문화가 발전되어 왔다.

근본주의는 성적인 표현을 통제하기 위해 공을 들였지만 그다지 효과적이지는 못했다. 사실 포르노그래피와 근본주의 사이에는 상호 의존관계가 있는 것으로 보인다. 1970년대에 내가 대학원을 다니던 내슈빌에는 모든 구역마다 교회가 있었지만, 교회가 훨씬 적었던 북부 도시들보다 훨씬 더 많은 포르노 샵들이 있었다. 그것은 휴스턴, 애틀랜타 그리고 그 외의 남부 도시들에서도 마찬가지였다. 포르노는 근본주의를 따라다니는 것으로 보인다. 그들이 무언가에 반대하여 야단법석을 떨수록 사람들은 그것을 더 원하는 것은 아닌가 하는 생각이 들 정도이다.

종교적 우파들은 포르노그래피를 맹렬히 비난하지만, 포르노그래피와 아동 학대 혹은 성폭력 사이의 연관 관계를 파헤친 권위 있는 연구는 전혀 없다. 오히려 몇 가지 흥미로운 연구들은 부모의 성폭력과 종교적 성향 사이의 연관 관계를 밝혀주고 있다. 다음은 브라운과 본이 진행했던 연구 내용이다.

성폭력 연구에서 혼란스러운 사실 한 가지가 지속적으로 나타

166

났다. 학대의 가장 뚜렷한 첫 번째 예측변수는 알코올이나 약물에 중독된 아버지였다. 하지만 두 번째로 뚜렷한 예측변수는 전통적인 남성과 여성의 역할에 대한 부모들의 믿음과 여기에 동반되는 보수적인 광신이었다. 이것은 어떤 자녀들이 아버지에게 성적으로 가장 많이 폭력을 당하게 되는가를 알고자 할 때, 두 번째로 중요한 실마리는 그 부모의 전통적인 남녀 역할에 대한 믿음과 성에 대한 완고한 태도 그리고 보수적인 종교 집단에 속해 있는가의 여부에서 찾을 수 있다.

갓 바이러스는 어떤 성적 관심이 허용되고 또 허용되지 않는가를 매우 적극적으로 정의하려 한다. 동성애에서부터 일부일처제에 이르기까지 종교는 지속적으로 인간의 정상적인 성적 표현을 제한하거나 배제시켜왔다. 당신들은 가정과 문화로부터 익혀왔던 학습과 관념 들에 의문을 품고서, 적절한 성적 표현은 과연 어떤 것일까를 갓 바이러스가 아닌 스스로가 원하는 것으로 결정해야 한다.

나는 언제나 섹스에 대해 개방적인 태도를 가지고 있었는데, 서른다섯 살 무렵이었던 어느 날 종교를 믿지 않던 친구 한 명은 내가 동성애를 혐오하는 듯한 말을 한 것을 비난했다. 나는 즉시 동성애를 혐오하지 않는다고 말하면서 열심히 변명을 해야 했다. 그때 나는 그의 지적에 대해 곰곰이 생각해보고, 어린 시절에 배우고 경험했던 것들을 떠올려보았다. 그리고 이내 내가 의식하지 못하는 사이에 동성애를 불편해하는 생각들을 갖고 있었다는 것을 알아차릴 수 있었다.

살아오면서 이러한 종류의 소소한 놀라움들을 느끼고는 한다. 나 자신에 대해 잘 알고 있다고 생각할 때, 그 생각을 한순간에 무너뜨리는 일이 벌어진다. 이것이 인생의 진짜 본질인 것이다. 때로는 힘들 수도 있지만, 그것은 강력하고 또 힘을 제공해준다. 그럴 기회가 다가온다면 기꺼이 받아들이도록 해야 한다.

제 6 장

불변하는 도덕성에 관하어

인류는,

신이 시켜서가 아니라

자신들의 의지에 의해 선행을 한다면

조화로운 상태를 찾을 수 있을 것이다.

– 올로프 팔메, 스웨덴 수상(1927~1986)

우리는 갓 바이러스 내부에서 끊임없이 발생하는 가치관의 변화와 술책을 살펴보게 될 것이다. 늘 아니라고 주장하고 있지만, 종교적 가치관은 끊임없이 그리고 상황에 따라 극적인 형식으로 변화하고 있다. 불변하는 도덕성이라는 신화는 지역의 문화를 조정하면서 바이러스의 지배를 유지하는 데 유용하다.

● ● ●

도덕성과 가치관

가치관과 도덕성은 어디에서 얻어지는 것일까? 당신이 믿게 된 것들은 대부분 가족과 당신의 교육에 책임이 있는 사람들로부터 전해진 것이다. 이러한 믿음과 도덕성이 종교적 원천으로부터 비롯된 것이라는 말을 들을 수도 있겠지만, 사실 그러한 것들은 당신의 문화에서 비롯된 것이다. 지난 몇 세기 동안 통용되던 종교적 가치관과 도덕률을 잠시 살펴보면, 종교는 문화와 더불어 변화해왔다는 것을 알 수 있다. 예를 들어, 한때는 엄청난 죄악으로 받아들여졌던 이혼은 이제 보편적으로 받아들여지고 있다. 성 바울은 여성들은 교회 안에서 언제나 머리를 덮어 가리고 있어야만 한다고 했다. 하지만 지금은 과연, 교회에서 여성들은 언제나 머리를 가려야 한다는 것을 알고 있는 사람이 얼마나 될까? 1969년까지 가톨릭교회에서는 그렇게 할 것을 요구했었다.

시대에 따라 도덕성을 변화시키지 않고서 살아남은 바이러스는 없다. 예를 들어, 만약 이혼에 대해 1950년대에 지켰던 도덕관을 지금까지 유지했다면 가톨릭교회는 훨씬 그 규모가 줄어들어 있었을 것이다. 1969년에 368건이었던 혼인무효선언은 1990년대에서 현재로 지나오면서 미국 내에서만 연평균 4만 건을 넘어서고 있다. 1990년대 이후 미국은 전 세계 가톨릭 인구의 4%만을 차지할 뿐이지만 혼인무효선언의 75%를 차지하고 있다. 가톨릭교회가 미국 문화 내에서 경쟁력을 갖추기 위해 이혼에 대한 도덕률을 조정했다는 것은 명백하다. 혼인무효선언이 없었다면 교인들의 수와 재정적인 자원의 측면에서 교회에 커다란 손실이 되었을 것이다.

만약 1990년대에 있었던 도박과 알코올에 대한 금지를 지금까지 유지했었다면, 텅 비어버린 침례교 교회들이 생겨났을 것이다. 교회가 사라지는 것보다는 침례교인 도박사들에게 십일조를 걷는 것이 더 나은 일이었을 것이리라. 만약 성공회가 1990년대의 여성관을 유지했다면 지금 어떻게 되었을까? 만약 남부 침례교회가 1850년대의 노예관을 지금까지 유지했다면 어떻게 연명하고 있었을까? 남부 침례교회는 북부 침례교회의 반노예활동에 맞서 대대적으로 분파해 나온 노예정책지지 교회로서 창립된 것이다. 그들은 자신들의 주장을 뒷받침해줄 수십 가지의 성서 구절도 갖추고 있었다. 성서를 읽어보면 노예제도에 대한 아무런 문제도 발견할 수 없다는 것이었다. 성서에서 노예제도가 잘못된 것이라고 지적하는 부분은 전혀 없으므로 그것에 반대하는 생각들은 기독교에서 비롯된 것이 아니라는 것이다. 반면에 반노예주의 정서는 일부 종교 집단에서 계몽주의사상을 받아들인 것에서 비롯된 것이었다. 만약 도덕이 변하지 않는 것이라면 왜 더 이상 노예제도에 찬성하는 교회가 없는 것일까? 그토록 중요했던 문제들이 어찌하여 갑작스럽게 그 도덕적인 절박함을 잃어버리게 된 것일까? 이것은 1890년에 모르몬교의 지도자들로 하여금 일부다처제를 공식적으로 끝내게 했던 신의 계시와 유사한 것이다. 문화가 바뀌면 종교도 바뀐다. 그렇지 않으면 그 영향력과 번식 능력을 잃게 된다. 문화적 변화를 맞이하면서 한때 중요하다고 강조되었던 수많은 도덕적 문제들도 함께 사라진 것으로 보인다.

1960년대까지만 해도 여성들이 바지를 입는 것은, 특히 교회 내에서 창피스러운 일이었다. 만약 바지를 입은 여성들을 받아들이지 않았다면 나사렛 교회는 지금까지 문을 열고 있을 수 있었을까? 혼전 관계는 1930년대의 대부분의 교회에서는 생각조차 할 수 없는 커다란 문제였다. 과연 지금은 얼마나 많은 미국의 가톨릭교인들이 혼전 관계를 맺고 있을까? 일단 많은 종교 집단에서 혼전 관계를 인정하게 되자 그것은 이제 주목받거나 비난받지 않게 되었다. 가톨릭교인들 사이에서 출산율이 극적으로 낮아지게 된 것은 교회의 교의에도 불구하고 산아제한이 더 이상 죄악으로 여겨지지 않는다는 것을 가리킨다. 산아제한을 이유로 교회가 제재를 가하는 사람은 없는 것으로 보인다.

도덕률은 변하지 않는다고 주장하는 종교 지도자들은 기억력이 매우 나쁜 것 같다. 구약성서의 도덕성을 회복해야 한다고 주장하는 종교 집단들은 도덕률의 불변을 대대적으로 주장하고 있지만, 노예제도에 찬성하거나 간음한 자와 마녀들을 돌로 쳐죽여야 한다는 성서 구절들을 완벽하게 구현하자고 제안하는 경우는 어디에도 없다. 라틴어로 번역된 불가타 성서가 킹 제임스 영역본보다 더 권위가 높다고 믿는 사람이 추방되는 경우도 없다. 이른바 근본주의자라고 불리는 사람들 중에서도 종교는 주변의 갖 바이러스들과 문화라는 생태계에서 살아남기 위해 필요한 일이라면 무엇이든 해야 한다고 생각한다.

도덕적 우월성이라는 신화

지난 20년간 거듭 실시된 연구들은 도덕성과 종교성 사이에는 아무런 상호 관계가 없다는 것을 보여주고 있다. 지금부터 이러한 연구들에 대해 살펴보겠지만 우선 몇 가지 문제를 짚어보기로 한다.

대부분의 사람들은 종교 때문에 자신들이 좀 더 도덕적이라고 주장하지만, 내가 관찰해온 바에 따르면 종교를 가진 사람들이라고 해서 비종교인들보다 더 도덕적인 것으로 보이지는 않았다. 종교인들은 교회에 다니지 않는 사람들만큼이나 십계명을 지키지 않았는데, 이것에 대해서는 일정한 종류의 통계적인 분석을 해보아야만 한다. 예를 들자면, '어떤 사람들이 더 많이 이혼을 하는가?' '누가 더 많이 범죄를 저지르고 감옥에 가는가?'와 같은 것들을 통해 상대적인 도덕성을 대략적으로 평가해볼 수 있을 것이다.

만약 누군가 종교가 자신을 좀 더 도덕적인 사람으로 만들었다고 주장한다면, 나는 "그것을 어떻게 증명할 것입니까?"라고 물어볼 것이다. 일반적으로 이 질문에 대해 그들은 "종교적인 것이 곧 도덕적인 것입니다"와 같은 대답을 한다. 즉 어떤 사람이 좀 더 종교적이라면, 그 자신의 시각과 자신과 동일한 믿음을 지닌 사람들의 시각에서 좀 더 도덕적이라는 것이다. 그 기준은 전혀 객관적이지 않다. 사실 사람들은 도덕성의 기준에 대해 정의를 내리는 것을 매우 어려워한다. 그것은 바로 갓 바이러스

가 객관적인 실체와는 관
계없이 좀 더 도덕적이라고
느끼게 만든다는 것이다.

개신교나 가톨릭 그리고
무슬림 등의 신자들은 모
두 종교가 자신들을 도덕적
인 사람으로 만들었다고 주
장한다. 그것이 진실이라면

> 신은 아주 오랜 옛날부터 무능력하고 무기력
> 하고 또 불행한 사람들의 피난처였다. 그들은
> 그분의 품속에서 안식처뿐만이 아니라 나약
> 해진 자신들의 자아가 위로를 받는 거만함까
> 지 발견한다. 신은 더 나은 사람들 위에 그보
> 다 못한 이들을 올려놓는 존재이다.
>
> – H. L. 멩켄

우리는 일반적으로 공개되어 있는 범죄에 대한 통계에서 그 증거들을 찾
아볼 수 있어야 한다.

범죄와 종교

주일 아침의 설교에는 무신론자와 세속적인 인문주의자들의 비도덕
성을 조롱하는 내용들이 많이 등장한다. 하지만 수감자 중에는 스스로를
무신론자라고 밝히는 사람들은 거의 존재하지 않는다. 스스로 침례교,
복음주의, 가톨릭 그리고 이슬람교인이라고 밝히는 사람들의 수감 비율
은 전체 인구의 비례와 거의 비슷하다. 종교를 가진 사람들에게서 더 낮
은 범죄율이 나타난다는 통계적인 증거는 어디에도 없는 것이다. 침례
교인들은 전체 인구에서 차지하고 있는 그들의 인구 비례와 거의 동일한
정도로 범죄를 저지르고 있다. 가톨릭이나 감리교를 비롯한 대부분의 다
른 종교들도 마찬가지이다.

> 판단하지 않으려는 사람은 괴짜이고, 판단을 못 하는 사람은 바보이며, 대담하게 판단하지 않는 사람은 노예다.
> — 윌리엄 드러먼드

전체 인구 비례보다 적게 수감되어 있는 부류는 무신론자와 불가지론자들이다. 그들은 전체 인구의 6~10%를 차지하고 있지만 연방 교도소에서의 비율은 5%가량으로, 70%가량 적게 수감되어 있는 셈이다. 무신론자들이 전혀 수감되어 있지 않다는 조사 결과들도 있다. 유럽에는 미국보다 무신론자들이 훨씬 더 많지만 미국의 범죄 비율에는 거의 미치지 못한다. 기독교인들이 기독교의 신을 믿지 않는다는 이유로 비도덕적이라고 비난하는 이교도와 마법숭배자들이 수감 인원 중에서 차지하는 비율도 그리 높지 않다. 만약 범죄 행위가 도덕성의 개략적인 평가 수단이라면 많은 그룹들이 적어도 기독교인들과 동일한 수준의 도덕성을 갖추고 있는 것으로 보인다. 지금으로서는 종교 혹은 종교적으로 독실함이 범죄에 긍정적인 영향을 끼치고 있다는 아무런 증거도 없는 셈이다.

종교와 의료 행위

《가정의학연보》는 가난한 사람들과 사회적 약자들에 대한 진료에 있어 종교인 의사와 비종교인 의사들 간의 차이를 조사한 연구를 발표했다. 그 결과는 '보다 종교적인 의사들이 사회적 약자들에 대한 의료 행위를 특별히 더 많이 시행하지는 않는 것'으로 나타났다. 이 조사 결과에서 독실한 종교인 의사의 31%가 가난하거나 사회적 약자들을 위해 봉사하며, 스스로 무신론자, 불가지론자라고 밝힌 의사들은 35%인 것으로 나타났다. 맺는말을 통해 보고서의 저자인 파 컬린 박사는 이렇게 밝혔다.

> 이 결과는 놀랍기도 하고 또 실망스럽기도 한 것이었다. 기독교와 유대교, 이슬람교, 힌두교 그리고 불교의 경전들은 한결같이 의사들은 가난한 사람들을 돌보아야 한다고 강조하고 있으며, 종교인 의사들은 대부분 자신들의 의료 행위를 소명이라고 밝히고 있다. 하지만 우리는 종교인 의사들이 사회적 약자들보다는 자신들의 세속적 동료들 위주로 더 많은 의료 행위를 하고 있음을 알게 되었다.

이혼과 종교

많은 종교 단체들은 이혼을 부도덕의 징후로 간주한다. 그로 인해 종교가 이혼이라는 문제에서 긍정적인 효과를 가진다고 생각할 수 있지만 실상은 그렇지 못하다. 기독교인들이 많이 거주하는 종교적인 지역인 오클라호마 주는 종교적 색채가 약한 매사추세츠 주에 비해 이혼율이 훨씬 더 높게 나타나고 있다. 미국 전역에 걸쳐 복음주의적 종교의 세력이 가장 뚜렷한 바이블 벨트Bible Belt*에서 이혼율이 가장 높다.

---

* 기독교 성향이 강한 미국 남부와 중서부 지대. (편집자주)

1999년에 바르나 리서치 그룹에서 실시한 연구는 복음주의자들과 근본주의자들의 이혼율이 자유주의적 종교인 그룹들보다 높으며, 무신론자들보다는 훨씬 더 높다는 것을 밝혔다. 남부 침례교 대표자 회의는 이러한 연구 결과에 매우 격앙했고, 교단 내에서는 심각한 토론이 벌어졌으며, 바르나 박사에게 사과를 요구하는 사람들도 있었다. 이러한 반응에 수석 연구원이었던 조지 바르나 박사는 자신의 연구를 옹호하는 편지를 썼다. 바르나 박사는 자신의 자료에 근거하여 '우리는 기독교인들과 비기독교인들의 도덕적 행위에 있어 실질적인 차이를 거의 찾을 수 없었습니다. 우리 역시 기독교인들이 매우 뛰어난 삶을 살고 있으며 사회에 그 영향을 끼치고 있다는 결과를 보고하고 싶었지만… 이혼율이라는 부분에서 그 어떤 차이점도 보이지 않았습니다'라고 답했다.

몇 년 후에 남부 침례교 대표자 회의는 그 통계가 옳은 것일 수도 있음을 인정하고 교인들을 위한 이혼관리 프로그램을 개발하기 시작했다. 2002년 무렵에는 전체 남부 침례교회들 중 거의 반 정도가 이 프로그램을 채택했다. 그 프로그램이 침례교인들의 이혼율에 어떤 영향을 끼쳤는지에 대한 결과물은 지금까지 알려진 바 없다.

이러한 것들이 상대적인 도덕성에 대한 결정적인 연구들은 아니겠지만, 우월한 도덕성을 주장하는 종교들을 제대로 뒷받침하지는 못하고 있다.

교회에서 가르치는 비도덕적인 교육

나는 철저한 근본주의 교육을 받았다. 성서의 변함없는 도덕성에 대한 교육을 받기 위해 수없이 설교를 듣고 주일학교에 억지로 자리를 지키고 있어야만 했다. 그렇게 해서 종교는 내게 무엇을 가르쳤을까?

인생의 교훈들 대부분이 그렇듯이, 입 밖으로 내뱉는 말이 아니라 그에 걸맞는 바람직한 행동에서 진정한 배움을 얻을 수 있다. 경전에서 비롯된 모든 종교들은 말씀에 상당한 무게를 두고 있지만, '말씀이 행동에 어떤 영향을 미치는가?'라는 단순한 개념은 무시해버린다. 말씀을 더 많이 받아들이는 사람들이 더 훌륭한 행동을 할까?

내가 따르던 종교는 서로 모순되고 기묘한 계시들로 가득 차 있었다. 주로 다음과 같은 것들이었다.

- 여성은 소중하고 존경을 받아야만 하지만, 남성보다는 열등하다. (골로새서 3:18)
- 성서대학을 나오지 않고 교육을 많이 받은 사람들은 주의인물로 취급해야 한다.
- 성직자들은 교회의 모범들이다. 그들의 말은 따라야 하지만 반드시 그들의 행동을 따라야 하는 건 아니다. 그들도 결국은 인간이다.
- 하느님은 모두를 사랑하지만 당신도 꼭 그럴 필요는 없다. 흑인들은 하느님의 왕국에서는 환영받게 될 것이지만 우리의 교회에서는 그렇지 않다. 백인은 흑인과 결혼하면 안 된다. 기독교인들은 다른 종교를 가진 사람과 결혼해서는 안 된다. 동성애자들은 지옥에 갈 것이다.

- 당신은 천국에 갈 것이라고 믿어야만 한다. 만약 지옥에 가게 된다면, 그건 당신이 충분히 믿지 않았기 때문이다.
- 성서는 하느님의 완벽한 말씀이다. 성서를 읽으면서 어떤 모순을 발견했다면, 그건 당신이 불완전하고 올바로 읽을 줄 모르기 때문이다. 하느님의 말씀은 해석이 필요 없다. 그저 읽어라. 그것은 명확하다. 하지만 만약 잘못 읽으면 목사가 어떻게 해석해야 하는지 가르쳐줄 것이다.
- 하느님은 모두 다 구원하기를 원하시지만, 가톨릭교도나 여호와의 증인, 모르몬교인들에 대한 구원은 확실하지 않으며, 무슬림과 불교 신자는 분명히 구원받지 못한다.
- 이른바 주류 교회라고 불리는 성공회와 장로교는 예수를 따르지 않는다. 그들은 하느님의 말씀을 왜곡한다.
- 포르노그래피는 정신을 오염시키고 자신을 통제하지 못하도록 만든다. 대부분의 범죄자들은 포르노그래피를 본다.
- 결혼생활 외의 섹스는 죄받을 짓이며, 비록 결혼생활에서라도 섹스는 경계해야 하는 것이다. 혼전 섹스의 결말은 이혼이다.
- 하느님은 미국을 사랑하신다. 만약 당신이 미국을 의심한다면 당신은 분명 하느님을 사랑하지 않는 것이다.
- 가난한 사람들에게 기부해라. 하지만 그럴 자격이 있는 가난한 사람에게 기부해야 한다.
- 우리 교파이거나 우리 교파와 가까운 전도사들만이 하느님의 역사를 한다.

- 우리의 종교를 믿지 않는 사람이 있다면, 그 사람에게 지옥에 갈 것임을 알려주는 것이 좋다. 사실 그것이 당신의 의무이다.
- 성서에 의문을 제기하지 않고 진화를 가르치지 않는다면 과학은 좋은 것이다. 언제나 과학자들을 의심하라.
- 너무 많은 교육은 당신의 믿음을 해칠 수 있다.
- 당신이 우리 교회에 십일조를 바치지 않으면 돈은 당신을 파멸시킬 것이다.

주일학교나 설교 시간에 실제로 이러한 이야기들을 들려주는 것은 아니지만, 교회의 장로나 목사, 부모, 청년 지도자 그리고 주일학교 교사들의 행동과 태도를 통해 이러한 내용들은 공공연하고 명확하게 주입된다. 많은 설교와 주일학교 수업에서는 말을 통해 한 가지를 가르치지만, 미묘하게 상충되는 메시지들을 전하는 것이다.

내가 어렸을 때 할머니는 잠자리에서 이런 노래를 자주 불러주셨다.

예수님은 어린 아이들을 사랑하시지.
이 세상의 모든 어린 아이들을 사랑하셔.
피부색이 빨갛거나, 노랗거나, 검거나, 희거나
그분의 눈에는 모두 소중해.
예수님은 이 세상의 모든 어린 아이들을 사랑하시지.

하지만 하느님이 사랑하는 흑인 어린이들이 시에서 운영하는 수영장에 오면 할머니는 동네의 다른 모든 기독교인들이 그러는 것처럼 무척 화를 내셨다. 나는 그때 하느님은 그들을 사랑할 수 있지만 할머니가 꼭 그래야만 하는 건 아닌가 보다고 생각했다. 이것은 나로 하여금 다른 인종의 사람들을 어떻게 대해야만 하는지를 가르쳐주는 미묘하지만 효력을 미치는 도덕 교육이었다. 이러한 학습들은 대부분 의문을 품어서는 안 되는 것들이었다. 다음은 쓸데없는 질문에 해당하는 것들이다.

문: 동성애자들도 천국에 갈 수 있나요?

답: 당연히 못 가지! 너는 왜 그런 걸 물어보고 그러니?

문: 베트남 전쟁에서 미국이 잘못한 것이 있을까요?

답: 없어. 그런 질문을 하게 되면 너는 미국인이 아니고 또 비기독교인이 되는 거야. 너 혹시 공산주의자나 진보주의자니?

이런 와중에 감히 누가 다음과 같은 질문을 던질 수 있을까?

"만약 마흔 살인 전도사가 아내도 있고 아이도 셋이나 있지만 불륜을 저지른 것을 교회에서 용서받았다면, 내가 결혼 전에 잠깐 섹스를 했다는 게 무슨 잘못이죠?"

만약 당신이 나와 비슷한 종교 교육을 받았다면 그 내용이 철저하게 부도덕했을 가능성이 크다. 그들이 부도덕하다고 가르치는 가치관들로는 인종차별, 성차별, 다른 집단에 대

> 주일학교란, 자기 부모들의 사악한 양심을 대신 참회하는 자녀들의 감옥이다. – H. L. 맹켄

한 모욕과 무자비 그리고 인간관계, 성적 관심, 과학, 교육, 다른 종교와 그 밖의 많은 것들에 대한 명백한 오류나 오해 등이 있다.

상황에 따른 종교적 도덕성

모든 근본주의 전도사들은 신의 말씀은 불변이므로 신의 도덕성 역시 절대로 변하지 않는다고 말한다. 불변의 도덕성이라는 신화는 바이러스로 하여금 현재 이루어지고 있는 행위들을 통제할 수 있도록 해준다. 사람들에게 건망증이 있다면, 목사나 전도사들은 행위를 지시하는 것이 훨씬 더 쉬워진다. 그것이 바로 상황에 따라 달라지는 종교적 도덕성이다. 사실 불변의 도덕성이라는 것은 도덕적 척도에 반하는 일정한 행위를 조정할 방법이 있다는 의미일 것이다. 하지만 실제로 목사 혹은 전도사들은 어느 특정한 문화권 내에서 바이러스가 최대한의 이익을 누리도록 그 도덕적 척도를 통제하고 조정하고 있다.

오늘날 얼마나 많은 전도사들이 인종차별 폐지를 가로막고 있는가? 최근에 지역 교회에서 카지노 도박의 사악함에 대해 설교하는 것을 들어본 적이 있는가? 지난 십 년 남짓하는 시간 동안 동네의 교회에서 산아제한의 사악함에 대해 설교하는 목사를 본 적이 있는가?

우리는 살인을 불변하는 절대적 도덕 기준이라고 생각한다. '살인을 해서는 안 된다'는 것은 매우 명확한 계명으로 보인다. 하지만 이 계명 또한 시대에 따라 변화한다. 유대인들은 십계명을 작성하고 또 지켜왔지만 간통한 자를 돌로 쳐죽이거나 팔레스타인 해방전쟁 동안 도시의 여성들과 어린이들을 모두 살해했던 것은 살인이라고 생각하지 않았다. 가톨릭의 종교재판소는 고문으로 죽음에 이르게 하는 것을 살인이라고 생각하지 않았다. 하지만 오늘날 이러한 일들은 살인으로 간주되고 있지 않은가?

미시시피 주의 노예주들은 도망친 노예를 죽일 수 있는 권리를 갖고 있었다. 그것은 살인죄로 처벌을 받지 않았다. 1850년에는 기독교인 폭도들이 백인 여성을 무례하게 대했다는 어느 흑인 남성을 교수형에 처했지만 살인으로 여겨지지 않았다. 린치 집단은 독립전쟁이 끝난 후 거의 80년이 지날 때까지 아무런 제재도 받지 않고 흑인들을 교수형에 처했지만, 살인죄로 기소된 사람은 전혀 없다. 이것은 살인일까 아닐까?

파키스탄 남성들은 자신의 여자 형제가 친척이 아닌 남자와 단 둘이 있는 것을 발견하고 그녀를 죽였을 경우, 그는 살인죄로 벌을 받지 않는다. 기독교 감옥의 간수가 살인자로 유죄가 선언된 범인의 사형을 집행하는 것은 살인이 아니었다. 1968년에는 베트남의 마을들 위로 네이팜탄을 떨어뜨리는 것을 살인이라고 생각하지 않았다. 살인은 눈에 띌 만큼 쉽사리 변하고 십계명과는 아무런 관련도 없는 것으로 보인다.

도덕성은 현재의 문화라는 조건하에서 정의된다. 갓 바이러스는 현재의 문화를 따르려는 경향이 있으

> 지난 수년 동안 십계명이 정의와 법과 관련된 모든 사상의 기반이라는 논쟁이 있었다. 그러한 주장보다 더 멍청한 거짓말은 없을 것이다. 모세가 태어나기 수천 년 전에 이집트인들에게는 모세의 것보다 훨씬 더 훌륭한 법전이 있었다.
> — 로버트 잉거솔

며, 오직 자신의 생존이 위협을 받을 때에만 방해한다. 문화는 끊임없이 변화하기 때문에 갓 바이러스는 생존을 위해 언제나 그 문화 내에 스스로를 위치시키려고 노력한다. 심각하게 감염되지 않은 사회에서 바이러스는 계속 살아남기 위해 끊임없이 돌연변이를 한다. 사우디아라비아와 같이 종교와 강력하게 결합된 문화권에서는 도덕적 척도가 보다 안정적이다.

갓 바이러스의 비밀스러운 계시

종교 지도자들이 전하려는 진짜 메시지를 이해하기 위해선 그들이 했던 발언의 이면을 살펴보는 것이 중요하다. 자비로운 종교적 언사들이 실제로는 그 문화 내에서의 위치를 유지하기 위한 노력이라는 것을 증명하기 위해 바이러스의 패러다임을 적용해볼 수 있다. 2007년 9월에 발행된 신문들은 교황 베네딕트가 어느 중요한 연설에서 "유럽에는 갈수록 어린이가 부족해지고 있다. 우리는 우리 자신을 위해 모든 것을 원하지만, 미래가 희망적으로 보이지는 않다"라고 언급했다고 보도했다. 교황은 더 많은 아이들을 낳고 낙태를 금지해야 한다고 주장했던 것이다. 그는 유럽이 갈수록 부도덕해지고 있으며 정의와 불의를 구분하지 못한다고 주장했다.

여기에 숨겨져 있는 의도를 이해하기 위해 교황 베네딕트 16세의 연설에 갓 바이러스의 패러다임을 적용해보자. 첫째, 과연 그는 유럽에 더 많은 어린이들이 태어나야 한다고 요구하고 있는 것일까? 겉으로 보기에는 그의 말은 자비로운 요청인 것으로 보인다. 좀 더 잘 이해하기 위해 우리는 유럽에 더 많은 무슬림 자녀들이 태어나더라도 흡족해할 것인가를 물어보아야 한다. 과연 그는 무신론자들이 현재보다 두 배나 더 많은 자녀들을 갖기 시작한 유럽을 기꺼이 칭찬할까?

이러한 것이 그의 본뜻은 아니라고 생각한다. 마찬가지로 개신교 신자들이 대가족을 거느리기 시작한다 해서 그는 찬사를 보내지 않을 것이다. 교황은 과거에 자신들이 그랬던 것처럼 가톨릭교인들이 대가족을 거느리기를 원하는 것이다. 이것은 가톨릭 바이러스가 유럽에서 확실하게 힘을 갖출 수 있도록 하기 위한 단순하지만 위장된 요청인 것이다.

다음으로 그는 유럽의 부도덕성을 비난했다. 부도덕성을 통해 그는 어떤 말을 하려 했던 것일까? 살인율이 높아졌다는 것일까? 무장강도 혹은 강간이 엄청나게 늘어났다는 뜻일까? 소수민족에 대한 범죄와 탄압이 더 심해졌다는 뜻일까? 줄곧 발생하고는 있지만 유럽 전역에 걸쳐 제2차 세계대전 이후로 이러한 범죄들은 꾸준이 줄어들고 있으며 다른 대륙에 비해 훨씬 더 낮게 유지되고 있다는 것이 객관적인 사실이다.

교황이 이러한 연설을 하고 있던 바로 그 무렵에 오스트리아의 가톨릭교회는 주요 성직자들의 성추문 사건에 휩쓸리고 있었다. 그와 비슷한 시기에 교황은 다른 연설을 통해 "교회는

> 종교가 있든 없든, 여러분 주위에는 좋은 일을 하는 좋은 사람과 나쁜 일을 하는 나쁜 사람이 있다. 하지만 나쁜 일을 하는 좋은 사람이 있다면, 그에겐 종교가 있을 것이다.
> – 스티븐 와인버그

나치에 의해 학살된 수백만의 유대인들에게 회개한다는 것을 보여주고 싶다"라고 했다. 세계 역사상 가장 흉악한 범죄들에 대한 교회의 개입을 인정하고, 자신의 성직자들이 일으킨 중요한 성적 부정행위를 처리하고 있는 바로 그 순간에 도덕성으로의 회귀를 요구하는 흥미로운 상황인 것이다.

종교 지도자들이 부도덕을 비난할 때, 그들이 일반적으로 전달하려는 의미는 "당신들은 갓 바이러스의 지시를 따르지 않고 있다"라는 것이다. 도덕성은 전적으로 별개의 문제인 것이다. 교황은 범죄율이라는 관점에서 부도덕성에 관심을 갖는 것이 아니다. 그는 가톨릭교회의 영향력을 증대시켜줄 교회의 의식들을 고수하는 것에 관심이 있는 것이다. 이것을 이해하는 열쇠는 "만약 교황이 바라는 모든 것이 무슬림이나 개신교의 신정정치 혹은 세속의 정부에서 성취될 수 있다면 과연 교황이 기뻐할까?"라고 물어보는 것이다. 그는 전혀 그렇지 않을 것이다! 그러므로 도덕성을 회복하자는 단순한 요구에 감추어져 있는 본심은 가톨릭교의 힘을 확장시키려는 노골적인 시도인 것이다.

여기에서는 가톨릭 교황에 집중했지만 다른 종교 지도자들의 종교적 선언에도 이와 똑같은 분석이 적용될 수 있다. 단순히 종교만 바꾸어 똑같은 선언을 발표한 다음 "이러한 발언을 한 사람이 새로운 결과에도 기뻐할 수 있을까?"라는 질문을 던져보면 된다.

비유신론자의 도덕성

이제까지 도덕성이 어디로부터 비롯되었는가를 확인했다. 그렇다면 이것이 비종교인에게는 어떤 의미일까? 만약 당신이 비유신론자라면 하늘에 있다는 위대한 입법자를 인정하지 않을 것이다. 당신은 스스로 자신만의 도덕적 나침반을 개발해야 할 책임이 있다. 대부분의 경우 이것은 그다지 큰 문제가 아니다. 이 문화의 구성원으로서 당신은 이미 기본적인 행동 규범을 지키고 있거나 인정하고 있다. 당신에게는 일상적인 대인 관계에서 도둑질, 거짓말, 속임수, 강간, 약탈, 살인을 하지 말아야 하며 혹은 정직하게 살도록 노력해야 한다고 말해주는 설교자가 필요 없다. 그러한 것들은 문명화된 사회의 시민이라면 당연히 지키는 것이다. 종교와는 관계없이 당신의 부모가 이미 그러한 것들을 가르쳤을 것이다.

당신과 바이러스에 감염된 사람들 사이의 한 가지 차이점은 당신은 자신에게 책임이 있다는 것을 알고 있다는 사실이다. "악마가 그렇게 하도록 시켰다"라고 변명하지 않는다. 실제로 감염된 사람들은 이러한 점에 있어 그다지 명확하지 않다. 사탄이 자신들을 시험한다고 생각하는 사람들도 있다. 신이 계획을 가지고 있으며 그 계획을 자신들이 알아내야 한다고 생각하는 사람들도 있다. 더 나아가 신이 그것을 미리 예정해두었으며 그 문제에 있어 자신들에게는 선택권이 없다고 생각하는 사람들마저 있다. 무슬림들은 언제나 '알라의 뜻'이라고 말한다. 기독교에도 역시 그렇게 말하는 사람들이 있다. 마치 그들은 그 문제들에 있어 할 말이 없으며, 신이 모든 길을 인도할 것이라는 태도이다.

책임감에 관하여 명백하다는 것은 비유신론자들에게는 엄청난 이익이 된다. 신의 계획을 알기 위해 신의 의중을 읽어내려고 시간과 에너지를 낭비하지 않아도 되기 때문이다. 나쁜 생각을 하고 있을 때 당신의 어깨 너머로 신이 지켜보지나 않을지 걱정할 필요도 없다. 성모 마리아를 실망시키지 않기 위해 조심한 적이 있었나? 알라신을 성나지 않게 하기 위해 걱정했던 때가 있었던가? 정상적인 하루하루의 삶에서 당신은 보다 더 중요한 일들을 위해 에너지와 감정을 절약하고 있을 것이다.

힘든 결정

때때로 도덕적인 논쟁이 커지게 되면, 종교인들과 비유신론자들 사이에 뚜렷한 차이를 찾아볼 수 없다. 예를 들어, 나치 독일하에서 몇 퍼센트의 기독교인들이 유대인들을 보호하고 구하기 위해 노력했는가? 그 비율이 유대인들을 구하기 위해 노력했던 무신론자들보다 조금이라도 높았을까? 유명한 영화《쉰들러 리스트》의 주인공인 오스카 쉰들러보다 더 비도덕적인 사람도 없었을 것이다. 재산에도 의심스러운 면이 많았고 도박에 푹 빠져 있었으며 아내 외에도 언제나 한두 명의 정부를 거느리고 있었다. 하지만 독일의 '도덕적인' 주교들이나 추기경들은 도덕적인 행동을 하는 데 있어서는 이 한 사람을 따라갈 수 없었다.

신학에 기초한 저술들로 유명한 디트리히 본회퍼는 히틀러의 암살을 시도했다는 것으로 엄청난 주목을 받았지만, 히틀러를 암살하려 했던 수십 명을 포함한 수천 명의 무신론자들은 히틀러의 통치하에서 죽었다. 하지만 그들에 관한 이야기는 그다지 자주 언급되지 않는다. 기독교인의 영웅적인 행위가 무신론자의 행위보다 더 영웅적이고 더 중요한 것일까? 불가지론자이기 때문에 프랑스의 레지스탕스 운동에서 보여준 앨버트 카뮈의 행위는 별로 영웅적이지 않은 것일까?

갓 바이러스는 힘들고도 용기 있는 결정을 내린 도덕적 인물의 이야기를 강탈해간다. 갓 바이러스는 부도덕한 선택을 했던 수백만의 종교인들에 대해서는 관심을 갖지 않는다. 이것은 대규모로 이루어지는 선택적 지각의 오류인 것이다. 종교 서점에서 찾아볼 수 있는 모든 영적인 기독교 이야기 속에는 악행을 저지른 목회자와 어린이나 노인 들을 괴롭힌 신부들 그리고 1920년대에 흑인들에게 사형을 가했던 개신교 집사들에 관한 수많은 이야기들이 있다. 나치 당원의 대부분이 기독교인들이었으며, 그들 중의 극히 적은 소수 집단만이 유대인과 공산주의자 들을 구하기 위해 실질적인 노력을 기울였다. 기독교인들은 유대인을 구했던 기독교인들을 자랑스럽게 부각시키다. 그들은 당연히 그래야만 한다. 그들의 신앙이 저항할 용기를 주었던 것이라면 더욱 훌륭한 일이다. 하지만 그렇다고 해서 앨버트 카뮈나 오스카 쉰들러나 프랑스와 독일 그리고 스페인에서 활동했던 공산주의자 레지스탕스 전사들의 용감한 행위를 부정해서는 안 된다. 용감한 행위와 용맹함과 도덕성은 특별히 종교인들만이 갖추고 있는 가치가 아니다. 반면에 기독교는 히틀러의 흉악한 통치를 지지하면서 매주 종교집회를 열고 교회에 참석했던 수백만 명의 나치와 파시스트 당원들의 도덕성을 어떻게 알려왔던가? 도덕적인 행위를 하지 않았던 수백만의 종교인들은 완전히 무시하면서, 도덕적으로 행동했던 극히 적은 수의 종교인들만을 추켜세우는 것은 정말 어리둥절한 일일 뿐이다.

비유신론자들은 어려운 결정을 하기 위한 도덕적 나침반을 어디에서 얻는 것일까? 그것은 스스로의 성찰과 규정이라는 힘든 과정을 겪으며 만들어진다. 개

> 사람의 도덕적 행위는 실효적으로 공감과 교육 그리고 사회성에 근거를 두어야만 한다. 종교적인 근거는 전혀 필요 없다. 만약 벌에 대한 두려움이나 사후의 보상에 대한 기대 때문에 머뭇거린다면 참으로 불쌍한 처신일 것이다.
> – 알베르트 아인슈타인

인적으로는 예수나 모세보다는 앨버트 카뮈와 볼테르가 훨씬 더 많은 도움이 되었다. 그 어떤 목회자보다 알베르트 아인슈타인과 빅토르 프랭클로부터 훨씬 더 많은 도덕적인 지침을 받았다. 아주 어릴 적부터 나는 정의와 불의를 구분하고 있었지만, 그 판단은 종종 교회에서의 가르침과 충돌하고는 했다.

비유신론자들은 어떤 행위가 도덕적인가를 스스로 결정해야만 한다. 우리는 가공의 신이나 지침서에 기댈 수 없다. 또한 우리에게는 슬쩍 바꿔치기할 수 있는 종교적 도덕성도 없다. 이번 장에서 살펴보았듯이 종교인들에게 있어 도덕성은 이동하는 표적이다. 종교적 도덕성이 가진 '바꿔치기하는 특성'은 갓 바이러스에 감염된 사람들에게는 보이지 않는다.

내가 받았던 종교적 가르침의 부도덕한 교훈들이야말로 도덕적 나침반이라고 할 수 있다. 나 자신과 타인의 욕망과 욕구 사이에 균형적인 의식을 갖추는 것이야말로 내 삶에 우선적인 행복을 가져다준다. 나 자신의 도덕적 나침반을 잘 따른다면, 나는 훌륭한 선택들을 할 것으로 보인다.

제 7 장

예수님이 나를 구원하사:
미국 복음주의의 근원

성서 속에는 내 존재의 모든 본능이 반발하는 내용이 너무 많
다. 그것을 처음부터 끝까지 읽어보고자 나 자신을 압박했던 것
이 너무 안타깝다. 성서의 역사와 출처에 대한 지식을 얻었다고
해서 불편한 내용들까지 전부 꼼꼼히 읽으려고 했던 나의 노력
이 보상을 받았다고 생각하지 않는다.

– 헬렌 켈러, 미국의 강연자

미국의 복음 전도는 감염과 번식을 위해 최면술과 같은 정신적인 방법들을 포함한, 새로운 도구와 방법을 갖춘 새로운 바이러스다. 복음을 전도하는 전도사들 역시 그 형식과 교육 방법에 있어 과거의 목사와 성직자들과는 전혀 다르다.

●●●

캐리의 이야기

내가 종교에 대한 책을 집필중이라는 것을 알게 된 캐리는 나를 찾아와 자신의 이야기를 들려주었다. 개인적인 경험담을 기꺼이 들려준 캐리에게 고마울 뿐이다. 이 이야기는 이번 장에서 살펴보게 될 새로운 복음 전도라는 바이러스의 성질에 대해 잘 설명해준다.

저는 불안정하고 문제가 많은 가정에서 자랐으며 초보수적인 침례교 친구들과 가까이 지냈습니다. 그들은 인생의 모든 해결책을 다 알고 있는 것처럼 보였죠. 교회는 저를 '무조건적으로' 받아주었으며, 올바른 삶을 위한 지침을 제공하고 불사의 미래를 보여주었습니다. 신자들에게서는 황홀경과 흡사한 기쁨이 발산되고 있었으며 저는 그 '미덕'을 느끼고 싶었습니다. 그들은 해결책을 알고 있으며, 거기에 속해 있었기 때문에 저는 인정받고 있다는 것에서 안도감을 느꼈습니다.

저는 매우 엄격하고 또 그만큼 신앙심이 깊은 가정에서 자란 남자와 결혼했습니다. 저희는 아이들을 침례교회에서 가르쳤으며 일주일에 다섯 번 교회에 참석했습니다. 저는 살림을 하며 집에서 아이들을 가르쳤고 복종하는 아내의 역할을 기꺼이 받아들였습니다. 저는 언제나 여러 성경공부 모임에 참여했으며 주일학교에서 가르치고 몇몇 여성 단체들을 이끌었습니다. 저희는 부유한 동네에 위치한 좋은 집에서 살았으며, 겉으로 보기에는 아주 화목해 보였습니다. 남편과 저는 절대 말다툼을 하지 않았습니다. 하지만 거의 이야기를 나누지도 않았습니다. 내부적으로 저희는 함께 죽어가고 있었습니다. 남편은 자주 아내를 속이는 남자들을 도덕적이지 않다며 비난하곤 했지만, 동시에 본인이 불륜을 저지르기도 했죠. 저 역시 그런 관계들을 가졌지만, '영혼을 정화시키기 위해' 참회를 하고 또 다른 성경공부 모임에 참여했습니다. 저희의 신앙은 결혼생활을 지키기 위한 임시 처방이었습니다. 신앙은 상처를 덮어주었을 뿐 치유해주지는 못했죠. 저희는 문제를 직시하지 않으려 했습니다.

15년간 결혼생활을 유지했지만 결국 마법과도 같았던 신마저도 해결하지 못하는 문제들이 있었습니다. 이혼을 한 후 저희 부부는 친구들을 잃게 되었고, 주변에는 거의 아무도 남아 있지 않았습니다. 사람들은 마치 이혼이 전염이라도 되는 것처럼 생각하는 것 같았습니다. 심지어는 저희가 이혼할 때, '죄를 지은 것'이라고 말하는 사람도 있었죠.

규모가 아주 큰 보수적인 남부 침례교회의 여성 단체에서 저는 굳건한 지도자의 역할을 맡고 있었는데, 이혼을 하자 물러날 것을 '권유'받았습니다. 교회 구성원들은 종종 우리는 결점이 있고 불완전한 존재이지만 '그리스도를 통해 완벽해졌다'고 말하곤 했습니다. 아마 나는 이혼을 하면서 결함이 생겼고, 그리스도마저도 그건 고쳐주지 못하는 것 같더군요.

나는 다른 도시로 이사를 가서 혼자 아이들을 키웠습니다. 대학교에 재입학하여 학위를 취득해 임상치료사가 되었습니다. 그때까지도 저는 제 아이들을 기독인으로 기르기로 마음먹고 있었죠. 곁에는 그리스도가 있으며 그 아이들을 저 혼자 키우는 것이 아니라는 것에 스스로 위안을 삼고 있었습니다. 저는 교회에 점점 더 깊이 관여하여 청년들을 가르치고 최대한 모든 성경공부 모임에 참여했습니다. 매일 기도를 드렸으며, 때로는 매 시간마다 인도해 달라는 기도를 드리기도 했습니다. 제 주변에는 늘 기독교 친구들이 있었으며 언제나 하느님과 관련된 이야기를 하며 살았습니다.

몇 년이 지나자, 제 아이들이 청년 모임에서 지도자들과 선생님과 전도사에게서 들은 이야기들을 앵무새처럼 따라하기 시작하는 것을 보게 되었습니다. 사랑스럽고 용서하시는 '신'을 받아들이는 것이 아니라 그 애들의 생각은 점점 더 완고해져만 갔습니다. 점점 더 침례교의 생활 방식을 받아들이지 않는 사람들을 비판하고 거들먹거렸습니다. 그 애들은 스스로를 '신자'로서 '죄인'인 다른 사람들과 거리를 두었습니다. 어쨌든 자신들은 엘리트이며 남들은 '타락한' 사람들이라는 것이었죠. 제 아이들이 보여주는 태도가 싫었습니다. 터무니없는 일들이었죠. 기독교인이 되기 위해 더 많은 노력을 기울였으면서도, 점점 더 기독교인답지 않게 변해가는 것만 같았습니다.

아이들이 대학 입학을 위해 집을 떠날 무렵, 어떤 친구가 제가 느끼고 있던 감정에 대해 다른 시각으로 설명해 놓은 책 한 권을 권했습니다. 제가 전혀 생각해보지 못했던 방식으로 종교를 설명해놓은 책이라는 것이었습니다. 그가 틀렸다는 것을 증명하겠다는 명확한 목적으로 그 책을 읽겠다고 했습니다. 저는 내 믿음이 강하다는 것을 알고 있었으며 제가 얼마나 비심판적이며 편견이 없는 사람인지를 명확히 보여줄 수 있을 것이라고 생각했습니다. 심지어는 그를 교화시켜 다시 그리스도의 곁으로 인도할 수 있을 것이라고 생각했습니다. 저는 앞부분의 몇몇 장들을 열성적으로 공박했습니다. 그 내용은 저를 무척 화나게 만들었으며 책의 여백에 써놓은 제 의견들에는 그런 분노가 반영되어 있었죠. 그리고 감정으로 반박하는 대신, 성서에서 인용한 내용들로 그 책이 틀렸다는 것을 증명해 보이겠다고 결심했습니다. 그가 받아들일 수밖에 없는 지적인 논증을 펼칠 수 있을 것이라고 확신하고 있었습니다.

어느 정도 읽고 난 후에 저의 주장이 방법론적으로 제시되어 있는 단순한 과학적 사실들에 맞서지 못한다는 것을 알아차리기 시작했습니다. 그 책의 개념들이 이해되었던 것이었죠. 천천히 그리고 극적으로 저의 태도는 변했습니다. 방어적인 태도를 버리게 되자 제 종교와 믿음에 대해 객관적으로 생각하기 시작할 수 있었습니다. 제가 배운 말들과 흉내내던 행동들을 앵무새처럼 반복하던 것을 그만두게 되었습니다.

신이 없을 가능성에 대한 생각은 제 믿음의 근거를 위협하는 것이었습니다. 계속 그 책을 읽어나가면서 제가 갖고 있던 논증들은 모두 뒤집어져버렸습니다. 그 내용들은 쉽게 이해되었습니다. 저는 언제나 저 자신을 지적인 여성이라고 생각하고 있었죠. 제가 어떻게 해서 그런 신화를 받아들이고 또 그런 환상을 내 아이들에게 가르쳤던 것일까요? 친구들이 저를 위로하기 위해 들려주던 '하느님이 너와 함께 하실 거야,' '너를 위해 기도하고 있어,' '이건 하느님의 계획이야,' '그분이 하시는 일이야'와 같은 말들이 이제는 우스꽝스럽게 들리게 됐습니다. 참 얄궂은 일이었죠. 그동안 다른 모든 일에 대해서는 증거를 요구하며 살았지만, 왜 제가 살고 있는 이 우주의 지배자에게는 그와 똑같은 기준을 적용하지 않았던 것일까요?

제 삶은 완전히 뒤바뀌었으며, 줄곧 비난의 화살이 쏟아졌습니다. 저는 이미 이혼을 통해 존경심과 우정의 상실을 겪었습니다. 제가 무신론자라는 것을 인정하게 되면 친구들과 사업 관계 그리고 공동체의 인정을 더 많이 잃게 된다는 걸 모르고 있었습니다. 더 중요한 것은, 제 아이들이 곤경에 빠질 수도 있다는 것이었습니다. 가장 적응하기 힘든 일이었죠.

이 세상에 오롯이 저 혼자 있으며, 늘 제 말을 듣거나 저를 대신해 간섭하는 유령 같은 존재는 없다는 걸 인정하는 건 참으로 어려운 일이었습니다. 심리적인 갈등을 겪었지만 결국 제가 겪는 곤경들이 어떤 '죄'에 대한 벌을 받는 것이 아니며, 제가 거둔 성공들은 제가 열심히 노력해 얻은 것이라고 인정하게 되었습니다. 어려운 일이었지만 제 행동에 대한 책임을 지겠다는 생각은 정직한 삶을 살 수 있도록 저를 해방시켰습니다.

이제 캐리가 성인이 된 이후의 삶 대부분을 강력하게 지배했던 종교적 태도의 뿌리를 살펴보기로 한다. 이번 장의 끝부분에서 다시 그녀의 이야기를 듣게 될 것이다.

복음주의의 뿌리

기독교가 시작된 이후로 수 세기 동안, 가톨릭 바이러스는 유럽의 문화와 결합되었다. 변질되고 혼란스러웠던 고대 유럽의 문화에 너무나도 완벽하게 적응하여 채택된 가톨릭은 많은 지역의 풍습들을 점령해 나갔다. 교회들은 의도적으로 오래된 이교도의 신앙 중심지들 위에 건립되었다. 공휴일은 이교도 신들 대신 가톨릭 성인들을 기리는 날로 조정되었다. 결혼은 가톨릭식 조건에 따라 다시 정의되었다. 문화와 가톨릭 간의 결합은 너무 강력해 둘 사이의 차이를 찾기는 어려웠다.

존 위클리프(1320?~1384)와 그 후의 마틴 루터(1483~1546)가 개인적인 책무에 집중하면서 종교는 문화에서 분리되기 시작했다. 이것은 가톨릭이 지켜온 공공의 접근법으로부터 이탈하는 중요한 사건이었다. 개인적인 책무라는 개념은 성서의 번역을 뜻하며, 그로 인해 평민들

> 기도하다(동사): 명백히 아무런 가치도 없는 단 한 사람의 청원을 위하여 우주의 법칙을 없애달라고 요구하는 것. – 앰브로즈 비어스

도 성서를 읽을 수 있게 되었고 무엇을 믿을지에 대해 스스로 결정을 내릴 수 있게 되었다. 그 이전의 천년 동안 가톨릭 신앙은 경전을 통제해왔다. 일상생활과 의식들, 풍습 그리고 인생의 모든 단계들에는 가톨릭의 갓 바이러스가 스며들어 있었으며 오직 사제들에 의해서만 해석되었다. 개신교 역시 그러한 공동체였지만 개인적인 요소들을 포함하고 있었다. 개신교와 가톨릭 바이러스 모두가 지닌 성향은 가능한 모든 곳에 동종의 공동체를 만들어내기 위해 노력한다는 것이었다.

경전의 번역은 그런 상황에 새로운 바이러스적인 도구가 되었다. 경전에 대한 접근과 함께 성서는 이제 새로운 개신교를 위한 벡터로서 기능하면서 복음주의의 근거가 되었다. 성직에 대한 새로운 접근이 가능해지면서 누구나 경전을 해석할 수 있게 되었다. 그것은 자기 나름대로의 성직을 수행하게 된 개별적인 사람들이 경전을 해석할 수 있게 되었다는 뜻이었다. 이 새로운 구성 요소는 훗날 개신교가 극도로 개인적인 문화 속에서도 살아남을 수 있도록 했으며, 오늘날 우리가 보고 있는 복음주의 바이러스로 진화할 수 있게 했다.

미국 내의 종파주의

식민지를 개척하기 위해 유럽을 떠났던 사람들은 사고방식이 매우 종파적이었다. 미국 역사 속의 신화들이 말하고 있는 것과는 달리 그들은 종교의 자유를 추구하지 않았다. 그들은 종교적 공동체 내에서 종교적 순결과 배타성을 추구했던 것이다. 그 증거는 미국 독립전쟁 이전의 식민지들이 사용하던 선언문과 헌법 등에서 찾아볼 수 있다.

식민지가 되자마자 최초의 여섯 개 식민주에는 제한적인 종교 관련 법률과 풍습들이 확립되었다 ─플리머스(1620), 매사추세츠(1630), 뉴헤이븐(1638), 코네티컷(1639), 메릴랜드(1633), 펜실베이니아(1682). 오직 로드아일랜드(1635)만이 처음부터 정교 분리를 실행했을 뿐이었다. 종교의 자유를 주장하여 매사추세츠 베이 식민주에서 추방된 로저 윌리엄스에 의해 설립된 로드아일랜드는 설립 당시에 어느 한 종교를 지정하지 않았기에 다른 식민주들에서 박해를 받았던 침례교, 퀘이커교, 유대교 등을 포함한 수많은 종교 집단에게는 천국과 같은 곳이 되었다. 종교와 정치 간의 '분리의 벽'이라는 용어를 처음으로 사용했던 로저 윌리엄스는 훗날 토머스 제퍼슨에 의해 유명해지게 되었다.

1702년까지 13개 식민주는 모두 공직자에 대해 일정한 형태의 정부 지원이나 종교적인 자격을 명시하고 있었다. 지원은 세금 혜택의 형태이거나 입법부 내에서 투표나 근무를 하기 위한 종교적인 자격으로 제공되었다.

뉴저지에서는 1844년까지 오로지 개신교도만이 공직에 오를 수 있었다. 1833년까지만 해도 토머스 제퍼슨, 벤저민 프랭클린 혹은 에이브러

햄 링컨마저도 매사추세츠에서는 주지사가 될 수 있는 자격을 갖추지 못했다. 주지사가 되기 위해서는 누구나 '나, ____는 기독교를 믿고 있다는 것을 천명한다'라는 서약을 해야만 했기 때문이었다. 1789년의 조지아 주 헌법에는 오직 개신교도만이 공무원이 될 수 있었다. 1875년까지도 영국국교회가 주의 교회였으며 개신교만이 완전한 시민권을 갖고 있었다. 1878년까지 남캘리포니아의 헌법에는 '개신교가 우리 주의 공인된 종교로 간주되어야 할 것이며, 이것에 의하여 헌법을 제정하고 공포할 것이다'라는 조항이 포함되어 있었다. 매사추세츠에서 가톨릭교인들은 공직을 차지할 수 없었다. 뉴욕에서는 유대교인들에게는 완전한 정치적 권리가 부여되었지만 가톨릭교인들은 그렇지 못했다.

그러므로 이 나라에는 종교적 관용이 확립되어 있지 않았다. 식민주의자들은 영국에서 박해를 받던 희생자들이었으며 미국에 '새로운 예루살렘'을 건설하기 위해 이주해왔던 것이다. 이러한 문제는 현재까지도 지속적으로 우리를 괴롭히고 있다.

미국 독립전쟁과 함께 13개 주는 더욱 가깝게 접촉하고 협력하게 되었다. 경제적, 정치적 협력이 커져갈수록 유럽 형태의 종교적 분쟁이 일어날 가능성이 대두되었다. 유럽 종교의 역사에 대한 식견을 갖추고 있던 건국자들은 로저 윌리엄스가 제청했던 헌법에 기초한 정교 분리를 통해 적대적인 종교적 성향을 약화시키겠다는 지혜를 갖추고 있었다.

미국의 새로운 바이러스 미개척지

오래된 종파주의적 기독교로부터 벗어나 개인주의적 개신교 복음주의를 만들어내기 위한 세 가지 조건들이 합병되었다. 즉, 개신교 바이러스의 출현, 교육받은 인구의 증가 그리고 종교적 관계보다는 경제적 필요에 기반해 형성된 공동체들. 미국의 미개척지는 이러한 세 가지 경향의 연합이었으며 그것들은 오늘날 계속 진화하고 있다.

다양한 집단들이 미국으로 이주해왔으며 그들은 가능한 모든 곳에 종교적 공동체를 설립하려는 경향이 있었다. 퀘이커교도는 퀘이커 공동체를, 가톨릭교도는 순수한 가톨릭 공동체를 그리고 네덜란드 개혁파는 본래의 모습을 지키려 했다. 서부로 이주하면서 점점 이러한 형태는 유지할 수 없게 되었다. 순수성을 지켜내기 어려워지게 된 것이다. 금광을 찾거나 땅을 차지하기 위해 서부로 이주하게 되면서 이제 종교는 가장 중요한 문제가 아니었다. 금광을 찾기 위해 노력해야 하는 사람들에게 종교는 그 다음의 관심사가 되었다. 그로 인해 모든 갓 바이러스들에게 거친 서부는 혼란스러운 환경이었다. 종교는 살아남기 위해 미국 서부의 개인주의적이고 고립된 세상에서 존속할 수 있는 형태로 돌연변이를 해야만 했다. 이러한 흐름 속에서 1870년대에 고립된 유타 주에서 순수한 종교 공동체를 만들어내는 데 성공한 모르몬교만이 유일한 예외였다.

> 종교개혁 이래로 수많은 교황 절대주의자들의 피와 뒤섞인 수많은 개신교도들의 피가 왜 우리에게 경고로 받아들여지지 않고 있는가를 따져봐야 한다. — 로저 윌리엄스

유동 인구가 점점 더 많아지게 되고 공동체를 지키려 하지 않게 되면서, 바이러스는 공동체 내의 개인들을 독자적으로 감염시킬 능력을 갖추게 되었다. 이것은 엄청난 변화였다. 미개척지에 살게 된 농부와 광부 혹은 카우보이 들은 성직자들 없이도 성서를 읽음으로써 예수를 가까이할 수 있었다. 그러자 스스로를 예언자 혹은 성직자라고 주장하는 사람들이 많이 등장했다. 실제로, 1800년대와 1900년대 초에 개척지에는 수백 가지의 사이비 종교가 등장했다. 대부분은 사라졌지만 몇몇 사이비 종교는 그 발판을 마련하기도 했다. 가장 성공한 것들을 꼽자면, 모르몬교(1830)와 크리스천 사이언스 교회(1879), 제7일 안식일 예수재림교회(1863), 여호와의 증인(1872) 그리고 몇 개의 오순절 교회파(1901~06)와 복음교회(1918) 등이 있다.

슈퍼 벡터들과 명사의 숭배

미국 복음주의의 주요한 혁명은 제1차 세계대전 이후에 발생했다. 돌연변이는 1920년대의 빌리 선데이와 에이미 셈플 맥퍼슨 그리고 20세기 중반의 빌리 그레이엄과 같은 복음주의자들과 함께 그 모습을 드러내기 시작했다. 대중매체와 전기 증폭장치로 인해 1800년대의 황무지에서 대규모의 천막 집회와 부흥기도회가 가능해졌다. 또한 현재 거주하고 있는 곳에서 이주를 하게 되더라도 계속 종교를 가질 수 있게 해주었다. 엄청난 유동 인구는 공동체나 교단에 근거를 두고 있던 바이러스를 개인과 카리스마에 집중하도록 진화시켰다.

다음 세대로의 감염이 효율적으로 이루어질 수 있는 공동체 환경으로 사람들을 다시 불러들이면서 초대형 교회를 향한 움직임은 개인에 역점을 두었다. 초대형 교회들은 주로 카리스마 넘치는 '슈퍼 벡터'인 한 개인에게 관심을 집중시켰다. 대부분의 경우, 교회는 그 개인의 매력적인 개성을 중심으로 체제를 갖추었다. 언제나 그의 이름을 앞세웠으며, 그는 전체 조직을 통제하고 지휘했지만 종종 자신에게 주어진 책무를 다하지는 않았다. 장로회 구성원들은 종종 성직자에 의해 선택되거나, 그 자리를 차지하도록 교묘하게 조종되었다.

슈퍼 벡터들이 익힌 신학적 지식은 주로 편협하게 파고드는 성서대학에서 비롯된 것으로 종종 매우 형편없는 수준이었다. 대부분 철학에 대해서는 거의 공부를 하지 않았으며, 과학에 대한 지식은 더욱 형편없었다. 그들의 학문적 그리고 실용적 훈련 과정은 한결같이 감염 방법에 대한 연구와 바이러스를 중심으로 공동체 의식을 만들어내는 법과 같은 것들뿐이었다. 초대형 교회의 구성원들은 한때 마을이나 공동의 종교에서 느낄 수 있었던 안도감을 찾을 수 있었다.

가톨릭 신자로서 미국에서 수년간 살고 있는 유럽인 친구가 언젠가 내게 이웃에 사는 개신교 복음주의자에 대해 들려준 적이 있었다. 어느 날 그들은 친구에게 이 지역의 교회들에 대해 물어보면서, 자기 가족에게 적당한 예배당을 구하기(Shopping) 위해 알아보고 있다고 했다. 이에 친구는 완벽한 불신감을 드러내며 말했다.

"그냥 지역에 있는 교회를 가면 되는 거잖아. 가톨릭처럼 개신교도 예배당을 사고팔지는 않아."

친구는 교회를 구입한다는 표현을 전혀 이해할 수 없었던 것이다. 그녀의 관점에서 그 일은 미국 개신교가 얼마나 뿌리가 없는지를 보여주는 깜짝 놀랄 만한 일이었다.

이것이야말로 미국의 새로운 복음주의 개신교의 특성인 것이다. 서부 개척시대의 개인주의적인 과거에 뿌리를 둔 그들은 비록 일시적이라 할지라도 급격히 이동해 다니는 사람들을 다시 공동체로 돌아오게 하는 방법을 연구하고 있다. 이러한 유연성은 복음주의 바이러스가 공동체와 연계되지 않고서도 영속할 수 있도록 해주며, 개인들이 어디로 이주해 가든지 관계없이 함께 이동해 갈 수 있도록 해주었다.

과거에는 단순하게 부모가 다니는 교회나, 그 마을에 하나뿐인 교회를 다녔다. 오늘날에는 자신들에게 가장 편안한 교회를 '구매'하러 다닐 수 있게 되었다. 슈퍼 벡터들은 사람들에게 감성적으로 만족감을 줄 수 있는 상품을 만들어내기 위해 경쟁을 펼치고 있다. 지역 교회에서 발행하는 홍보물을 읽어보면 그곳 목회자를 찬양하는 내용을 쉽사리 확인해볼 수 있다. 이것은 새로운 현상으로, 개인숭배는 복음주의파와 오순절파 사이에서는 일반적인 일이 되어 있다. 감리교파에서 몇 년마다 목회자들을 이동시키는 관례는 어느 한 목회자를 중심으로 일어날 수 있는 개인숭배를 방지하기 위해 150년 전에 만들어진 것이었다. 하지만 감리교파가 이러한 관례를 지속한다면 카리스마를 갖춘 슈퍼 벡터들과 경쟁하는 데 있어 매우 불리한 상황에 빠지게 될 것이다.

대부분의 주요 종교들이 그런 것처럼, 복음주의 바이러스는 죄의식과 자기부정을 통해 정신을 감염시킨다. 공동체에 근거를 둔 종교는 탈선하는 사람들에게 사회적 제재를 가하는 커다란 혜택을 누려왔다. 현재의 유동적인 사회에서 사람들은 교회를 옮기거나 바꾸는 것을 통해 너무나도 쉽게 제재를 피할 수 있게 되었다. 과거에는 이처럼 자유롭게 종교를 고르고 선택할 수 없었다. 복음주의 종교는 새롭고도 보다 복잡한 최면술적인 숭배 기술들을 활용하여 일정한 공동체의 외부에서 죄의식과 의구심을 만들어낼 수 있는 역할로 돌연변이를 했다. 이것은 전적으로 새로운 진화이며 오래된 종교들에게는 엄청난 도전이었다. 많은 종교들이 적응하지 못하고 복음주의 운동에 많은 신도들을 빼앗기게 되었다.

오늘날 활동하고 있는 휴스턴의 조엘 오스틴(신도 수 3만 명), 캘리포니아 새들백 교회의 릭 워런(신도 수 2만 2천 명), 시카고 윌로우 크리크 교회의 빌 하이벨스(신도 수 1만 9천5백 명)와 같은 벡터들은 강력한 바이러스적 유대감을 이끌어내는 죄의식, 두려움과 더불어 '아주 만족스러운 상태'를 만들어내는 뛰어난 기술을 갖추고 있다. 이러한 기술은 인적 자원을 효과적으로 개발하고 어린이들을 감염시키는 데 적용된다. 이런 교회들은 대부분 종파에 속하지 않거나 침례교파와 같이 느슨하게 연합된 종파의 일원으로 활동하고 있다. 이처럼 특정한 종파에 가입하지 않는 것은 지난 4백 년간의 개신교 역사에서 뚜렷하게 벗어난 것이다. 바이러스는 이제 역사적인 도약과 함께 전혀 새로운 형

> 신앙은 당신에게 답을 주지 않는다. 다만 질문을 멈추게 할 뿐이다. – 프레이터 라버스
>
> 복음주의는 종교라는 가면을 쓴 일련의 개인 숭배이다. – 프랭크 세퍼, 전 복음주의 전도사

태를 갖추게 되었다.

이제부터, 지원과 번식을 위한 공동체를 만들어내고 개인들에게 갓 바이러스를 깊이 심어넣는 감성적으로 충만한 숭배의식을 만들어내기 위해 슈퍼 벡터들이 활용하는 특별한 방법들을 살펴보기로 하자.

최면술적인 감염 기술

초대형 교회의 예배에서는 특정한 분위기와 반응을 이끌어내도록 고안된 다양한 템포의 음악을 사용한다. 활기에 찬 카리스마적인 지도자들이 있으며 단체 참여의 수준이 매우 높다. 이 복음주의적 바이러스는 감성적인 집단 경험을 통해 소속감과 초월감을 만들어낸다. 지도자들은 '찬양 예배'의 틀 안에서 커다란 기쁨과 두려움과 죄의식을 불러일으키도록 고안된 복잡한 심리적인 기술들을 활용한다. 아주 많은 수의 복음주의 교회들이 오순절파이기도 하다. 오순절파 바이러스는 집단과 개인의 황홀경을 유도하는 데 중점을 두는 한층 감성적인 면모를 지니고 있다. 이에 따라 현대의 복음주의 전도사들도 집단 최면, 황홀경 유도 그리고 최면 후의 암시와 같은 기술들을 활용한다.

이러한 기술들은 록 콘서트와 흡사한 예배의식을 통해 자기부정과 죄의식으로부터 구원되기를 원하는 사람들을 바이러스에 의지하도록 만든다. 전도사들은 노래와 몸짓, 단체 행동과 율동을 활용하여, 참가자들이 초월된 것처럼 느끼는 경험을 만들어내기 위해 대규모 군중심리라는 자연적인 힘을 사용한다.

최면술과 명상법에 대한 연구 결과는 이러한 기술들이 고통을 줄여주고 도취감을 이끌어내고 변형된 의식 상태를 만들어낸다는 것을 증명한다. 이렇게 증명된 효과는 명상법이나 최면술을 적당히 익힌 사람들도 이끌어낼 수 있다. 이러한 상태는 스포츠 경기나 음악 공연 혹은 정치 집회 등에서도 만들어질 수 있지만, 교회라는 환경에서는 그것이 영적 경험으로 쉽사리 잘못 받아들여질 수 있다. 특출한 복음주의 목회자들은 수십 년 동안 이러한 기술들을 연구해왔으며 대중의 감정에 호소하는 기술을 완벽하게 익히고 있다.

음악과 바이러스

전염시키기 위해 끊임없이 노력하는 과정에서 생물학적 바이러스들은 다양한 도구들을 활용한다. 갓 바이러스들도 이와 비슷하다. 지난 수천 년 동안 대단히 효과적인 것으로 증명된 도구들이 있다. 그것들 중에는 설교 중의 음악과 노래, 특정한 감정들을 불러일으키는 연상 언어, 우화와 이야기 들 등이 포함되어 있다. 주변의 문화가 진화해가면서 바이러스도 이러한 기초적인 도구들을 전혀 다르게 활용하거나 새로운 도구들을 만들어내야만 했다. 음악은 바이러스의 모든 도구들 중에서도 가장 효과적인 것이다. 종교와 관계없이 음악은 광범위한 생화학적 반응들을 만들어낼 수가 있다. 라디오에서 친숙한 노래를 들으면 기쁨, 슬픔, 사랑 혹은 성적 충동을 느낄 수도 있다. 특정한 노래를 들을 때마다 과거의 아련한 사랑이 기억 속에 떠오르기도 한다. 또 어떤 노래를 들으면 심장이 뛰고 애국심이 생기기도 한다.

헨델의 〈할렐루야〉 합창을 듣거나 부르면 거의 모든 사람들이 강렬한 감정을 갖게 된다. 언젠가 내 친구를 상대로 재미있는 실험을 한 적이 있었다. 나는 외국어로 부르는 매우 감동적인 찬가를 들려주고 나서 노래를 들을 때 어떤 느낌을 갖게 되었는지 물어보았다. 그는 자부심, 공격성, 단결 그리고 용기 등과 같은 단어들을 나열했다. 그 노래는 붉은군대 합창단이 부른 스탈린 시대의 군가였다. 제2차 세계대전 중에 병사들을 나치군에 맞서 나가 싸우도록 독려하기 위해 활용되던 곡이었다. 가사가 어떤 느낌을 더해주었을 수는 있겠지만, 음악 자체는 특정한 보편적 감정들을 불러일으키도록 작곡자가 절묘하게 구성한 것이다.

종교 관련 비디오나 온라인 설교 혹은 텔레비전의 복음전도사들을 보면, 언제나 말로 전달하는 메시지를 증폭시키거나 고양시키기 위해 음악을 활용하고 있다는 것을 알 수 있다. 설교 중에 중요한 순간이 되면 울려퍼지는 미묘하고 조용한 음악은 참석자들에게 잠재의식적이며 최면적인 메시지에 귀를 기울이도록 만든다. 또한 커다랗고 위압적인 음악은 행동과 목적을 향한 느낌을 만들어내기 위해 활용된다. 바이러스의 관점에서 관찰해보면 그러한 조작 기술을 명확하게 알아차릴 수 있다.

미국의 복음주의는 사람들의 마음을 열어 바이러스를 받아들일 준비를 시키기 위해 혹은 바이러스적인 반응들을 지원하고 강화하기 위해 세밀하게 다듬어진 음악을 갖추고 있다. 스탈린이 자신의 군대에게 전투를 준비시키고 투쟁심을 불러일으키기 위해 활용했던 것과 똑같은 도구인 것이다. 음악 프로그램의 구성은 매주 사람들에게 강한 감성적, 생화학적 활력을 불러일으킨다. 신도석에 앉아 있는 교인들은 엔돌핀이 밀려오는 느낌을 갖게 되며, 그러한 느낌과 감정을 영적 경험 혹은 신과의 교감이라고 쉽사리 오해해버린다. 사람들은 라디오에서 들려오는 사랑 노래를 신과의 교감이라고 해석하지는 않지만, 교회에서 일어나는 그와 똑같은 반응은 신과의 교감이라고 해석한다. 그것이야말로 벡터들의 의도인 것이다.

복음주의적 최면술

음악을 통해 일단 생화학적 반응이 만들어지게 되면, 청중은 음악을 다소 모호한 영적 방법으로 경험하게 된다. 이로써 그들은 벡터가 쏟아부어 넣기를 원하는 메시지들을 받아들일 준비가 된 것이다. 대부분의 경우, 감염된 사람들은 수용하기 쉬운 상태가 되므로 논리적이거나 비판적인 사고를 못 하게 된다. 이러한 과정을 겪고 있는 사람들은 일정한 조작이 개입되어 있다는 것을 인식하지 못하고 아무런 신경도 쓰지 않게 된다. 그들은 마약을 주사하기 위해 교회에 가서, 자기 자신과 바이러스에 대한 좋은 감정을 품고 돌아온다.

고등학교 시절 나는 '미래의 미국 의사들'이라는 단체에 소속되어 있었다. 매달 우리는 다양한 프로그램을 운영했다. 한번은 정신과 의사가 와서 최면술 시범을 보여주었다. 클럽의 회장이었던 앨빈은 절대로 최면에 빠지지 않는다고 철썩같이 믿고 있었다. 그 의사는 앨빈을 포함한 다섯 명의 지원자를 불러냈다. 5분간에 걸친 최면 과정에서 다섯 명 모두 동시에 최면에 걸리게 되었다. 최면에 걸려 있다는 것을 증명하기 위해 그 의사는 그들에게 자신의 강의가 끝날 때까지 두 팔을 앞으로 쭉 뻗고 있으라고 했다. 게다가 앨빈에게는 자리에 앉아 두 팔과 두 다리를 쭉 뻗고 있도록 했다. 20여 분이 지나자 의사는 천천히 다른 지원자들을 최면 후의 명령을 내려 깨어나게 했다. 그리고 앨빈은 맨 마지막으로 깨어나게 했다. 누구든 20분간 두 팔을 앞으로 내밀고 있기는 힘들어서, 대부분은 2~3분이면 한계를 느끼게 될 것이지만, 앨빈은 차분히 두 팔과 두 다리를 내뻗은 상태를 유지했다.

게다가 의사는 앨빈을 깨우기 전에 질문을 받을 때마다 코를 긁으라는 최면 후의 명령을 내렸다. 의사가 "네가 최면에 걸려 있다고 믿니?"라고 물었다. 앨빈은 자신의 코를 긁으면서 "절대 그렇지 않아요!"라고 대답했다. 폭소가 터져나왔다. 그러자 의사가 다시 "20분 동안 두 팔을 앞으로 쭉 뻗고 버틸 수 있다고 생각하니?"라고 물었다. 앨빈은 코를 긁으면서 "그렇게는 못할 것 같은데요."라고 대답했다. 다시 한번 큰웃음이 터져나왔다. 앨빈은 자신은 최면에 걸린 적이 없으며, 걸릴 수도 없다고 확신하며 그 자리를 떠났지만, 그 방에 있던 다른 사람들은 모두 그가 최면에 걸렸다는 걸 알고 있었다.

최면을 걸기 위해 꼭 정신과 의사가 있어야만 하는 것은 아니다. 훌륭한 많은 전도사들은 매주 일요일마다 확실하게 최면을 걸고 있다. 온라인을 뒤져보거나 텔레비전 전도사 혹은 지역의 복음주의 교회의 예배를 지켜보면 바로 확인할 수 있다. 펜과 종이를 준비해 그가 동일한 것을 동일한 박자로 두 번 이상을 반복해서 말하는 횟수를 기록해보면 된다. 박자에 맞춰 반복하는 것은 가장 효과적인 최면술 기술이다. 종교가 없는 사람일지라도 별다른 생각을 하지 않는 상태에서 그저 듣고만 있다면 이 기술이 가지고 있는 물리적인 효과를 알아차릴 수 있다. 자기 자신이 긴장을 푼 변화된 상태로 빠져들고 있다는 것을 알게 될 것이다. 일단 변화된 의식의 상태로 진입하게 되면 사람들은 헌금을 내고, 섹스에 대한 죄의식을 갖고, 미국 대통령에 반대하는 사람들을 미워하거나 낙태에 반대하는 출마자에게 투표하라는 등의 온갖 이야기들을 받아들일 수 있게 된다.

미국의 복음주의 종교들에 대해 집중적으로 살펴보고 있기는 하지만, 사실 모든 종교가 감염을 촉진시키기 위해 최면술적인 방법들을 활용하고 있다. 가톨릭과 동방정교회는 교구민들이 갓 바이러스를 잘 받아들이는 상태로 이끌기 위해 음악과 아로마 향까지 활용한 예배의식을 완벽하게 구현하고 있다. 이슬람교의 전도사들도 가톨릭과 동방정교회 그리고 복음주의교의 최면술적인 접근법을 적절히 뒤섞은 기술들을 활용하고 있다.

가톨릭의 수도사 집단은 지난 1천 4백 년 동안 최면술적인 기술들을 활용해왔다. 불교신자, 힌두교 신자, 미국 원주민 그리고 대부분의 다른 종교 구성원들은 갓 바이러스를 감염시키고 유지하기 위해 변화된 의식 상태가 지닌 영향력을 발견하고 활용해왔다.

메시지를 받고, 행동을 취하다

다음 구절들을 읽어보자.

예수께서 나를 사랑하신다는 것을 나는 알고 있으며…

신의 어머니이신 마리아를 찬양할 것이며…

전진하는 기독교 병사들이여…

나는 하느님을 믿습니다.

전지전능하신 아버지이시며 하늘과 땅의 창조주이시며…

하느님께서 이 세상을 너무도 사랑하사…

위와 같이 어떤 성경 구절을 읽다보면 머릿속으로 자신이 그 전체 문장을 외우고 있다는 것을 깨닫게 될 것이다. 그로 인해 어떤 기억들과 감정이 되살아나기도 한다. 이러한 문장들은 모두 어렸을 때 배웠던 것들이다. 그것이 어떤 의미인지는 정확히 모르지만, 마치 칫솔질을 배우는 것처럼 자연스럽게 배우게 된 것이다. 종교 감염에 있어 중요한 부분인 종교적인 상투어가 어떻게 작용하게 되는지 알아보기로 한다.

아침에 알람이 울리면 별다른 생각 없이도 이를 닦고, 샤워를 하면서 샴푸로 머리를 감는 등의 습관적인 행동을 한다. 그처럼 판에 박힌 일상은 대부분 매번 똑같은 순서로 정확하게 실행된다. 통장의 잔고를 적절하게 유지하거나 차를 몰고 회사로 가는 것과 같은 행동들도 마찬가지다. 어느 정도 복잡한 일들이기도 하지만 판에 박힌 일상은 너무나도 익숙해져 있어 많은 생각을 하지 않더라도 비교적 수월하게 처리할 수 있다.

하루 내내 우리는 판에 박힌 일상들을 겪는다. 언제나처럼 식사를 하거나 빨래를 하게 된다. 배우자의 잔소리를 듣고 습관적인 짜증을 낼 수도 있다. 라디오에서 어떤 노래를 듣게 될 때마다 습관적인 울적함을 느낄 수도 있다. 우리는 이러한 수백 가지의 일상을 겪으며 살고 있다. 일반적으로 그러한 습관적인 행위를 실행할 것인지는 스스로 결정할 수 있다. 예를 들어, 토요일만큼은 평일 아침의 일상적인 일들을 하지 않을 수 있다.

별다른 의식 없이도 할 수 있는 일상적인 일들도 있다. 자신의 칫솔질 방법에 대해 생각해보는 사람이 있을까? 직장으로 자동차를 몰고 가면서 자신의 운전법에 대해 얼마나 많이 생각해보았을까? 아침에 일어나 치르게 되는 습관적인 일들은 주로 부모님이 가르쳐주신 것이다. 이를 닦을 때마다 이러한 가르침에 대해 생각하지 않는다. 아무 생각 없이 이를 닦을 뿐이다. 일단 반복될 일상적인 일이 몸에 익고 나면 별다른 동기 없이도 자연스럽게 실행하게 된다.

외부적인 동기에 의해 촉발되는 습관적인 일들도 있다. 알람이 울리면 아침 일과를 실행하게 되며, 강아지가 낑낑거리면 언제나처럼 산책을 데리고 나가게 된다. 담배를 피우는 사람이라면 식사나 술을 마신 후 혹은 중요한 회의 전과 같은 일정한 자극에 의해 습관적인 흡연을 하게 된다. 그것을 어떻게 배웠는지에 대해서는 오래전에 잊었지만, 이제는 주변 환경이 그러한 습관적인 행위를 하게 만드는 것이다.

다음으로 갓 바이러스가 그러한 습관적인 행위를 어떻게 활용하고 있는지 살펴보자. 습관적인 행위는 감정적인 반응을 얻어내기 위해 마련된 것이다. 그 감정은 사랑이나 기쁨, 죄의식이나 자기 비하, 충만함이나 자부심과 같은 것이 될 수 있다. 어떤 감정이든 수년 동안 반복되고 나면 그것은 종종 우리 의식과는 관계없는 환경적인 자극과 깊이 관계를 맺게 된다. 교회 건물 속으로 걸어들어가는 행동 자체가 판에 박힌 어떤 행위를 불러일으키기도 한다. 칫솔질에 대해 생각을 하지 않게 되는 것처럼, 가톨릭교인들은 기도 후에 별다른 생각 없이 성호를 긋게 된다.

만약 철저하게 계획된 습관적인 행위에 대해 알아보고 싶다면 당신의 종교의식에 익숙하지 않는 사람을 교회로 초청해 관찰해보면 된다. 당신이 행복에 찬 태도로 예배를 드리고 있는 동안 그 사람은 마치 물 밖에 던져진 물고기처럼 허둥댈 것이다. 당신은 찬송가책을 들여다보지도 않고 찬송가를 부르겠지만 그 사람은 책을 뒤적거리면서 따라 부르기 위해 무척 노력을 해야 한다. 당신은 언제 자리에 앉고, 일어서고, 무릎을 꿇어야 하는지 알고 있지만 그 사람은 줄곧 어정쩡하게 따라한다.

이러한 습관적인 행위들은 은혜롭게 보이며 종종 기분을 좋게 한다. 바로 그것이 그들의 목적이다. 갓 바이러스들은 오래 전부터 특정한 감정적 반응들을 만들어내는 단순한 일상을 구성하고 자극하는 법을 알고 있었다. 뛰어난 벡터들은 의식들을 만들어내거나 수행하는 데 정통하다. 의식들은 특정한 갓 바이러스에게는 핵심적인 습관적 행위이다. 가톨릭의 습관적인 행위는 개신교와는 다르다. 그리고 두 종교의 것은 모두 모르몬교의 습관적인 행위와 전혀 다르다. 습관적인 행위는 특정한 종교를 위한 최대한의 종교적 경험을 만들어내기 위해 서로의 것을 기반으로 구축된 것이다.

자신이 다니는 교회와 전혀 다른 교회에 참석하게 되면 특별한 감정이 들지 않고 오히려 부정적인 감정이 생길 수도 있다. 그들의 습관적인 행위는 당신에게 익숙하지 않다. 예를 들어, 개신교도일 경우 묵주 기도를 외우는 것에서 아무런 의미도 찾을 수 없다. 무슬림은 '기독교 병사들이여 전진하라'를 듣게 되면 부정적인 감정이 강하게 일어날 것이다. 기독교인이라면 '오직 하나의 신만이 있으며, 마호메트는 그의 예언자이다'라는 구절에 그와 똑같은 부정적인 반응을 나타내게 될 것이다. 종교적인 습관은 특정한 종교에 감염된 사람들 사이에서만 우호적이며 긍정적인 감정들을 불러일으키기 위해 설계된다. 또한 종교는 다른 바이러스의 일상 행위로부터 부정적인 감정을 강하게 느끼도록 하기 위한 일상 행위들을 만들어낸다.

많은 습관적인 행위들이 어린 시절에 몸과 마음에 깊이 새겨지게 되며 쉽게 혹은 자주 변경되지 않는다. 이처럼 강력한 프로그램들은 대부분 의식하지 못하는 상태에서 익히게 되기 때문에 이성과 비판적인 분석을 뛰어넘는 감성적인 영향력을 발휘한다. 라디오에서 들려오는 어떤 노래나 어린 시절에 읽었던 시들이 일정한 반응을 촉발시킬 수 있는 것처럼, 갓 바이러스는 감염된 사람으로부터 매우 특별한 반응들을 불러일으키기 위해 고안된 일련의 습관적인 행위들을 촉발시킨다. 하지만 감염되지 않은 사람이라면 그들이 계획하고 의도한 대로 반응하지 않게 될 것이다.

하루하루 살아가면서 한 가지 습관적인 행위를 다른 것들과 연결시켜 놓으면 그다지 많은 생각을 하지 않고도 여러 가지 일들을 처리할 수 있

218

다. 머릿속으로 하루의 일정을 계획하면서도 아침의 습관적인 행위들을 모두 처리할 수 있다. 퇴근 후에 자동차를 몰고 집으로 돌아오면서 동시에 가족과의 저녁 식사 계획을 생각해볼 수 있다. 때로는 연결되어 있는 순서가 중요하기도 하다. 자동차를 운전하기 위해서는 행위의 순서를 지켜야 할 필요가 있다. 우선 차문을 열고, 좌석을 조정한 다음, 키를 넣어 시동을 걸고 주변을 살펴본 다음 기어를 넣고 운전을 시작해야 한다. 한 가지 혹은 그 이상의 단계를 순서대로 밟지 않게 되면 그 일을 처리가 어렵게 되거나 불가능하게 되며, 심지어는 위험해질 수도 있다.

종교들 역시 일정한 결과를 얻어내기 위해 일상적인 행위들을 한데 연결시킨다. 그러한 연결은 어린 시절부터 시작된다. 일반적으로 교리문답을 통해 사도신경을 배우면서 그와 동시에 일정한 감정적인 반응을 익히게 된다. 사도신경을 암송하면 겸손한 마음을 갖게 되고, 교회에 있으면 안도감을 느낀다. 그렇게 성장하면서, 충만한 종교적인 경험을 만들어내는 일상적인 행위들을 연결시켜 따르게 되는 것이다. 단순화된 한 가지 예를 들어보자.

1. 설교를 듣는다 – 죄의식을 느낀다.
2. 찬송가를 부른다 – 만족감을 느낀다.
3. 죄를 생각하면서 기도를 듣는다 – 죄의식을 느낀다.
4. 헌금을 내기 전에 찬송가를 부른다 – 헌금함을 본다.
5. 헌금함에 돈을 집어넣는다 – 만족감을 느낀다.

이러한 연결 행위들은 매주 똑같이 진행되고 아주 조금씩만 변형된다. 연결 행위가 효과적일 경우, 감염자들 간의 유대감을 깊게 하며 예배 참석을 통해 소중한 것을 얻은 것 같은 느낌을 만들어낸다.

주어진 연결 행위에 대한 평가 중의 한 가지는 교회에 얼마나 많은 돈을 끌어들였는가이다. 또 다른 것으로는 얼마나 많은 사람들이 제단에서 외치는 소리에 대답을 했는가이다. 기술이 좋은 벡터들은 항상 더 나은 결과들을 만들어낼 연결 순서에 대해 연구한다. 때로는 사람들이 어떤 연결 순서에 지루함을 느끼고 더 이상 반응하지 않게 된다. 예를 들어, 너무 자주 헌금을 요구하게 되면 바이러스의 조작 행위에 대해 경계심을 갖는 사람들이 생겨나게 된다. 제단에서 외칠 때 너무 많은 찬송가 구절은 감정적으로 조작된 것으로 느낄 수 있게 된다.

정기적으로 연결 행위들의 일부분을 조절할 필요는 있겠지만 성공적인 연결을 구성하는 최상의 방법들이 너무나도 많이 준비되어 있다. 그래서 헌금을 내라는 것으로 예배를 시작하는 교회는 거의 없는 것이다. 제단에서의 외침은 예배의 중간에 배치되지 않는다. 순서가 가장 중요하다. 연결 순서는 바이러스에게 더욱 확실하고 새롭게 헌신하도록 하며, 더 많은 자원을 공급하고 새로운 구성원들을 감염시킬 수 있도록 이끌어 줄 일련의 감정적인 반응들을 성취하도록 구성된다.

종교적 의식은 그 각각의 부분들이 어떤 감정을 일으키도록 계획되었는가를 살펴보는 것으로 분석해볼 수 있다. 각각의 구성 요소들은 다음의 구성 요소로 유도하는 반응을 만든다. 개인들을 바이러스에 더 가까이 다가가도록 연결하고 다른 사람들을 감염시키는 데 기꺼이 시간과 돈

220

을 바치도록 하는 전체적인 종교 경험을 만들어내기 위해 서로 긴밀하게 구성된다.

다음은 내가 참석해보았던 어느 근본주의 의식에 대한 간단한 분석이다.

1. 걸어 들어가는 동안 흐르는 조용한 음악 – 평화로운 느낌
2. 희망과 환희를 주제로 한 개회 노래 – 희망의 느낌
3. 죄악과 죄의식에 대한 노래 – 죄의식과 부끄러운 느낌
4. 구원에 대한 노래 – 희망으로 마무리되는 죄의식
5. 구원을 주제로 한 활발한 합창곡 – 희망의 느낌
6. 결혼과 관계에 대한 설교 – 죄의식과 자기부정의 느낌
7. 헌금함이 지나가기 전에 울리는 헌신에 대한 노래 – 헌금을 내야겠다는 느낌
8. 예배를 마무리하는 기쁨과 용서에 관한 활기에 찬 노래 – 기쁨과 희망의 느낌

참으로 대단한 감정적 롤러코스터가 아닐 수 없다. 참석해 있는 대부분의 사람들은 그 의식이 완벽한 종교적 경험을 구축하기 위해, 이러한 감정적인 반응

> 하나님을 크리스털 샹들리에와 마호가니 마루로 장식된 이 세상 최고의 건축물에 모셨다고 해서 내가 왜 사과를 해야만 하는 거지?
>
> – 지미 바커, 타락한 미국 최고의 복음주의자

들을 정확하게 이끌어도록 세심하게 설계된 것이라는 생각은 전혀 하지 않는다. 백 달러만큼 더 가난해진 채 교회를 떠나면서 그들은 그저 기분이 좋아졌다는 것을 알고 있을 뿐이다.

집단 심리

일가를 이룬 벡터들은 회중이 보다 더 몰두하고 더 많은 돈을 낼 수 있도록 자극하기 위해 일상적인 의식을 미세하게 조정하고 변형시킨다. 그들은 집단 역학과 집단 심리학의 전문가들로, 집단의 환경과 규모에 따라 순서와 구성 요소들을 조절한다. 집단의 크기와 밀도는 참가자들의 인식과 경험에 강력한 영향력을 끼친다. 축구 경기에서 관중석이 꽉 차 있으면 흥분의 정도가 더 높아지는 것과 마찬가지로, 신도석이 가득 찬 교회는 개인들의 경험을 한층 더 강렬하게 만든다. 이와 비슷하게 조그마한 방에서 열리는 기도 모임은 커다란 방에서 소규모로 모이는 것보다 더 강한 인상을 준다.

이러한 과정은 많은 사람들이 매우 매력적으로 받아들인다. 마약 없이도 일주일에 한 번씩 감정적으로 고양된 상태를 겪을 수 있는 곳이 어디 있을까? 자신이 저지른 잘못된 행동에 대한 죄의식을 다른 어디에서 줄일 수 있을까? 이처럼 제대로 작용하고 편안함을 제공하는 것은 없다. 스포츠 경기를 통해 커다란 기쁨을 느낄 수도 있겠지만 자신의 팀이 승리를 거두었을 경우에만 그럴 수 있다. 교회에서는 자신의 팀이 언제나 승리를 거두게 되어 있다.

사람들은 훌륭한 벡터가 만들어낼 수 있는 감정적인 경험을 얻기 위해 교회를 찾아간다. 그들은 자기부정에 맞서 교회를 찾아가 안도감과 정당함을 얻는다. 그들은 이 혼란스러운 세상에서 올바른 길을 알고 있는 집단에 속해 있음으로써 안전하다는 느낌을 얻는 것이다. 자신들이 느끼고 있는 죄로부터 면제되고 엔돌핀을 높이기 위해 교회를 찾는 것이다. 벡터는 사람들을 만족시켜 다시 찾아올 수 있도록 해주는 감정적인 경험을 만들어내기 위해 적절한 연결 행위들을 만들어 놓아야만 한다.

전체 조직을 효율적으로 안무하기 위해 슈퍼 벡터는 교회를 하나의 유기체로 봐야만 한다. 벡터들은 주된 구성원들에게 그 종교적 무도회에서 각자가 맡은 부분을 수행하는 방법을 가르친다. 그들은 연합된 목회자들과 합창단 지휘자, 장로들 그리고 집사들과 같은 교회의 핵심 단원들을 개별적으로 훈련시킨다. 그 과정은 교향악단을 지휘하는 것과 흡사하다. 일단 제대로 지시를 받은 이들 연주자들은 매주 예배의 감정적인 결말을 완수하기 위한 자신들의 기계적인 역할들을 완벽하게 수행할 수 있게 된다.

의식의 필요성을 절실하게 생각하는 사람들이 많은 것처럼 보인다. 효과적인 의식(판에 박힌 절차)을 만들어내는 것은 벡터가 새로운 숙주들을 사로잡고 감염시키는 데 도움을 준다. 잘 확립된 바이러스적인 일상 행위들과 잘 훈련된 숙주들로 가득 찬 단체는 목사에 의해 쉽게 관리되고 통제될 수 있다. 어떤 기계의 조작 버튼을 누르는 것처럼 능숙한 벡터는 전체 단체를 자신이 원하는 방식으로 정확하게 반응하도록 작동시킬 수 있다.

습관적 행위의 위험성

종교에서 습관적으로 행해지고 있는 관례들은 게놈 내의 개별적인 유전자와 같다. 유전자들은 일정한 단백질을 생산해내기 위해 통제되고 조작될 수 있다. 아주 높은 수준의 결과를 만들어내는 유전자들도 있다. 유전학계에는 1983년에 스위스 바젤 대학의 발터 야코프 게링과 블루밍턴에 있는 인디애나 대학의 에이미 와이너와 토머스 코프먼이 발견한 호메오박스라는 일군의 유전자들이 있다. 호메오박스 유전자들은 전체 구조를 만들어내기 위해 다른 유전자들이 일정한 연쇄작용을 일으키도록 선동하는 주된 유전자들이다. 어떤 유기체가 팔이나 다리 혹은 그 외의 주된 신체 구조를 만들어낼 때 호메오박스 유전자들이 개입한다. 팔과 다리를 만들어내기 위한 유전자들은 대부분의 시간 동안 조용히 있는데, 만약 그렇지 않으면 우리는 지네처럼 보이게 될 것이다. 간단히 말하자면, 호메오박스 유전자는 다리를 만드는 일련의 유전자들을 작동시키는 데 필요한 것이다. 그 작업이 완결되면 호메오박스 유전자는 그 과정을 중단시킨다.

종교적 벡터들은 호메오박스 유전자들처럼 전체 조직을 만들고 지휘하는 역할을 하지만, 습관적인 행위들이 갖춰져 있고 함께 일할 부하들이 있을 때만 그렇게 할 수 있다. 전체 조직을 조종하고 발전시키기 위해 벡터는 이미 확립된 습관적 행위에 익숙해진 회중이 있어야만 한다. 만약 습관적 행위가 확립되어 있지 않다면 반드시 만들어내야만 한다. 잘 관리된 조직을 떠넘겨 받은 벡터는 이미 실시되고 있는 습관적인 행위로 인해 많은 이득을 얻을 수 있다. 가톨릭 신부가 새로운 교구로 옮겨갔을 때 취하는 이득이 바로 그것이다. 습관적인 행위가 잘 정립되어 있기 때문에 가능한 것이다. 대형 교회와 같은 새로운 조직을 만들려고 한다면 슈퍼 벡터는 회중을 완벽하게 조종하는 데 필요한 습관적인 행위들을 만들어내는 데 수년이 필요하다. 그는 그 조직의 팔과 다리를 자라게 하는 것처럼 다른 사람들을 감염시키는 방법들을 가르쳐야만 한다.

일단 습관적인 행위들이 확립되면, 직책을 가진 목회자는 적절한 버튼만 누르면 된다. 그렇게 하는 것만으로도 수십 년간은 아니더라도 몇 년 동안은 그 조직을 효과적으로 조종할 수 있다. 그의 통제는 너무나도 강력해서 언제까지나 그 자리에 있을 수 있다. 강력한 감성적 경험을 촉발시키는 그의 능력은 너무나도 중독성이 강해서 사람들이 잠재적인 문제점들을 전혀 모르도록 할 수도 있다. 그는 투명 망토를 걸치고 살고 있는 것이다. 그가 하는 행동들과 처신은 사람들의 눈을 멀게 하는 바이러스의 능력에 의해 제대로 보여지지 않는다. 벡터의 기술이 뛰어날수록 좀 더 유능하게 숨기고 조작할 수 있게 된다. 지미 스왜거트, 지미 바커, 테드 해거드, 테리 폭스 또는 리처드 로버츠 혹은 수백 명의 소아 성애를 가진 신부나 목사들이 단 한 번의 실수로 명예를 실추했을 것이라고는 생각할 수 없다. 종교 집단을 운영할 수 있을 만큼 똑똑한 종교 지도자는 모두 잡히지 않을 수 있을 만큼 똑똑하다. 마침내 그들을 끄집어내리게 된 그 행위는 수십 년간 저질러졌을 것이 거의 확실하다. 많은 경우에 있어, 신부와 목사들이 수년간 부정한 행위에 개입되어 있었으며, 다른 사람들은 그것을 알고 있었지만 아무 조치도 취하지 않았다는 것은 분명하게 밝혀졌다. 감시하는 사람이 없다면 숨기는 것은 쉬운 일이다. 정의로

움과 권력의 환상이 만들어낸 능력이 지도자의 수많은 죄악을 덮어버린
것이다.

복음주의적 메타 바이러스

오늘날의 과학기술은 갓 바이러스들이 중앙의 통제로부터 자유롭게
벗어날 수 있도록 해주었다. 인터넷과 전자출판 그리고 대중매체는 모두
전통적인 종파나 단체라는 울타리 밖에서 전도를 할 수 있도록 만들어주
었다. 복음주의 바이러스는 다른 종교들을 감염시키고 과거에 서로 다투
던 집단들의 협력을 이끌어내는 능력이 있다. 다시 말해, 다른 바이러스
들과 협력을 통한 메타 기능을 갖추고 있다.

메타 바이러스는 이전에는 번식에 방해가 되었던 것들을 극복하고 있
다. 나사렛교회의 '찬양 예배'는 침례교, 비종파적인 교회 그리고 일부 좀
더 복음주의적인 가톨릭교회의 예배와 놀랄 만큼 흡사하다. 찬송가들은
더욱더 똑같다. 바이러스는 성공적으로 종파주의를 축소하거나 없애버
렸다. 그렇기 때문에 나사렛교파이면서도 제임스 돕슨과 같은 인물들이
광범위한 종교 단체들에 두루 호감을 살 수 있게 된 것이다.

또한 메타 바이러스는 침례교도, 나사렛교도 그리고 일부 가톨릭교도
까지도 이러한 새로운 돌연변이를 따르도록 만들었다. 불과 2~3백여 년
전에 전쟁을 시작하거나 서로를 박해하던 집단들이 이제는 복음주의적
감염을 통해 결합하고 있는 것이다.

다양한 교회에서 설파된 신학을 대략적으로 살펴보기만 해도 그들이

놀랄 만큼 비슷한 내용을 말하고 있다는 것을 알 수 있다. 한때 신학적으로 엄청난 차이를 보이던 각 종파들이 이제는 이처럼 종파적인 모습이 희석된 복음주의 교회로 혼입되고 있다. 대형 교회의 다수는 침례교에 속해 있지만 그 나머지는 대부분 느슨하게 연합된 비종파적인 교회들이다. 침례교 종파에 소속된 대형 교회들은 남부 침례교 연합 내에서 엄청난 영향력을 발휘하고 있다. 바이러스 내에 자리 잡은 바이러스로, 이 메타 바이러스는 오래된 침례교 바이러스에 강력한 영향력을 끼치고 있다.

종파적인 대형 교회들이 자신들이 속한 종파보다 다른 대형 교회들과 더 많은 공통점을 갖고 있다는 것은 과거의 종파적인 바이러스들과는 달리 새롭고도 독립적인 변종이라는 것을 나타낸다. 그들 사이에 아무런 차이점도 없다는 것이 아니라 새로운 복음주의 갓 바이러스의 이익을 위해 종파를 중시하지 않는다는 것이다.

유전학적 용어로 말하자면, 그 바이러스는 이제 구태의연한 유전자들은 벗어던지고 뇌의 핵심적인 부분들만을 간직하고 있다는 것이다. 과거의 문화적 자산은 오늘날 전혀 필요하지 않다. 대부분의 찬송가들은 폐기되었으며 팝과 흡사한 음악으로 대체되었다.

권위를 내세우기 위한 전통적인 격식들은, 특히 복음주의 교회들에서, 이제 그다지 강조되지 않는다. 심지어 바이러스의 건물들은 불과 수십 년 전의 전통적인 교회 건축물과 비교했을 때 극도로 단순하고 천박하다. 대형 교회들은 종종 과거의 돌과 블록으로 지은 빌딩과는 전혀 다른 느낌을 주는 철강으로 건물을 짓는다. 그들은 유동성을 염두에 두고 건물을 짓는다. 신도들이 너무 많아지면 더욱 크고 새로운 건물을 지으려는 것이다. 20년 동안 세 번 이상 이사를 한 대형 교회들도 있으니 건물에 공들여 치장을 할 필요가 없는 것이다.

더 나아가 교의적인 문제들은 최소한으로 축소되었지만 더욱 강하게 지켜지고 있다. 이 바이러스는 지극히 유동적이고 도시적으로 설계된 것이다. 이것은 몇 가지 결정적인 조항들로 집약한 한 쌍의 교의를 갖고 있다. 교회에 다니기 위해 길게 나열된 믿음들이 더 이상은 요구되지 않는다. 이것은 더욱 많은 사람들의 감염을 더욱 쉽게 만들어준다. 신도들 앞에서의 신앙고백과 예수를 개인적인 수호신으로 받아들인다는 것이 가장 중요한 요구 사항이다. 일종의 물세례를 요구하는 곳도 많다. 감염된 사람들은 더 이상 사도신경이나 처녀 수태와 성경 무오류와 같이 오래 지켜온 교의에 대한 믿음의 고백을 암기하고 낭송하라는 요구를 받지 않는다. 이러한 것들이 암묵적인 믿음이지만 더 이상 개종이나 구원을 위해 요구되지는 않는다. 일단 개종을 하게 되면, 새롭게 감염된 사람들은 곧 자신들이 들었던 것보다는 훨씬 많은 믿음들이 있다는 것을 알게 된다. 원죄, 일정한 형태의 창조론, 삼위일체, 낙태 반대, 개종 권유의 필요성과 같은 많은 것들을 알게 되는 것이다. 복음주의적 접근법은 이것이다. "간단한 신앙고백으로 문 안으로 들어오게 한 후, 갓 바이러스의 진정한 믿음들을 가르쳐라."

복음주의에 감염된 사람들은 한 세기 이전의 바이러스에 감염된 사람들만큼이나, 혹은 그들보다 더 맹목적이다. 복음주의 바이러스는 효과적으로 거품을 만들어내고 감염된 사람들은 그것을 통해 세상을 바라보게 된다. 이 바이러스적인 거품은 모순적인 정보들은 모두 배제시키고 복음주의자들에게 놀라운 생각들을 갖게 한다. 세상이 갑작스러운 종말을 맞이하게 되며, 아마겟돈을 탈출하는 사람들에게 알래스카가 피난처가 될 것이며, 하느님이 선택한 사람들로서 미국인의 특별한 지위, 이 세상을 지배하고 다른 모든 종교들을 복속시킬 기독교의 권리, 지구의 나이는 6천 년이며, 노아는 방주에 공룡들을 태웠으며, 예수가 십자가에서 처형될 때 예루살렘에 있던 수백 개의 무덤들이 열렸으며 죽은 자들이 그 주변을 걸어다녔다는 (그것을 쓴 마태 외에는 아무도 알아차리지 못했다.) 것과 같은 생각을 갖게 되는 것이다.

'개인적'이라는 효과적인 단어

복음주의 바이러스에게 있어 효과적인 단어는 구세주가 아닌 '개인적'이라는 단어다. 새로운 복음주의가 거둔 엄청난 성과는 공동의 형식에서 보다 개인주의적인 형식으로 분화되었다는 점에서 나왔다. 복음주의자들은 문화나 마을 혹은 출생 지역과는 관계없이 개인들은 감염시킬 수 있도록 감성적이며 생화학적인 경험을 교묘하게 준비하고 있다. 이것은 바이러스에게 전례 없는 유동성을 제공한다. 지금까지 살펴보았듯이 개인적인 경험에 집중한다는 것은 음악과 설교와 성경공부와 같은 도구들로 특정한 공동체와 관계없이 의기양양함과 죄의식 그리고 두려움을 만들어내는 것을 의미한다. 이것은 자신들의 감염과 갓 바이러스 공동체의 일부가 된 것에 고마워하는 상태와 같은 황홀경을 만들어내기 위해 오랫동안 정립해온 의식과 신조 그리고 물리적 움직임들에 의존해온 성공회 혹은 가톨릭과는 전혀 다르다.

복음주의의 이중적인 메시지

복음주의 바이러스의 이중적인 메시지는 '신은 사랑이지만, 감염되지 않거나 온건한 사람들에게는 관용을 베풀지 않는다'는 것이다. 타협은 미덕이 아닌 것이다. 복음주의 바이러스에 감염된 사람들과 감염되지 않은 사람들 간의 차이점에 집중한다. 대부분의 복음주의 설교를 근거로 살펴보면, 복음주의자들은 자신들의 정당함과 신의 계획에 있어 자신들이 차지하고 있는 특별한 지위를 명확하게 확신하고 있다. 그와 동시에 그들 그룹에 속하기 위해서는 동성 결혼이거나 성서적 오류에 대한 반대와 같은 일정한 사회적, 정치적 믿음이 요구된다. 복음주의 바이러스는 바이러스의 순수성에 심하게 매달린다. 동의하지 않거나 오래된 바이러스들의 견해를 주장하는 사람들은 탄압을 받거나 부정한 사람으로서 제거된다.

1990년대에 있었던 침례교 신학교들의 추방과 그에 뒤이은 2001년의 남부 침례교 연합에서의 권력 통합은 감염시키고 정화하려는 새로운 바이러스의 위력을 보여주는 실례들이다. 복음주의 바이러스가 굳건히 자리 잡은 곳에서는 온건주의자들이 차지할 공간이 없다. 2006년에는 침례교 연합에서 두 번째로 오래된 교회를 포함한 19개의 교회들이 추방되었다. 그 교회들은 너무 온건하며 자유주의적인 단체들과 연계되어 있다는 비난을 받았던 것이다.

존재하지 않았던 역사를 찾는 사람들

아주 초창기의 테르툴리아누스, 오리게네스, 아우구스티누스 그리고 베네딕트에서부터 팻 로버트슨 혹은 제임스 해기에 이르기까지, 그들의 중심 주제는 이상적인 과거로 돌아가자는 요구와 더불어 늘 바이러스의 순결이었다. 성서로 돌아가자, 원시 기독 교회로 돌아가자, 예수가 설립했던 교회로 돌아가자는 것은 이 같은 이상적인 과거에 대한 객관적인 증거들이 있다는 것을 암시한다. 그들은 기독교가 순수했던 시절이 있었다고 믿는다. 신약성서를 통해 언급되어 있기는 해도 언제 어디에서 그랬다는 것인지는 전혀 제시되어 있지 않으며, 대략적으로 읽어보아도 사랑과 빛 그리고 순수만이 있었던 시절이 존재했었는지는 알 수가 없다. 바울의 편지들에서 알 수 있는 것만큼이나 디모데, 베드로, 요한을 비롯한 사람들은 여기 저기에 탈선한 부족들을 찾아다니며 이단을 구별해내고 순수함을 지켜내는데 온갖 노력을 기울이고 있다. 기독교가 시작될 때부터 기본적인 교리에 대한 동의는 전혀 없었다. 기독교 바이러스의 발생기 때부터 새로운 변종들이 많이 생겨났던 것이다. 초기 3천 년 동안 순수한 기독교가 존재했던 때는 한 번도 없었던 셈이다. 그 대신 경쟁하는 수십 가지의 바이러스들이 있었다. 결국 몇몇 바이러스가 승리를 거두었고, 밀려난 다른 것들은 지하로 숨어들거나, 소멸되었으며 혹은 다른 형태를 갖추고 존속했다.

기독교나 힌두 혹은 이슬람교에 관계없이, 모든 근본주의 종교들은 한결같이 전혀 존재하지 않았던 과거에 집중한다. 역사에 대한 비판적인 검토를 금지하고 현재의 사건들에 대한 인식 역시 교묘하게 덧칠하는 것은 매우 효과적인 방법이다. 전혀 존재하지 않았던 무언가를 재창조하기 위해 노력하고 있을 때, 명확한 시각으로 앞날을 내다보는 것은 어려운 일이다. 오늘날 많은 근본주의 이슬람 종파들이 자신들의 종교가 순수했던 시절로 돌아가기 위해 노력하고 있다. 당연하게도 순수에 대한 그들 각자의 정의는 엄청나게 다를 수 있으며 그로 인해 시아파는 수니파를 적대시하고, 알 카에다는 수니파와 시아파를 적대시하면서 이슬람 내부의 전쟁과 갈등이 지속되는 것이다.

기독교 복음주의 바이러스는 매우 강력해서 감염된 사람들이 기독교의 시초에 대한 그 어떤 탐문에도 침묵을 지키도록 만든다. 신약성서가 마구잡이식으로 만들어진 것에 대해서는 아무런 관심도 없다. 신약의 거의 모든 책에서 드러나는 엄청난 모순들에 대해서는 연구해볼 필요도 없다. 가톨릭에 의해 사라져버린 니케아회의 이전의 신부들이 벌였던 신학 논쟁들 혹은 초기 교회의 그 밖의 믿음들에 대해서는 아무런 관심도 없다. 마치 과거의 일들은 전혀 일어나지 않았던 것만 같다. 한번은 완전하게 감염된, 매우 훌륭한 교육을 받은 한 의사가 내게 이렇게 말했다.

"내가 알고 있는 것은 모두 주일학교와 교회 그리고 성서에서 배운 것입니다. 다른 것들은 배울 필요가 없어요."

지난 수년 동안 나는 역사에 깊은 관심을 갖고 있는, 지성적이지만 바이러스에 감염된 친구들과 많은 대화를 나누었다. 그들은 프랑스혁명의 원인, 제1차 세계대전이 유럽에 끼친 경제적인 영향 혹은 고대 사회의 문화 등에 대해서는 몇 시간 동안 토론을 벌이지만, 2~3세기 무렵의 초기 교회의 역사에 대해 물어보면 제대로 모르고 있거나 관심을 갖지 않는다. 그들이 믿는 종교의 역사에서 가장 중요한 시기들 중의 하나에 대해서도 아무런 관심이 없는 것처럼 보인다.

그렇다면 무엇이 이들처럼 학식이 있고 호기심 많은 사람들을 너무나도 명확하게 중요한 일에 대해 아무런 관심을 갖지 않도록 만들었던 것일까? 바이러스가 위협이 될 수도 있는 일정한 범주에 대한 호기심과 의문을 효과적으로 차단했던 것이다. 하지만 똑같은 그 인물들은 만약 혼란스러웠던 이슬람교의 초창기에 대한 질문을 받게 되면, 세계와 역사에 대한 이슬람의 견해에서 드러나는 허점들을 즉시 지적해낼 것이다. 그들이 기독교가 겪었던 그와 유사한 초창기에 대한 이해를 할 것이라고는 전혀 기대할 수 없을 것처럼 보인다.

문화 전쟁

오늘날 벌어지고 있는 이른바 문화 전쟁은 사실 문화와 관련된 전쟁이 아니다. 종교가 문화와 결합을 시도하면서 벌어지는 갈등인 것이다. 서구의 문화는 일정한 기간 동안 전반적으로 종교와 결합되지 않고 있었다. 종교와 밀접하게 관계를 맺고 있었던 이슬람 국가들과는 달리 미국의 문화는 종교와는 독립적으로 발달해왔다. 문화가 독립적으로 발달하는 한 바이러스는 생존에 있어 지속적인 도전에 마주치게 된다. 문화를 완전히 장악했을 때 제공받을 수 있는 안전한 안식처가 없는 것이다.

문화와 결합하지 못한 갓 바이러스의 딜레마를 단순한 비교를 통해 명확히 설명할 수 있다. 아프가니스탄의 마을에서 이슬람교는 그 기반이 얼마나 탄탄할까? 뉴욕에서 기독교는 그 기반이 얼마나 탄탄할까? 이슬람교는 가까운 시일 내에는 아프가니스탄에서 쫓겨나지 않을 것이지만 뉴욕에서 활동중인 갓 바이러스는 한결같이 기반이 빈약하다. 복음주의 바이러스는 바로 이러한 문제에 대한 해결책으로서 이전의 갓 바이러스가 전혀 시도해보지 못했던 일을 시도하고 있다. 즉 미국의 정치·문화적 구조를 손아귀에 넣으려 하고 있는 것이다.

얽어내려는 압력은 언제나 현존하고 있다. 일단 바이러스가 문화에 하나의 갈고리를 걸칠 수 있다면 더욱 많은 올가미를 던질 방법을 확보하게 된 것이다. 그런 갈고리 중의 하나는 성서의 구절들을 학급 내에서 읽도록 만들기 위해 학교에 기도를 공식적으로 부활시키는 것이다. 그것을 통해 학교를 종교적 가르침을 위한 기반으로 삼을 수 있게 된다. 종교에 얽매인 문화는 곧 갓 바이러스에 감염되지 않은 사람들에게는 억압적이며 유독한 장소가 되고 만다.

캐리와 복음주의

이번 장을 캐리와 그녀가 감염되었던 심각한 복음주의에 관한 이야기로 시작했다. 캐리는 새로운 복음주의에서 안도감과 위로를 받았던 수백만 명 중의 한 명일 뿐이다. 우리가 논의했던 음악, 기도 모임, 집단 최면과 같은 도구들은 캐리와 그녀의 가족을 진정시키고 의심을 지워주는 역할을 했다. 그녀 자신은 감염을 확인하고 성공적으로 벗어났지만 가족과 친구들은 그렇게 하지 못했다. 이제 캐리는 갓 바이러스에 기반을 두지 않은 다른 관계들을 만들어내기 위해 노력하고 있다. 자녀들 중의 한 명은 종교를 포기할 정도는 아니지만 그녀의 입장을 지지했다. 다른 자녀는 줄곧 자신의 어머니와 거리를 두었으며 대화하기를 꺼려했다.

또한 캐리는 가장 친한 친구들 중의 한 명이 자신을 지지할 뿐만 아니라 책을 읽으면서 자신의 종교적 감염을 점검해보기 시작했다고 한다. 그 두 사람은 이제 일요일 아침에 교회를 가는 대신 산책을 하며 토론을 한다고 한다. 그녀는 이렇게 말한다.

"그것이 시간을 훨씬 더 유익하고 보람 있게 활용하는 방법이에요. 그리고 소중한 친구와 더 가까워질 수 있게 해주었죠. 우리의 관계에서 신과 관련된 것들이 더 이상은 영향을 끼치지 않는다는 걸 알 수 있어요. 우리는 종교로 인한 혼란스러움을 느끼지 않는 사람으로서 서로 좋은 관계를 맺고 있어요."

제 8 장

지성과 성격 그리고 갓 바이러스

대부분의 사람들은 생각을 하기보다는 기꺼이 죽으려 한다.
실제로 그들은 그렇게 하고 있다.

– 버트런드 러셀

유신론자와 비유신론자 사이의 차이점에는 어떤 것이 있을까? 종교가 노리는 사람은 누구이며, 그 방법을 조명해줄 수 있는 과학적인 연구 결과에는 어떤 것이 있을까? 근본주의가 부상하고 있는 현재의 분위기에서 우리들과 같은 비유신론자들이 어떻게 하면 종교가 우리 자신은 물론 타인들에게 끼치는 영향에 대해 이성적으로 토론하고 규명할 수 있을까?

●●●

지성 그리고 호기심

1999년 《사이언티픽 아메리카》誌에 게재된 보고서는 일반인의 90%가 개인적으로 신과 사후세계를 믿는다고 밝혔다. 학사 수준의 과학도 중에서는 오직 40%만이 그러한 믿음을 갖고 있으며 저명한 과학자들의 90%는 신이나 사후에 대한 믿음이 없는 것으로 나타났다. 적어도 과학계에서만큼은 보다 지능이 높고 교육을 많이 받을수록 종교적인 믿음은 약했다. 《네이처》誌에 게재된 또 다른 연구에서는 전미 과학 아카데미 회원의 72%는 철저한 무신론자이고, 21%는 불가지론자이며, 오직 7%만이 개인적으로 신을 믿는다고 인정했다.

하지만 어쩌면 이것은 단지 과학자들의 특징일 수 있다. 과학계를 벗어난 일반인들의 경우에는 종교성과 지능 간에 어떤 관계가 있는 것일까? 덴마크의 오르후스 대학의 지능 연구가인 헬무트 뉘보르 교수는 종교성과 지능에 관한 연구에서 7천 명을 대상으로 한 표본조사에서 무신론자의 아이큐가 종교인들에 비해 평균 5.8포인트가 더 높은 것으로 산정했다. 그의 연구 결과는 당연히 논쟁을 불러일으켰지만 똑같은 조건의 재조사에서 아무런 오류가 없다는 것이 밝혀졌다. 《프리 인콰이어리》誌

에 게재된 논문에서는 1927년 이후로 IQ와 종교성에 대한 31건의 상이한 연구가 실시되었으며, 모든 연구 결과는 종교성과 지능 간의 부정적인 상관관계가 있다고 밝히고 있다. 그리고 동일한 조건의 재조사에서 종교성이 지능을 높여준다는 것을 나타내는 결과는 전혀 없었다. 사실, 그와는 정반대의 효과가 있는 것으로 보인다. 즉, 상대적으로 지성적인 사람들의 지능이 종교성의 확립으로 인해 억압받거나 혹은 방해를 받는다는 가설을 세울 수도 있는 것이다.

이것은 민감한 문제이므로 먼저 명확하게 해둘 것이 있다. 지적인 사람들의 종교성은 유일신에서부터 비유일신에 이르기까지 광범위하게 분포되어 있다. 내가 주장하려는 것은, 지능은 패턴 인식과 매우 깊은 관계가 있다는 점이다. 보다 지적인 사람들은 덜 지적인 사람들보다 패턴을 보다 쉽게 파악하고 보다 효과적으로 그것에 따라 행동한다. 덜 지적인 사람들은 패턴 —일관되지 못한 것들, 모순들 그리고 명백한 조작 등—을 명확하게 파악하지 못하기 때문에 종교에 보다 쉽사리 감염된다. 또한 일단 감염되고 나면 그것으로부터 벗어나는 데 더 많은 어려움을 겪는다. 동시에 평균적인 지능을 지닌 사람은 비판적인 분석을 위한 도구들을 갖추고 있거나 어린 시절에 감염되지 않았다면 종종 성인으로서 감염되는 것을 피할 수 있다.

대부분의 경우 지성과 비판적 사고는 교회의 문앞에서 사라지는 것으로 보인다. 몇 년 동안 교회를 다니고 또 가르치면서 나는 기본적인 문제들이 1273년에 토머스 아퀴나스가 《신학 대전Summa Theologica》을 작성할 때 혹은 400년대 초에 아우구스티누스가 《신의 도시City of God》를 집필하던 때와 거의 다르지 않다는 것을 알게 되었다. 기독교의 교의와 관련된 것에서는, '하늘 아래 새로운 것은 전혀 없다(전도서 1:9~14).' 상대적으로 지적인 사람들이 매주 일요일마다 모여 그 어느 때보다 더

> 내 기억이 맞다면, 복음서에는 지성을 칭송하는 단어는 하나도 없다.   – 버트런드 러셀
>
> ───────
>
> 진실을 찾으려는 사람들이 진리를 찾았다고 생각하는 사람들보다 훨씬 더 존중을 받는다.
>
>   – 테리 프랫처

열심히 지적이지 않은 문제를 이해하기 위해 애쓰는 것보다 더 안쓰러운 일은 없는 것 같다.

지적 능력은 미국에서 종교성의 차이점을 설명해줄 수 있는 한 가지 요소이겠지만, 생각해봐야 할 문제들이 더 있다.

종교 감염에서 성격은 어떤 역할을 할까?

생물학적 바이러스들은 세포막을 열어 감염시키기 위해 다양한 전략을 활용한다. 인체가 특정한 전략에 맞서 방어를 펼친다면 바이러스에 감염되지 않을 것이다. 하지만 인체가 방어할 준비를 갖추지 못한 전략을 펼치는 바이러스가 있을 수도 있다. 그런 경우에는 감염되고 말 것이다.

성격은 사람들이 종교에 감염되는 방법으로 그와 비슷한 역할을 하는 것으로 보인다. 그러나 그 상관관계가 명확하지는 않다. 성격 유형에 따

> 무언가를 믿는 사람들을 설득할 수는 없다. 그들의 믿음은 증거가 아닌 믿으려는 고질적인 필요성에 근거하고 있기 때문이다.
>
> - 칼 세이건

라 일정한 갓 바이러스에 쉽게 공략될 수도 있고 그렇지 않을 수도 있다. 특별한 형태의 종교에 쉽게 감염되지만 다른 종교에는 감염되지 않는 특징을 지닌 성격도 있다. 심리적으로나 환경적으로나 불안정한 사춘기의 청소년들은 가장 쉽게 끌어들일 수 있는 대상이다. 청년들 역시 감염을 거부할 만한 지적인 도구들을 제대로 갖추지 못하고 있다. 종교가 그들의 자연스러운 두려움과 걱정을 해결해준다면 성격과 관계없이 감염으로 이어질 수 있다.

영원한 저주로부터 구원을 약속하는 종교들은 두려워하거나 걱정이 많은 타입의 사람들을 보다 쉽게 끌어들일 수 있다. 두려움에 근거한 전략을 거부하는 사람들은 뉴에이지 종교 혹은 퀘이커교를 찾으려 할 것이다. 환생 혹은 '신과 함께하는 사람'이 되는 것은 긍정적인 확신을 추구하는 사람들에게 매력적인 미끼가 될 수 있다. 근본주의 교회들은 모호한 것을 참지 못하고 '옳고 그름'과 '좋고 나쁨' 그리고 '흑과 백'을 가리는 태도를 가진 사람들을 끌어모으는 것으로 보인다.

성격이 결정적인 조건은 아니다

두려움이 많다거나 확실한 것을 필요로 하는 성격들이 바이러스에게 좋은 미끼이기는 하지만, 그 '미끼'가 100%의 성공률을 보장하는 것은 아니다. 그것은 상대적으로 손쉬운 일부 감염대상자일 뿐이다. 특질이 그리 많지 않은 지능과는 달리 개인의 성격에는 많은 특질들이 있다. 그렇기 때문에 감염시키는 데 있어 보다 많고 다양한 기회들이 있다. 50년이 넘는 시간 동안의 연구에서 성격과 종교성 간의 상관관계가 명확하게 증명되지는 않았지만, 흥미로운 경향이 있다는 것은 밝혀졌다. 종교성과 거짓말 측정 점수 사이의 긍정적인 상호 관계를 밝혀낸 연구 결과들이 있다. 죄의식이 세 가지 형태의 종교성과 가장 깊은 관계가 있다는 것을 밝혀낸 연구 결과들도 있다.

두 가지의 실례가 이것을 명확히 설명해줄 수 있을 것이다. 중국어를 사용하는 환경에서 자란 어린이는 성격과는 관계없이 중국어를 유창하게 하게 된다. 언어습득과 성격은 아무런 관계가 없다. 이와 마찬가지로 다양한 보드게임을 즐기는 가정에서 자란 어린이는 평생 보드게임에 친밀감을 느끼며 살게 될 것이다. 종교적인 가정에서 태어난 어린이는 그 가족의 종교에 감염되기 쉽다. 성격이 아니라 자라는 동안 직접적인 환경에서 어떤 종류의 바이러스에 더 많이 노출되어 있었는지가 보다 중요하다. 이것은 죄의식이나 걱정, 근심이 종교성에 영향을 끼치지 않는다는 것이 아니라, 영향을 끼치기는 하겠지만 아주 미미할 정도라는 것이다. 비종교적인 사람들도 그들만큼의 죄의식과 걱정을 가질 수 있다.

갓 바이러스가 침투하여 번식할 수 있는 사람도 있고 그렇게 하지 못하는 사람도 있다. 단순하게 말해서 그 대상은 지성적인 사람이 될 수도 있고, 모순과 조작을 짚어낼 수 있는 사람이 될 수도 있는 것이다. 바이러스의 경우도 그렇다. 어릴 때부터 훈련을 받고 죄의식을 느끼는 사람들을 더 잘 감염시키는 특정한 갓 바이러스가 있을 수 있고, 남들에게 인정받기를 간절히 원하는 사람들을 감염시키는 바이러스도 있다.

하지만 문제는 '성격의 어떤 특징이 사람을 종교적으로 만드는 것일까?'가 아니다. 오히려 '주변 환경에 어떤 형태의 바이러스가 존재하고 있으며, 그 환경 속에 있는 사람의 성격에 어떻게 작용을 하는가?'이다. 생물학적으로 설명하자면, 만약 감기 바이러스가 없다면 감기에는 걸릴 수가 없다. 또한 다른 사람에게 감염되어 있는 바이러스가 당신의 세포를 열고 효과적으로 전염시킬 수 없다면, 감기에 걸리지 않는다.

만약 당신이 여호와의 증인 바이러스에 노출되지 않는다면, 혹은 그 바이러스를 거부할 만한 지적 도구들을 가지고 있다면 감염될 수 없을 것이다. 서구 세계의 사람들은 매우 다양한 형태의 갓 바이러스에 노출되어 있다. 대부분의 경우 어린 시절에 노출된 단 한 가지 바이러스에 평생 감염된다.

그러므로 '종교 감염에 있어 성격은 어떤 역할을 할까?'라는 질문에 대한 답변은, 바이러스가 특정한 개인 안으로 들어갈 수 있는 올바른 열쇠를 가지고 있을 때 성격이 일정한 역할을 한다는 것이 된다. 종교의 위력을 이해하기 위해 더욱 적절한 질문은 '한 개인 안에 침투하기 위해 종교는 어떤 열쇠들을 활용할까?'이다. 생물학적 바이러스들은 세포를 열고 감염시키기 위한 열쇠들을 진화시켰다. 이와 비슷하게 종교는 사람들의 마음을 열고 감염시키기 위해 감성적인 열쇠들을 활용한다. 천연두의 감염 경로들을 알 수 있는 것처럼, 종교를 바이러스라고 보는 것은 종교의 감염 경로들에 집중할 수 있도록 해준다. 천연두의 감염 경로를 이해하게 되면 그것의 치료법 혹은 차단 방법들을 알아낼 수 있다. 종교의 감염 경로를 이해하는 것도 그와 마찬가지의 효과가 있다. 그렇게 하

> 당신은 천상의 목소리가 제공하는 준비된 안내를 선택할 수 있다. 당신이 결정하지 않기로 선택했다면 그것 역시 선택인 것이다. 당신은 당신을 죽일 수도 있는 실체가 없는 공포와 친절로 인해 선택할 수도 있다. 나는 명확한 길을 선택할 것이다. 나는 자유의지를 선택할 것이다.　　　 – 러시 (자유의지)

면 성격에 대한 관심 대신 감염 전략들에 관심을 갖게 된다.

권위와 성격

개들은 유전적으로 무리의 우두머리인 알파 수컷을 따르도록 프로그래밍되어 있다. 그래서 개들은 훌륭한 애완동물이 될 수 있는 것이다. 일단 주인을 무리의 우두머리로 받아들이게 되면 순순히 따르고 복종한다. 인간들은 개와 똑같지는 않지만 지도자를 따르려는 강한 성향을 갖고 있다. 인간은 이러한 성향을 수천 년 동안 잘 가꾸어왔다. 그로 인해 사냥 모임을 조직하고 집단 방어와 공격 전략을 개발했으며 회사와 정부 조직을 만들어냈다.

지도자를 따르려는 욕구는 보호와 안전의 필요성에 의해 비롯된 것이기도 하다. 한 명의 지도자 밑에서 협력을 하면 혼자일 때보다 훨씬 더 확실하게 안전을 보장받을 수 있다. 이러한 성향은 1960년대의 스탠리

밀그램이 실험을 통해 확인했던 것처럼 인간들 대부분이 기본적으로 갖추고 있는 것으로 볼 수 있다. 밀그램은 보통의 성인들이 권위적인 인물의 영향력하에서 파괴적이지는 않지만 위험한 행위들을 실행할 수 있는지 알아보기 위한 실험을 했다. 그의 가장 유명한 실험 중에는 흰색 코트를 입은 권위적인 인물이 추종자들에게 지시를 내리는 것이 있다. 그 권위적인 인물은 참가자들로 하여금 누군가에게 강한 전기 충격을 가하도록 지시하는데, 밀그램이 실시했던 유명한 실험들에 대해 상세하게 설명할 필요는 없겠지만, 실험에 참가한 성인의 60%가 명령에 복종했다는 것은 밝혀야겠다. 450볼트의 전기 충격을 가하라는 지시를 받은 사람들은 상대방이 멈춰달라며 울부짖었음에도 불구하고 그대로 실시했다. 그의 책 《권위에 복종하다Obedience to Authority》는 지도자를 따르는 역학에 대해 그 이전이나 이후의 거의 모든 연구 결과보다 더 확실한 통찰력을 제공한다. 그의 책은 많은 사람들이 비판적인 분석 없이 권위에 반응한다는 것을 확실하게 보여준다.

종교적 벡터들은 권위적인 인물의 역할을 수행하는 데에는 전문가들이다. 그들의 발언은 강력한 신념을 담고 있으며 권력의 모든 장식들을 동원하고 있다. 그 벡터가 길게 늘어뜨린 예복을 입고 향을 피우고 상징물을 들고 있는 가톨릭 신부이든, 수천 명의 신자들과 장엄한 찬송가들에 둘러싸인 대형 교회의 복음주의 전도사이든 관계없이 그 결과는 안전하다는 생각과 적대적인 세상에 맞서는 힘으로 나타난다.

한 개인의 성격적인 특성에 관계없이 두려움과 안전에 대한 필요는 바이러스가 당신을 감염시키기 위해 활용하는 열쇠이다. 그것이 바로 성공

246

적인 벡터들이 자유자재로 저주와 지옥과 사탄 그리고 악마의 두려움을 활용하는 이유이다. 벡터가 잠재적인 숙주에게서 충분히 두려움을 이끌어낼 수 있다면 감염이 가능해진다. 논리와 이성은 멈춘다. 두려움과 안전의 필요성이 전도사가 제공하는 구원과 보호를 추구하도록 밀어붙이는 것이다.

대부분의 사람들은 이러한 종류의 조작에 대한 자신들의 반응을 의식하지 못한다. 그들은 단지 목회자가 불러일으킨 불안정과 테러 그리고 두려움을 느낄 뿐이며, 예수 혹은 알라가 자신들을 구원할 수 있다는 말을 들으며 구원받았다는 느낌을 갖게 되는 것이다. 다시 한번, 인기있는 복음주의 전도사들을 꼼꼼히 관찰해보기로 하자. 그들은 두려움을 불러일으키거나 때로는 테러를 떠올리게 하는 단어를 사용해 기도를 한다. 최종적으로 그는 구원을 통한 안전을 제공하지만 오로지 자신만의 특정한 바이러스 내에서만 그렇게 될 수 있다고 말한다. 이슬람교, 모르몬교, 침례교, 가톨릭을 비롯한 대부분의 성공적인 바이러스들은 이와 똑같은 공식을 활용한다.

우호적인 환경

제1장에서 논의했듯이, 생물학적 바이러스와 기생충 들 중에는 숙주의 뇌나 내장을 변형시키고, 숙주보다는 기생충에게 이익이 되는 직접적인 행동을 지시한다. 갓 바이러스도 이와 똑같은 힘을 가지고 있다. 어느한 개인의 성격적 특성과 관계없이 일단 감염을 시키고 나면 바이러스는

그의 정신을 특정한 종교에 우호적인 상태로 만들기 시작한다. 잠재적인 위험이 되는 부분은 구조적으로 차단하고 그 종교를 지지하는 생각과 행위 들을 고양시킨다. 예배의식, 성서 구절의 반복, 기도, 찬송가 그리고 무릎을 꿇고 하는 기도와 같은 육체적인 태도 등은 모두 숙주로 하여금 감염된 것에 대해 거듭해서 만족감을 느끼도록 하며 바이러스에게는 안전한 장소를 만들어낸다.

이것을 좀 더 확실하게 이해하고 싶다면, 가톨릭 신자에게 무슬림처럼 매트 위에 엎드려 땅을 바라보며 기도하거나, 무슬림에게 무릎을 꿇고 '우리의 아버지'라고 기도할 것을 요청해보면 된다. 또는 침례교인에게 교회에 들어서기 전에 성호를 그어보도록 요청해보면 된다. 중요한 것은 이러한 의식들이 모두 특정한 바이러스의 형식을 강화하기 위해 고안된 것이라는 점이다. 그들의 종교에서 거행하는 예배 형식이 아니기 때문에 이러한 요청에 대해 만족할 사람은 아무도 없을 것이다.

희생자에게 다가가는 법

갓 바이러스는 제일 먼저 사람들에게 어떻게 접근하는 것일까? 나는 젊은 목사와 전도사, 주일학교 교사와 특히 '반항적인' 어린이나 청소년을 담당하는 상담사들을 관찰했다. '반항적인' 어린이는 대부분 생각을 매우 명확하게 하기 때문에 감염된 성인들의 종교적인 주장들을 피해가고는 한다. 이제 이러한 상호작용을 세포 안으로 침투하려는 바이러스의 입장에서 살펴보기로 하자.

젊은 목회자(벡터)는 관찰하고 들어주고 탐색하는 질문들을 던진다. 질문 내용은 종종 그 어린이의 생활에서 중요한 어떤 것에 대해 감정적으로 흥분시키거나 혼란스럽게 만들기 위한 것으로 구성되어 있다. 벡터는 약점을 찾아내기 위해 어린이의 여러 가지 문제점들을 탐색한다. 약점을 찾아내면 다른 질문들은 모두 제쳐두고 그것만을 집중적으로 파고든다.

"너를 대하는 엄마의 태도 때문에 아주 화가 많이 나 있는 것 같구나. 그 문제에 대해 우리가 함께 기도를 하면 예수님께서 어떻게 해야 할지 도움을 주실 수도 있을 거야."

충분한 탐색을 거친 후, 벡터는 약점을 찾아내고 그의 종교가 희망이 될 것이라고 제시한다. 화가 나 있던 그 어린이는 설득되어 안정을 찾게 되고, 기도를 통해 기분이 훨씬 더 좋아지게 된다. 이런 정도의 긴장 완화는 잘 마련된 명상 방법으로도 충분히 만들어낼 수 있는 것이지만, 어린이는 새롭게 느끼게 된 평안과 위안을 예수가 실제로 도움을 줄 수 있다는 것으로 해석하게 된다.

이제 침입하는 단계로 들어선 바이러스는 그 아이를 감염된 집단 내에서 기도와 찬송과 같은 예배의식을 치르도록 이끌어 좋은 기분을 반복해서 느끼도록 하고, 예수가 더 나은 기분을 느끼게 하는 데 도움을 줄 수 있을 것이라는 생각을 강하게 갖도록 만든다. 결국 어느 정도 명확하게 사고를 하던 똑똑한 어린이는 더 이상 저항을 하지 않게 된다. 얼마 지나지 않아 애초에 그 어린이가 품고 있던 이성적이고 논리적인 반박들은 더 이상 적절하지 않은 것이 된다. 비판적 사고를 희생시켜 초월과 구원의 느낌이 논리를 대신하게 된다. 그리고 감염으로 인해 판단은 방해를 받고, 탐구심은 고갈되며, 평생 동안 의문은 억제된다.

어떤 종교이든 모든 벡터들의 감염 경로는 이와 비슷하다. 그들은 한결같이 약한 부분을 감정적으로 공략한 후 갓 바이러스를 희망으로 제시한다. 그 심리적인 기술들은 일반적으로 구제받았다는 느낌을 제공하여 감정 상태에 변화를 일으킨다. 만약 학교의 상담실에서 이와 똑같은 기술들을 활용해도 어린이는 예수를 떠올리지 않고도 그와 똑같은 반응을 경험할 수 있게 될 것이다. 그저 안도감을 느끼고 앞으로 어떻게 해야 할지를 생각해볼 수 있을 것이다.

목회자 상담을 통한 감염

목사와 신부 들을 애정이 없고 속임수를 쓴다고 단정짓는 것은 불공정한 일이다. 여전히 아주 많은 목회자들이 사람들을 돕겠다는 강한 열망을 갖고 애정을 쏟고 있다. 나는 한때 목사들과 군목들에게 상담 기술을 훈련시키는 일을 했던 적이 있다. 참가자들은 대부분 사람들을 돕는 것에 깊은 관심을 보였다. 그들은 어려운 문제들을 들어주고 조언을 하는 데 아주 많은 시간을 쏟았다. 하지만 그들은 세속의 상담가나 좋은 친구들은 꺼내 놓지 않는 도구를 상담에 활용한다. 목회자들이 제시하는 특별한 그것은 바로 갓 바이러스다. 이러한 이유 때문에 목사와 신부 혹은 군목의 상담은 비판을 받아야만 한다. 감정적인 혼란이나 고민거리들은 감염과 갓 바이러스를 강화시키는 데 최고의 기회가 되기 때문이다. 목회자도 세속의 상담가들이 갖추고 있는 기술들을 가질 수도 있지만, 그의 봉급은 갓 바이러스로부터 나오며 그것이 최우선적인 벡터이다.

목회 상담가들은 문제의 근본적인 요소들보다 사람들의 삶에서 신의 손을 먼저 본다. 그들의 도움은 현실을 왜곡하는 종교라는 요술 거울을 거쳐 제공되며, 감정적이며 문제를 복잡하게 만드는 느낌과 생각들을 만들어낸다. 목회자들은 가장 심하게 감염된 사람들이며, 숙주를 감염시키는 데에 잘 훈련되었다. 그들은 필연적으로 상담을 받는 사람들의 약점을 찾아낸다. 그들이 감염시킬 수 있는 기회를 지나칠 것이라고 기대할 수 없다. 그들이 과연 상담받는 사람에게 가장 훌륭한 조언과 갓 바이러스에게 가장 좋은 조언을 구분할 수 있을까?

이런 시나리오를 상상해보자. 어떤 젊은이가 문제에 대해 상담을 하기 위해 목사나 신부의 사무실을 찾아왔다. 그의 걱정거리는 사업 동업자를 속임으로써 얻은 죄의식이다. 대부분의 목회자들은 "이건 종교적인 문제가 아니라 개인 간의 문제다. 그러니 신성과 관계없이 해결책을 찾아야 한다"고 생각하지 않는다. 그들이 받았던 훈련에 따르자면, 그 젊은이가 느끼는 죄의식을 갓 바이러스를 개입시킬 기회로 삼고, 구원은 신에게서 찾을 수 있다고 알리는 것이다. 이러한 유혹을 거부할 수 있는 잘 훈련된 종교 상담가도 있지만, 갓 바이러스의 개입을 피할 수 있는 훈련이나 성향을 가진 목회자들은 거의 없다.

동업자를 속이는 것은 종교적인 문제가 아니라 도덕성과 관련된 문제이다. 도덕적인 문제는 갓 바이러스를 개입시키지 않고도 해결할 수 있다. 일반적으로는 그렇게 하고 있다. 갓 바이러스에 감염된 사람들만이 그런 문제를 종교적인 조건으로 짜 맞추려 생각한다. 다양한 직업들이

도덕적인 규약을 갖추고 있다. 의사나 회계사, 심리학자, 노동자, 사서, 언론인 그리고 부동산 전문가 등 모든 직업에는 종교와 관계없는 도덕적 규약이 있다. 모든 인간 사회에는 그 문화의 지배적인 종교와는 무관하게 행동에 관한 도덕률이 있다. 문화가 종교적으로 변화된다 해도 행위에 관한 도덕률은 대부분 지속된다. 아랍의 문화적 전통은 마호메트보다 훨씬 이전부터 존재해왔다. 결혼과 자녀 양육 그리고 예배의식들은 단순히 그의 새로운 종교에 맞게 개조된 것이다. 앞으로도 계속해서 종교는 예배의식을 변경하고 사회적인 계약에 영향을 끼칠 것이다. 하지만 그것은 오직 바이러스의 전파를 증가시키기 위해서다.

공공의 도덕률은 종교에 근거하지 않고 사회적 계약에 따른다. 위의 예에서 그 젊은이는 자신의 동업자와 맺은 사회적 계약인 신뢰를 깨뜨렸다. 그의 죄의식을 해소하려면, 관계를 회복하기 위한 최선의 행동들을 결정하고 실행 가능한 사업적 해결책의 재정립을 도와주어야 한다. 왜 신을 끌어들일 필요가 있는 것일까? 갓 바이러스를 개입시키는 것은 신이 죄의식과 구원 그리고 문제 해결에 어느 정도의 책임이 있다는 환상을 만들어낸다. 일단 갓 바이러스와 관계된 것이라는 확신을 갖고 나면, 그 젊은이는 이러한 시련을 극복하고 자신의 죄를 용서해주는 데 도움을 준 예수에게 감사하고 부채감을 느끼면서 한층 더 그 바이러스에 얽매이게 될 것이다.

비유신론자와 갓 바이러스

비유신론자를 종교인과 구분시켜주는 것은 주로 갓 바이러스에 감염되지 않았다는 사실이다. 많은 사람들이 어린 시절부터 종교에 노출되기 때문에, 어쩌면 우리는 여전히 신앙의 찌꺼기를 지니고 있을 것이다. 단지 감염되어 있지만, 종교의 조작술들을 확인할 능력이 있는 것이다.

종교적인 사람들은 자신들이 비유신론자보다 더 명확하게 본다고 상상하려는 경향이 있다. 종교인들은 신의 손에 의해 실현되는 기적을 볼 수 있으며, 자신들 내면에서 신의 능력을 느낄 수 있다고 말한다. 그들은 우리가 보거나 느끼지 못하는 많은 것들을 보고 느끼는 것처럼 보인다. 비유신론자가 훌륭한 행위를 했다고 인정할 때도 기독교가 비신자보다 더 우월하다는 설교를 수없이 한다. 그들의 말을 믿도록 하기 위해 상대방이 본래 자기의 생각에 의심을 품기 시작할 때까지 거듭해서 그렇게 말하며 공을 들인다.

종교의 조작술과 모순을 볼 수 있는 사람들은 신앙과 우리 주변의 종교인들의 행동에 대해 너그럽게 받아들이지 않는다. 일반적인 것은 아니어도 비유신론자 공동체 내에는 이러한 경향이 있다. 나 자신도 때때로 그런 행동을 보이고는 한다. 나의 친척들 중에는 모든 대화에 신을 끌어들이는 사람들이 많이 있다. 어느 친척에게서 받은 크리스마스 편지에는 일곱 개의 단락 내에서 신과 예수, 교회 등등의 표현이 일곱 번이나 사용되었다. 그들의 신은 가장 평범한 행사에도 자주 출몰한다. 가끔은 침묵을 지키고 있는 것이 힘들기도 하지만, 논쟁을 하거나 모순점들을 지적하는 것은 방어적인 상황만 만들어낼 뿐이다. 누군가가 방어적인 태도를 갖게 되면 대화는 더 이상 가능하지 않다. 방어적인 사람들은 상대방의 말을 들을 수 없기 때문에 배우거나 변화할 수 없다. 방어적인 태도는 이성적인 토론과 변화를 이끌어내는 데 도움이 되지 않는다. 자의식을 갖는다는 것은 우리 자신뿐만이 아니라 타인들이 우리에게 반응하는 방식에 대해 관찰하는 것을 배운다는 의미도 있다. 사람들은 우리의 충격을 반영한다.

바이러스는 우리와 같은 사람들에 대해서는 방어적이도록 설계되었다. 우리가 감염된 사람들을 몰아세울수록 그들은 더욱 깊게 몸을 숨긴다. 종교는 가까운 시일 내에 사라지지 않을 것이다. 우리와 같은 비유신론자들은 감염된 사람들이 방어적이거나 몸을 숨기지 않도록 효과적으로 소통할 수 있는 방법을 익혀야 한다. 그러기 위해서 무엇보다 가장 중요한 것은 우리 자신의 방어적인 태도를 인식하는 것이다. 무엇이 우리의 반감을 사는 것일까? 무엇이 우리를 화나고 짜증나게 만드는가? 무엇이 우리의 독선을 끄집어내는 것일까?

조심스럽게 전투를 선택하고 신뢰와 솔직함으로 토론을 하기 위한 환경을 만들기 위해 노력한다. 바이러스는 위협이 될 수 있는 모든 것에 대해서는 맹목적이도록 만들기 때문에 감염된 사람들은 자신들의 감염

> 무신론은 단순히 신들이 존재하지 않는다거나 종교는 실수이자 사기라는 것을 아는 것 이상의 일이다. 무신론은 하나의 태도로서, 언제나 모든 것이 자연의 일부분이라는 것을 이해하기 위해 노력하면서 이 세상을 객관적으로, 두려움 없이 바라보는 정신의 틀이다.
>
> – 칼 세이건

을 보거나 느낄 수 없다는 것을 늘 명심하고 있어야 한다.

차분하게 기다리며 그 사람들의 반응에 집중해야 한다. 방어적인 태도를 만들어낼 수 있는 도발적인 일들은 피해야 한다. 방어적인 태도를 갖출 조짐이 보인다면 토론을 멈추거나 보다 덜 위협적인 주제로 바꾸도록 한다. 상대를 인정하고 대화를 유지한다면, 작은 문제에 대한 토론을 오랫동안 이어갈 수 있다. 단 한 번의 토론으로 상대방으로 하여금 감염되었다는 생각을 갖도록 만들려고 한다면 일반적으로 역효과가 일어난다.

비이성적인 문화에서 이성적으로 산다는 것

이성적인 태도를 유지하는 것보다 감염된 사람들과 그들의 종교를 벗어난 대화를 하는 것이 더 중요하다. 우리는 종교를 위한 복음주의자들이 아니다. 우리는 바이러스로부터 벗어나 우리의 삶을 살고 싶어 하는 이성주의자들이다.

스스로에게 진실되게 살아가는 것은 우리의 자녀들과 이 세상에게 줄 수 있는 가장 훌륭한 선물이다. 최근의 사회적 발전은 바이러스로부터 자유로워진 사회가 어떤 모습으로 전개될지를 보여주는 좋은 기회이다. 현재의 통계에 따르자면 미국 인구의 9% 정도가 비유일신자이며 그보다 많은 사람들이 스스로를 비종교인이라고 생각하는 것으로 나타났다. 또 다른 표본조사에서는 '비종교인'이 전 세계 인구의 16%에 달하는 것으로 나타났다. 만약 비종교인, 세속주의자, 인본주의자, 불가지론자, 무신론자 들의 집단을 하나의 종교라고 생각한다면 이 세계에서 세 번째로 커다란 규모인 것이다.

우리는 종종 권력을 쥐기도 하고 지도자로서의 역할을 맡기도 한다. 이러한 상황을 종교인들에게 보여주는 것은 비유신론도 소중한 선택이 될 수 있다는 것을 알리는 기회가 될 수 있다. 단순히 비유신론자라는 것을 드러내는 것은, 그 자체로 모든 종류의 갓 바이러스들에게는 위협이 된다.

나의 경우 비유신론의 감정적, 철학적 파급 효과를 완벽하게 이해하는 데 몇 해는 걸렸던 것 같다. 모두들 나와 비슷할 것이라고 생각한다. 일단 자신들이 평생 동안 바이러스가 짜 놓은 대로 살아왔다는 것을 인식하게 되면 사람들은 매우 심한 감정적 갈등을 겪게 된다. "평생 동안 종교에 묶여 바보처럼 살아왔다"라고 말하는 데에는 커다란 용기가 필요하다. 가톨릭에서 벗어난 많은 사람들이 '제정신을 회복중인 가톨릭 신도'라는 농담을 한다. 그 말은 보통 그들이 어린 시절부터 푹 빠져들어 있던 수많은 가톨릭적 죄의식을 대처하고 제거하는 방법을 배우고 있는 중이라는 의미이다. 이와 같은 방식으로 비유신론자들은 "나는 지금 종교로부터 회복중입니다"라고 말하기도 한다. 두 가지 경우 모두 어린 시절부터 익혀온 뿌리 깊은 종교를 극복중이라는 의미이다.

비유신론자가 된다는 것은 지적인 결정이지만, 인정과 승인과 안전의 필요성과 같은 강력한 감정들에 대한 대처를 포함한다. 종교는 당신의 인생에 있어 이러한 감정적 관문들과 연결되어 있다. 이러한 욕구들이 일단 바이러스에 의해 충족되어왔다는 것을 인식하기 위해서는 많은 시간과 자기 진단이 필요하며 이제는 전혀 다른 방식으로 대처해야만 한다.

제 9 장

THE GOD VIRUS

갓 바이러스와 함께 살기

신앙은 종종 너무 게을러 연구를 못 하는 사람들의 허풍이다.

– F. M. 놀스

우리들 중 상당수는 심하게 감염되어 있는 형제나, 친척, 친구 들과 중요한 관계를 맺고 있다. 많은 경우에 있어 이러한 관계는 갓 바이러스의 활동에 의해 팽팽한 긴장 상태에 놓여 있다. 우리가 하는 행위는 그러한 문제를 악화시킬 수 있다. 이번 장에서는 그처럼 감염된 사람들과 보다 더 생산적으로 살기 위해 무엇을 할 수 있는가에 대해 살펴보기로 한다.

・・・

근본주의의 공격과 분노

갓 바이러스는 전파에 몰두하며 자신의 우월함에 대한 도전을 경계한다. 공격적인 태도를 유지하는 것은 생존에 중요하다. 종교가 공격적인 날카로움을 잃으면 좀 더 공격적인 다른 종교들에게 뒤지기 시작한다. 미국 내의 주류였던 개신교가 쇠퇴한 것은 그들의 공격성은 줄어든 반면에 경쟁하는 종교 단체들의 공격성이 늘어난 결과이다. 최선의 개종 프로그램을 갖추고 있는 종교가 가장 번성하는 것이다.

개종: 공격이 최선의 방어

현재 종교계의 분위기로 보자면 대부분의 종교들은 세속주의를 직접적인 위협으로 보고 있다. 그래서 종교 단체들은 대부분 세속주의자, 무신론자, 인본주의자 그리고 과감히 종교에 도전하는 사람들에 대해 공격적인 태도를 취해왔다. 세속적인 세계관에 대한 공격성은 모든 유형의 근본주의자들에게 있어 신자를 모으는 가장 중요한 수단이다. 세속주의는 악마를 대체하는 새로운 대상이다. 설교대에 선 목사가 '세속적 인본

> 종교광의 미덕은 모든 것을 설명할 능력을 갖추고 있다는 점이다. 일단 신(혹은 사탄)이 운명적인 세상에서 일어나는 모든 일들의 첫 번째 원인이라고 받아들이게 되면, 우연히 일어날 수 있는 일은 아무것도 없다. … 논리는 기꺼이 창밖으로 내다버릴 수 있게 된다.
>
> ‒ 스티븐 킹

주의자'를 언급할 때, 그것은 거의 언제나 갓 바이러스를 부정하려는 사람들을 향해 던진 날카로운 창인 것이다.

기독교 전문 서점을 가보면, 세속적인 세상에서 살아가는 법, 구원받지 못한 배우자와 사는 법 그리고 친구와 친척 들을 개종시키는 법을 다룬 책들을 쉽사리 발견할 수 있다. 갓 바이러스는 언제나 자신들의 영역을 보호하고 확장하는 것에 관심을 기울이고 있으며, 그들의 책에는 그러한 내용 외에는 아무것도 없다.

무신론자에 대한 근본주의자의 견해

바이러스의 입장에서 무신론자에게 악담을 퍼붓는 목회자의 이야기는 무척 흥미진진할 것이다. 나는 진화나 줄기세포 연구, 빅뱅 이론, 지질학적 시기 등등을 믿는 사람들을 공격하며, 천박하고 빈정거리는 어투로 무신론자를 언급하는 목회자들의 설교를 많이 들어보았다. 그들은 절대로 이러한 개념들의 과학적 토대에 대한 토론은 시도하지 않는다. 그럴 필요가 없는 것이다. 바이러스는 설교를 듣는 사람들의 뇌에서 토론을 담당하는 부분까지 감염시켰기 때문에 그 어떤 논리나 과학도 침범할 수 없다. 바이러스의 입장에서는 완벽한 방어인 셈이다. 게다가 감염으로 인해 감정적인 틈새가 만들어졌기에 벡터는 바이러스적인 생각들을 마음껏 퍼부어넣을 수 있다. 다음은 최근에 있었던 복음주의 설교를 있는 그대로 인용한 것이다.

하느님은 여러분이 순결하기를 원하십니다. 그렇기에 여러분이 콘돔을 사용하는 걸 원치 않으십니다. 에이즈는 섹스를 통해 걸리는 것이 아니라, 죄를 통해 걸리는 것입니다. 사탄은 그리스도의 신성을 인정하며, 무신론자일지라도 그것을 부정할 수는 없습니다.

과학이 여러분을 구원할 수 없으며, 지식이 여러분을 구원할 수 없으며, 의학이 여러분을 구원할 수 없습니다. 오직 예수만이 여러분을 구원할 수 있습니다!

사탄은 여러분을 속이기 위해 공을 들이고 있습니다. 만약 여러분이 구원받았다고 생각하고 있다면 다시 한 번 생각해보십시오. 여러분이 구원받았다는 것을 알 수 있는 방법이 있지만, 거의 대부분은 주일학교 교사가 여러분이 구원받았다고 말했기 때문에 구원받았다고 생각하고 있습니다.

바이러스에 감염된 사람들은 바이러스가 원하는 것을 보고 듣는다. 기독교 광신도들은 무슬림이 보고 경험하는 기적들은 볼 수가 없다. 힌두나 크리슈나의 권능도 느낄 수 없다. 그들은 아메리카 원주민들이 경험했던, 자기 부족 사이를 오가는 위대한 영혼을 느낄 수 없다. 기독교인들은 힌두교인이나 무슬림교인 혹은 샤이엔족이 기독교의 종교적 경험들을 이해하지 못하는 것보다 더 자신들의 종교 영역 밖에 있는 것들을 이해하지 못한다. 일반적으로 그들은 자신들의 경험이 다른 종교에 속해 있는 사람들의 경험과 얼마나 유사한가를 알아차리지 못한다.

비유신론자로서 우리는 한 켠으로 물러서서 우리의 시각을 방해하는 바이러스성 렌즈 없이 많은 종교들에서 활동중인 바이러스를 관찰할 수 있다. 우리에게도 나름대로의 판단 장애가 있기는 하지만, 대개는 종교적이지 않은 것들이다. 그와는 반대로 광신도들은 비유신론자를 항상 바이러스성 렌즈를 통해 바라본다. 예를 들자면, 다음과 같은 말들이다.

- 무신론자와 세속적 인본주의자들은 지옥에 간다.
- 신을 믿지 않는 사람들은 신의 사랑을 알아차릴 수가 없다.
- 불가지론자들은 악마의 노예들이어서 모든 믿음을 가진 자들에게 의심을 품는다.

광신도들은 자신들만의 바이러스에 기대지 않고서는 비신자들에 대해 논의할 수 있는 언어가 전혀 없다. 그들은 대안적인 세상의 개념화를 가로막는 인지적 체제에 갇혀 있다.

성난 무신론자 혹은 성난 근본주의자?

유신론자들이 작성한 최근의 신문 기사나 기고문에는 '성난 무신론자'라는 표현이 심심치 않게 등장한다. 다들 샘 해리스와 리처드 도킨스, 빌 마허 그리고 줄리아 스위니가 성이 나 있다고 표현한다. 내가 보기에 그들은 상식적이고 즐거운 사람들이다. 오히려 유신론자들이 본 분노는 자신들이 비신자들에게 느끼는 분노가 반영된 것은 아닐까? 비신자들은 신앙에 근거해 화형을 하거나, 박해를 하거나, 취업을 막거나, 차별하지 않는다. 신자들이 비신자들에 대해 느끼는 분노는 강하며 가끔은 위험하기도 하다. 수 세기 동안 신자들의 분노는 박해와 고문, 차별 등등으로 명확히 드러났다. 종교가 강력한 사회에서는 예외 없이 자유사상가와 무신론자 그리고 불가지론자는 환영받지 못했다.

많은 설교들이 분노로 들끓는다. 세상의 현재 상태에 대해 말하는 정의로운 전도사보다 더 분노에 차 있는 사람은 없다. 팻 로버트슨, 폴 와셔, 제임스 해기, 제리 폴웰, 테드 해거드 혹은 제임스 돕슨의 얼굴을 근접 촬영해서 본다면, 그들의 표정과 목소리에서 분노를 알아차릴 수 있다. 그들의 미소는 부자연스럽고 경직되었다. 그들은 자신들이 싫어하는 사람을 묘사하면서 종종 빈정거리는 말투를 사용한다. 사용하는 어휘 중에는 언제나 전쟁을 연상케 하는 단어들이 등장한다. 가장 형식적인 몸짓으로 바이러스에 감염된 집단을 향해 보여줄 때 외에는 그들에게서 사랑이나 관용은 찾아보기 힘들다.

물론 광신도들이 정의로움을 분노라고 정의하지는 않지만 그들에게는 확연히 똑같은 의미인 것처럼 보인다. 특히 권위에 대한 도전이라고 판

> 무신론자들은 확실한 소득만 구하는 사람들
> 이다.   – 존 버컨

단될 때 그런 태도는 가장 극명하게 나타난다. 감염된 사람들은 이러한 태도가 부적절하며 병리학적 분노라는 것을 인지하지 못한다.

그들은 좋은 설교를 "형제들이여! 당연히 그렇게 될 것입니다. 그들에게 그렇게 전하세요"라고 말하는 것으로 여긴다. 많은 목회자들이 몸짓으로 끓어오르는 분노를 너무나도 당연하다는 듯이 드러낸다. 그들은 '우리는 세속적인 세상과 그들이 우리와 우리의 믿음을 대하는 방식에 대해 화를 내야만 한다'라는 태도를 보인다. 그들의 언어는 오사마 빈 라덴이나 아야톨라 호메이니의 언어와 거의 흡사하다. 분노는 근본주의의 우선적인 조건인 것이다.

한 가지 실험

이런 실험을 한번 해보기로 하자. 소리를 제거한 채 유명한 텔레비전 전도사를 관찰해보는 것이다. 특히 근접 촬영된 화면을 주의깊게 살펴보자. 전도사의 미소와 긴장된 입 주변, 목과 이마에 튀어나온 핏줄 등을 관찰하고 그들의 손 동작을 보면, 얼마나 자주 칼이나 무기를 들이대는 듯한 공격적인 몸짓을 보이는지 알아차릴 수 있다. 만약 이런 식으로 이야기를 하고 있는 사람을 커피숍에서 만난다면 그들의 행동이나 감정 상태가 어떻다고 생각하게 될까?

이제 볼륨을 높이고 그들의 말을 들어보자. 분노와 공격, 비난과 비아냥과 냉소를 불러일으키는 단어들이 들릴 것이다. 만약 나처럼 느꼈다면, 당신도 이렇게 결론을 내릴 것이다. "저 사람은 화가 단단히 나 있군."

만약 이러한 상황을 다른 종교에서도 확인해보고 싶다면 근본주의 무슬림 성직자를 대상으로 이 텔레비전 실험을 해보면 된다. 아랍어로 말을 하고 있다 해도, 정의로움으로 포장된 분노에 찬 몸짓을 명확하게 확인할 수 있을 것이다.

다음은 찰스 G. 피니가 작성한 설교문의 한 부분이다. 매우 혼란스러울 것이라는 걸 미리 알려두고 싶다. 여기에는 분노에 찬 전도사들에게서 종종 찾아볼 수 있는 논리가 담겨 있다. 그것은 감정적일 뿐 전혀 논리적이지 않다.

> 여러분도 알다시피, 두려움에는 두 가지가 있습니다. 먼저 주님에 대한 두려움입니다. 그것은 지혜의 시작이며 사랑에 기초합니다. 다음으로는 비열한 두려움이 있습니다. 그것은 단순히 악마를 두려워하는 매우 이기적인 것입니다. 이러한 종류의 두려움은 성경 속의 말씀을 전하는 사람들이 느낍니다. 일정한 예배를 드리지 않으면 여호와께서 심판을 내릴 것이라고 두려워하며, 그것이 바로 그분에게 기도를 올리는 이유가 됩니다. 이러한 두려움을 가진 사람은 지극히 이기적이며, 여호와를 숭배한다고 고백하면서 동시에 다른 신들을 사랑하고 섬깁니다.

매주 일요일마다 수없이 많은 설교들이 이런 식으로 전파된다. 이러한 설교는 사랑이나 자비 혹은 관용을 전혀 불러일으키지 못한다. 그저 두려움을 일으키기 위해 계획된 것이다. 논리는 전혀 없다. 이 구절뿐만 아니라 설교 전체에 오직 심판과 비난만이 있을 뿐이다. 설교문 전체를 읽어본다면, 우리와 같지 않거나, 우리만큼 정결하지 않거나, 우리만큼 신앙심이 깊지 않거나, 우리만큼 순종하지 않는 다른 사람들에 대해, 그리고 배교자가 된다면 우리의 일원이 될 수 없다는 것을 끊임없이 언급하고 있음을 금세 알아차릴 수 있다. 바이러스의 관점에서 이러한 설교들을 읽다보면 그 벡터가 무엇을 이루고자 하는지 훤히 알아차릴 수 있다.

매주 이런 사람들을 꾸준히 분노하게 만드는 것은 무엇일까? 신도석에 앉아 있는 사람들이 그것을 의식하지 못하게 하고 자연스럽게 받아들이도록 만드는 것은 과연 무엇일까? 분노에는 바이러스적인 기능이 있다. 그것은 두려움과 분노, 걱정 혹은 그 밖의 부정적인 감정 들을 불러일으키는 원시적인 대뇌변연계를 직접적으로 자극하도록 설계되어 있다.

우리가 파악한 바이러스의 패러다임을 따르자면, 모기는 피부에 구멍을 내어 피를 빨아들이면서 동시에 뇌염 바이러스나 그 밖의 병원균을 침투시킨다. 목회자들은 정의로운 분노와 두려움을 활용해 개인들의 방어 체계에 구멍을 낸 다음 바이러스의 관념들이 숙주로 잠입할 통로를 만든다. 그 목적은 '저항 혹은 회중으로부터 도주 반응'을 일으키기 위한 것이다. 그 결과로서 사람들은 공격받고 있는 단체에 소속되어 있다는 느낌을 갖게 된다. 성공적일 경우 목회자는 두 가지 일을 성취하게 된다. 첫째는 청중은 위협받고 있다고 느끼게 되며, 두 번째는 보다 안전하

고 보호받고 있다는 느낌을
갖기 위해 서로에게 좀 더
가까이 결합하게 된다는 것
이다.

> 근본주의는 종교와 관련된 것이 아니라 권력
> 과 관련된 것이다.　　　　　– 살만 루슈디

　이것은 지난 2천 년 동안
수백만 번의 설교에서 활용되어온 훌륭한 전략이다. 흥미로운 예로서,
조너선 에드워즈(1703~1758)의 '성난 하느님의 양손에 있는 죄인들'이라는
설교를 들 수 있다. 가장 자애로운 복음주의자 중의 한 사람으로 손꼽혔
던 빌리 그레이엄의 오래된 영상을 시청해보라. 모든 설교마다 그의 태
도에는 엄청난 분노가 드러나 있다. 혹은 근접 촬영된 테드 해거드의 얼
굴을 보라. 그건 단지 분노에 찬 얼굴일 뿐이다.

　모든 목회자들이 그처럼 분노하는 건 아니다. 대뇌변연계의 또 다른
부분을 공략하는 수정 교회의 로버트 슐러와 같은 예외도 있다. 저항 혹
은 도주의 반응을 일으키는 대신 그는 확신과 인정 그리고 안전의 필요
성이라는 구멍을 낸다. 생물학적 벡터들이 인체에 병원균을 침투시키는
아주 많은 방법들을 알고 있는 것처럼 갓 바이러스가 뇌 속에 침투하는
방법 역시 다양하다.

종교적으로 감염된 사람들과 교류하는 법

　만약 당신이 심하게 감염된 배우자, 부모, 자녀, 이웃 혹은 친구 들과
함께 생활하고 있다면, 그들은 근본적인 두려움을 갖고 있다는 것을 알

아야 한다. 그들은 절대 완쾌는 되지 않고 오직 치료만 해야 하는 질병처럼 거의 매일 감당해야 하는 깊고도 불안정한 두려움을 겪으며 살아간다. 제7장에 소개된 캐리의 이야기를 기억해보자. 그녀는 성경공부와 교회, 성가대, 주일학교, 기도회 그리고 종교 서적 읽기 등등을 통해 구원과 용서를 받으려 했다. 하지만 구원의 순간은 짧았고 두려움과 걱정만 더욱 커졌다. 구원은 종종 보잘것없는 의미를 동반한다. 그것은 효과적이지만 애매하고, 절대로 만족할 수 없다.

감염된 사람들의 이야기를 들어보라. 기쁨, 찬양 혹은 감사라는 말을 내뱉으면서도 얼굴과 몸짓에는 두려움과 불확실성, 거북스러움 그리고 종교로 사장한 분노가 드러나 있다. 자신에게 직접 말을 건네지 않는 신을 만족시키는 것은 쉽지 않다. 그리고 신이 실제로 말을 한다 해도 정확하게 알아들었는지 확신할 수도 없다. 그 신이 악마일 수도 있으며, 자기최면 혹은 잘못 이해한 것일 수도 있는 것이다. 테레사 수녀가 신의 이야기를 직접 들을 수 없었다면, 일요일 아침에 신도석에 앉아 있는 평범한 사람들이 어떻게 그런 희망을 가질 수 있단 말일까?

바이러스에 대한 분석을 통해, 감염된 사람들과 교류하는 데 있어 중요한 실마리를 찾을 수 있다. 광신도들은 자기 자신과 타인들에 대한 부정적인 말들을 지속적으로 듣는다. 그로 인해 그들 자신의 가치에 대해 확신하지 못하고, 심각한 의구심과 무엇보다 중요한 죄의식을 품게 된다. 심하게 감염된 사람들이 자신들의 신앙이 의심받을 때 예민해지고 분노까지 보이는 것은 그리 놀라운 일이 아니다. 그들은 벼랑 끝에서 살고 있다. 실수를 받아줄 만한 여유가 전혀 없다. 그들의 죄의식은 자신들이 언제든 구원을 받지 못할 수도 있다고 생각할 수 있을 만큼 엄청나게 크다. 그 함정은 개인이나 집단을 사로잡고 통제하는 데 있어 매우 정교하고 믿을 수 없을 만큼 효과적이다.

가장 중요한 것은 관계다

누군가와 의견이 다를 때, 우리는 상대방을 우리의 사고방식으로 전환시키기 위해 논쟁을 벌이곤 한다. 종교가 주제일 때 그런 전환 프로그램은 유별나게도 힘들게 작동한다. 얄궂게도, 비신자인 사람도 감염된 사람만큼이나 강력하게 시도한다. 감염된 사람이 비신자를 설득하려 노력하는 것만큼 비신자도 똑같이 그들을 개종시키려 노력한다는 것이다. 이러한 행위의 목적은 과연 무엇일까? 그렇게 하는 것이 관계를 더욱 좋게 만들어줄까? 그렇게 하면 개종을 시킬 수 있을까? 그렇지는 않다. 그것은 어쩌면 그 관계 내의 역학이나 자신의 불안정과 관계된 자존심이 유발시킨 행위일 것이다.

자신만의 개종 프로그램을 진행시키고자 한다면 신중해야 한다. 그들은 묵묵히 견뎌내지 못한다. 하지만 적절히 조절할 수는 있다. 그 어느 누구도 변하려 하지 않을 것이므로, 토론의 범위를 정해두고 관계를 최우선으로 생각해야 한다. 내게는 매우 종교적인 친구 한 명이 있다. 우리는 모든 종류의 주제를 두고 토론하는데, 둘 다 우리의 관계가 가장 중요하다는 것을 명확히 인식하고 있다. 그렇기에 우리는 개인적인 판단을 배제하고 서로의 이야기를 들을 수 있다. 그런 사전적 동의가 있었기 때문에 우리는 오랫동안 관계를 유지하고 서로에 대해 깊은 존경심을 품을 수 있게 되었다.

소통의 네 가지 원칙

첫째, 종교적인 사람과 소통을 할 때는 존중하는 태도를 가져야 한다. 좋은 관계를 만들고 유지하는 것이 목표이지 개종시키려는 것이 아니다. 만약 개종시키는 것이 목표라면, 거의 언제나 낙담을 하게 될 것이다.

둘째, 유신론자들은 알코올 중독자들과 매우 흡사한 자신들만의 함정에 빠져 있다는 것을 인식해야 한다. 훈계조의 이야기로는 술을 끊게 할 수 없다. 흥분하거나 화를 내게 만들 뿐이다. 중독의 대상을 비난하는 것은 그 중독을 더욱 깊게 만들 뿐이다. 가장 나쁜 것은 그들에게 갓 바이러스에 감염되었다고 말하거나 그것을 암시하는 것이다. 이 책을 읽어보라고 권할 수는 있겠지만, 그들이 그렇게 하거나 이해할 것이라고 기대해서는 안 된다.

셋째, 적극적으로 이야기를 들어주어야 한다. 그들의 종교에 대한 이야기를 다 하도록 기다려주어야 한다. 관심 깊게 그리고 열린 마음으로 들어주되, 그들의 신앙에 대해 의문을 품어서는 안 된다. 알코올 중독자가 술을 의심하지 않듯이, 그들은 감염된 것에 대해 의심을 품지 않는다. 또한 그들을 속이려 해서도 안 된다. 당신이 그들을 개종시키는 중이라고 생각하도록 만드는 것은 부적절하고 부정직한 일이다. 개인적인 의견을 드러내지 않고 반응하는 것이 좋다. 열린 마음과 긍정적인 태도로 들어주면 된다. 그들이 공격을 하면 그저 물러나는 것이 좋다. 그들이 화를 내면, 화를 내는 이유를 들어주고 덩달아 화를 내서는 안 된다. 평정심을 유지하고, 무엇보다 긍정적으로 대해야 한다. 그런 토론에서 비꼬거나 냉소는 피하는 것이 좋다.

넷째, 우리의 관심은 그들을 다른 어떤 것으로 개종시키는 데에 있는 것이 아님을 기억하고 있어야 한다. 바이러스를 가지고 있는 것은 바로 그들이고, 그 바이러스를 제거할 수 있는 사람도 오직 그들뿐이다. 이러한 태도는 경계를 명확하게 유지해준다. 개종시키려 하는 태도는 불가피하게 속임수를 쓰고 있는 것처럼 비춰져 바이러스의 강력한 반응을 일으키게 된다.

무당

어떤 모임에서 여성 한 분을 만나 아이들과 가족에 대해 이야기를 나눈 적이 있다. 그녀는 일 때문에 출장 중이라는 말을 했다. 그녀의 태도는 지극히 정상적이었다. 하지만 내가 어떤 일을 하길래 출장까지 다녀야 하느냐고 물어보자 표정이 순식간에 변하더니 말이 빨라지고 몸짓도 커졌다. 미소는 점점 부자연스러워졌고 복음 전파를 위해 출장을 다닌다는 말을 할 때는 머리를 이상하게 끄덕거리기 시작했다. 그녀는 무언가에 홀린 것처럼 보였다. 마치 악령이 그녀의 성격을 차지하고 나에게 말하기 시작하는 것처럼 정말 깜짝 놀랄 만하게 변신했다. 그녀는 더 이상나에 대해서는 관심이 없어 보였다. 내가 심리학자라는 것을 알게 되자

마자 그녀는 자신에게서 배울 것이 있을 거라는 말을 하기 시작했다. 그녀는 악귀를 쫓아내는 자신만의 비밀을 가르쳐주겠다면서, 내 일을 하는 데 있어 좋은 정보가 될 것이라고 끈질기게 주장했다. 나는 그녀의 성격 변화를 관찰하기 위해 조금 더 이야기를 나누었다. 잠시 후에, 대학을 졸업했다는 그녀의 막내에 대해 물어보자 그녀는 금세 평상적인 태도로 돌아왔다. 하지만 그것도 잠시뿐이었고, 내가 다시 그녀의 복음 전파에 대해 물어보자 다시 한번 태도가 급변했다.

그 이후로 나는 종교적인 사람들을 대상으로 이러한 실험을 많이 시도해보았다. 대부분의 경우 그러한 변화는 쉽게 관찰할 수 있었으며, 그 사람이 언제 '몰두하게' 되는지 그리고 언제 평상적인 대화를 할 수 있는지를 알아차릴 수 있는 좋은 기준선을 제공해 주었다. 그들이 어떤 상태에 있는가를 알게 되면 좀 더 효율적으로 대화를 나누는 데 도움이 된다. 그러한 변화는 종종 목회자 혹은 직업 종교인들에게서 가장 뚜렷하게 나타난다.

무당을 소재로 한 영화를 보면 언제나 신부가 귀신 들린 사람의 내부에 자리 잡은 악령과 대화를 나누는 장면이 등장한다. 귀신 들린 사람은 악령으로 인해 외모와 말투가 모두 바뀐다. 종교적인 사람들이 그와 동일한 변화를 겪는다고 말하는 것은 과장된 말이겠지만, 자신의 '신앙'에 대해 이야기를 시작할 때면 거의 모두가 쉽게 알아차릴 만한 변화가 생긴다. 억양이나 얼굴 표정 그리고 사용하는 어휘도 변한다. 평소의 대화 방식과는 전혀 다르다. 이러한 변화가 나타난다면, 갓 바이러스가 아닌 그 개인과 이야기를 하고자 신경을 써야 한다. 그의 두려움과 희망, 기쁨 그리고 의구심 등 현실의 그 사람과 이야기를 해야 하며 신이나 신앙에 대한 이야기는 무시해야 한다. 초자연적인 것이 아닌 인간적인 부분에 대화를 집중하도록 해야 한다.

초자연적인 부분들을 피하면 바이러스를 마주해야 하는 상황을 피할 수 있으며 논쟁이나 불쾌한 대화를 하지 않을 수 있다. 동시에 그 상대방도 당신이 진지하게 자기 이야기를 들어준다고 느끼게 될 것이다. 감염과는 상관없이 그 사람은 당신의 지지에서 위로와 편안함을 찾는다. 심하게 감염된 사람과 대화를 나누게 되었을 경우, 바이러스와 직접 대화를 나눈다면 승부를 하게 될 수밖에 없다는 것을 기억하고 있어야 한다. 바이러스에게 반응하지 않고도 관심과 배려를 보여줄 수 있다. 예를 들어보자면 다음과 같다.

- "하느님께서 아이를 또 갖게 해주셨어요"라는 말을 들으면, 신이 아닌 아이에 대해 반응한다. "아, 정말 잘됐네요. 출산 예정일이 언제죠? 딸인가요, 아들인가요?"
- "신부님께서 임신중절반대운동을 위한 기금조성위원회의 의장직을 맡아달라고 하시네요"라고 말한다면, 그 신부의 생각이 아닌 위원회와 관련된 이야기에 반응한다. "어떤 식으로 기금을 조성할 건가요? 작년에는 MS를 위해 2천 달러를 모으셨잖아요? 기금 마련하는 솜씨가 좋으시네요."

그 사람 자체에 집중하고 바이러스는 무시할수록 두 사람은 더욱 더 좋은 관계를 가질 수 있게 된다. 이것을 그 사람이 아닌 바이러스에 의해 벌어지는 무의식적인 승부라고 생각하면 된다. 이 승부는 당신이 친구인지 적인지를 가릴 수 있도록 바이러스가 당신을 논쟁에 끌어들이기 위해 만든 것이다. 이 승부를 통해 당신이 적이라고 결정된다면, 그 관계에서 당신을 없애버리기 위해 바이러스는 갈등을 한껏 증폭시킨다.

서로 다른 바이러스들끼리 소통하는 경우도 있는데, 특히 그 성질이 비슷할 경우에 그렇다. 예를 들자면, 침례교인은 나사렛교인은 물론 때로는 가톨릭교인과도 대화할 수 있다. 앞 장에서 시민 종교와 메타 바이러스를 논의하며 살펴보았듯이 그들은 연합할 수도 있고 이따금씩 공동으로 작업할 수도 있다. 하지만 갓 바이러스는 감염되지 않은 사람들과 소통하는 법을 모른다. 감염되지 않은 사람들의 존재 자체는 일종의 위협으로 인식된다. 가톨릭교인은 개신교를 두려워할 수도 있고, 모르몬교인은 침례교도를 두려워할 수도 있지만, 그들은 한결같이 감염되지 않은 사람들을 더 두려워한다. 그래서 일요일 아침의 설교에서 일반적으로 다른 종교보다는 비신자들을 향해 신랄한 비난을 퍼붓는 것이다.

유명한 복음주의 교회의 웹사이트에서 잠깐 검색해본 결과, '비신자들'에 대해서는 50건뿐이 안 되었지만 199건의 설교에서 무신론자들을 언급하고 다루고 있는 것으로 나타났다. '모르몬'이라는 단어로 검색해보니 115번의 언급만이 있을 뿐이었다. 복음주의 바이러스는 모르몬이나 사이언톨로지(7회), 혹은 여호와의 증인(45회)과 같은 종파들보다 무신론자들을 더 많이 경계하고 있다. '무슬림'이라는 단어는 무신론자보다 약간 더 많은 214번 언급되었다. 이것으로 보아 복음주의자들은 무신론자보다 무슬림을 약간 더 많이 싫어하는 것 같다.

감염된 사람들이 비유신론자들을 얼마나 두려워하는지를 알고 있으면, 그들에게 어떻게 접근해야 할지 혹은 그들이 우리에게 어떻게 접근하는지를 알 수 있게 된다. 복음주의자와 무슬림 간의 종교적인 대화를 상상해보자. 정중하지만 서로를 경계할 것이며 엄청난 차이를 인식하게 될 것이다. 복음주의자는 자신의 갓 바이러스가 무슬림을 예수의 가장 위험한 적이라고 정의했기 때문에 무슬림과 대화를 나누는 것을 무척 힘들어한다. 이와 똑같은 분노와 의심 그리고 공공연한 증오가 무신론자를 향해 펼쳐진다. 일반적인 광신도들도 그렇지만, 특히 복음주의자들은 비신자들과 대화를 나눌 수 있는 도구를 갖추고 있지 않다. 그러므로 그들과 생산적인 관계를 맺고 생산적인 영향을 끼치고 싶다면 우리 스스로가 그들과 대화를 나눌 수 있는 기술과 도구 들을 개발하는 것이 필요하다.

영향을 끼치기 위해서는 공동의 이익과 목적에 집중해야 한다. 갓 바이러스에 집중해서는 안 된다. 그렇게 하는 것으로 당신은 의미 있는 결과를 성취할 수 있고, 그들에게 긍정적인 비종교적 경험을 제공할 수 있게 된다. 그러면 그들은 여전히 당신이 지옥에 갈 것이라고 생각은 하겠지만, 적어도 당신과도 생산적인 사업 관계를 맺을 수 있다거나 혹은 갈등이나 불쾌한 개인 간의 역학 관계를 겪지 않고도 자선 활동을 함께 할 수 있다고 생각하게 될 것이다. 당신도 그들의 감염 상태에는 전혀 신경 쓰지 않으며 오직 과제와 목표의 달성에만 신경을 쓰면 된다. 지속적으로 목표에 집중하는 것으로 당신은 관계를 방해하고 갈등을 일으키려는 갓 바이러스의 영향을 최소화하면 된다.

죽음 그리고 죽어간다는 것

사람들은 죽음에 대한 공포 때문에 종교를 가까이한다. 대부분의 비유
신론자들은 죽음이 마지막이라고 믿는다. 종지부라고 믿는 것이다. 어릴
적에 집에서 기르던 애완용 모래쥐가 죽었을 때 나는 어머니께 "죽은 다
음에 모래쥐는 어떻게 되나요?"라고 물었다. 어머니는 "사람들만 천국에
가는 거란다"라고 대답하셨다. 나는 그 말을 믿지 않았다. 신이 모래쥐를
어딘가에, 어쩌면 모래쥐의 천국으로 데리고 갈 것이라고 믿었다. 어머
니가 잘 모르고 있다는 건 분명했으며, 그래서 나는 어머니가 모를 것 같
은 다른 일들에 대해서도 의구심을 품기 시작했다.

어릴 때 처음으로 참석했던 장례식은 가장 친했던 친구인 스콧의 아
버지가 돌아가셨을 때였다. 그 애의 아버지는 제2차 세계대전 참전 용사
였으며 젊은 나이에 폐암으로 돌아가셨다. 나는 아버지와 함께 묘지에서
거행되었던 장례식에 참석했다. 식의 마지막을 장식했던 조총 소리는 아
주 인상이 깊었지만 장례식을 이끌었던 목사는 멍청하다고 생각했다. 그
는 짧은 추도사를 하면서 이제 스콧의 아버지는 천국에 있다고 말했다.
하지만 천국에 가려면 교회에 가야만 한다고 언제나 나의 아버지께서 말
씀하셨기 때문에 나는 그분이 천국에 있지 않다고 생각했다. 스콧의 아
버지는 교회를 싫어하셨고, 일요일에 스콧의 어머니와 교회에 단 한 번
도 가지 않으셨다.

당신도 처음으로 참석했던 장례식이 기억날 것이다. 그때 머리속으로
어떤 질문들을 했었나? 죽음은 가장 심원한 질문들을 떠오르게 한다. 죽
음이 마지막이라는 결론을 내렸다면, 당신은 비유신론자로 떠나는 여행

으로 첫 번째 걸음을 내딛은 것이다. 그것은 바이러스를 당신의 인생에서 제거하는 데 있어 가장 중요한 첫걸음이다.

이제 당신은 이야기가 어떻게 끝나는지 안다. 그럼 어떻게 살아야 하는 걸까? 인생은 마치 아무것도 채워지지 않은 공책을 펼치는 것과 같으며, 마지막 장에 이르러 두 단어만 발견하게 될 것이다. '그는 죽었다' 혹은 '그녀는 죽었다.' 마지막 장면을 알고 있는 당신은 빈 페이지들을 어떻게 채울 것인가? 자신만의 작품을 써내려가는 데 어떤 원칙들을 가져야 할까? 어떤 모험이 펼쳐지기를 원할까? 그 모험에 누구를 참여시킬 것인가? 누구를 제외시켜야 할까? "오늘 나는 예수를 잘 섬겼을까?"라고 묻는 대신, 글을 써내려갈 사람은 바로 자기 자신이다. 이렇게 물어볼 수는 있다. "나는 한 번뿐인 내 인생에서 내가 원하는 것을 하며 살고 있는 것일까? 여기에 있는 동안 내 역할을 최대한으로 하고 있는 것일까?"

사후 세계에 대한 믿음은 책장을 채워가는 작업을 오염시키고 심각한 영향을 끼칠 수 있다. 당신의 관심이 직접 경험해볼 수도 없고 알 수도 없는 어떤 일에 줄곧 이끌려간다면 '지금 여기'에 어떻게 집중할 수 있을까? 사후 세계에 지속적으로 집중하면 죽음과 지옥 혹은 미지의 것에 대한 공포라는 병적인 환경을 만들어낸다. 바이러스에 감염된 많은 사람들이 느끼는 간헐적인 죽음에 대한 공포는 노이로제와 불안발작 혹은 우울증을 야기시킬 수 있다. 존재하지 않는 해답을 끊임없이 찾도록 만들고, 명확한 사고와 만족스러운 삶을 가로막는 감정적인 혼란을 줄곧 겪도록 하기 때문이다.

죽음이 최종적인 결말이라는 것을 기꺼이 공개적으로 인정하는 것이 바로 바이러스로부터 벗어나 자유롭게 살아가는 첫걸음이다. 그렇게 하는 것은, 참회하고 예수에게 자신의 인생을 바치는 등의 모든 일들을 하나로 합친 것과 같은 구원을 받는 것이나 다름없다.

> 너희는 진실을 알게 될 것이며, 그 진실이 너희를 자유롭게 만들어줄 것이다. (요한복음 8:32)

이러한 진실을 알고 있으면 삶의 방정식에서 바이러스를 없애버릴 수 있으며, 수많은 말썽거리들을 서서히 떨쳐버릴 수 있게 된다. 바이러스에서 벗어나 산다는 것은 신이나 악마가 나를 따라오는지 살피기 위해 뒤돌아보지 않으면서 자신의 삶을 살아갈 수 있다는 것을 의미한다. 내 앞에 펼쳐지는 일들에 집중할 수 있게 되고 끝없이 변화하는 종교적인 말썽거리들의 방해 없이 있는 그대로의 현실에 근거한 결정들을 내릴 수 있게 되는 것이다.

죽어가는 사람들을 돕는 법

죽음은 종교가 가장 많이 언급하는 것이지만 동시에 가장 모르는 문제이다. 성서에는 죽음에 대한 언급이 1,610번 등장하고 '죽은dead'이라는 단어가 580번 사용되고 있다. 코란에는 각각 695번과 527번 등장한다. 둘 다 죽음과 관련된 구절이나 유의어는 포함시키지 않은 것이다. 죽음은 기독교와 유대교 그리고 이슬람 갓 바이러스에게 매우 중요한 개념이다. 그들의 경전 내에서 죽음에 초점을 맞춘 대다수의 내용은 두려움과 테러, 벌, 죄의식 그리고 저주와 관련되어 있다. 감염된 사람들은 어릴 때부터 머릿속에 각인된 '죽음은 실재할 수도 있는 지옥'이라는 관념을 갖고 있다. 죽음과 관계된 너무 많은 두려움을 가지고 있으면 그것을 삶의 한 부분이라고 생각하기가 무척 어렵다.

비유신론자로서 당신은 죽음과 죽음을 맞이하는 상황에서 긍정적인 힘을 제공하는 견해를 갖고 있다. 죽음은 불가피하게 사후 세계에 대한 언급이나 논의를 하도록 만든다. 그러한 상황을 통제할 수는 없다. 하지만 그러한 것의 부정적인 효과는 누그러뜨릴 수 있다. 사후 세계에 대한 논의는 종종 의도했던 것과 정반대의 결과를 가져오기도 한다. 죽어가는 사람이나 살아 있는 사람에게 위로가 되는 대신 불안을 만들어낼 수 있다.

죽음을 앞두고 있는 사람이 사후 세계에 대한 이야기를 할 경우에는 간단하게 그 사람의 말에 동의하고 위로의 말을 건네면 된다. 그리고 "좀 더 편안하시려면 제가 어떻게 해드리면 될까요?" 혹은 "생각하고 계신 걸 더 말씀해주세요" 혹은 "돌아가신 후에 어떤 일이 생길지는 모르지만, 지금 제가 곁에 있고 말씀을 듣고 있잖아요"라고 말한다. 이야기를 들어주고 천국이나 지옥과 같은 생각들에 대한 논의를 멀리한다면, 갓 바이러스가 아닌 그 당사자에 집중할 수 있다.

죽음을 앞두고 있는 사람과 함께하는 한 가지 건설적인 방법은 그 사람의 인생에서 있었던 긍정적인 사건들에 대해 집중하는 것이다. 그 사람이 말을 할 수 있다면, 그런 이야기들을 들려달라고 부탁한다. 말을 할 수 없는 경우라면, 그런 이야기들을 직접 들려주면 된다. 예를 들어, "할아버지의 노새로부터 도망쳐 나왔던 그 얘기를 다시 한 번 해주세요" 혹은 "제가 열두 살 때 우리 집에 놀러오셨던 일이 기억나요. 저를 놀이공원에 데리고 가셨잖아요. 아직도 그날 먹었던 핫도그와 솜사탕 냄새가 기억이 나요"라고 말한다.

당신을 위로하기 위해 찾아온 사람들에게도 똑같은 원칙을 적용한다. 임종을 앞둔 사람이 그들에게 베풀었던 일이나 좋았던 기억에 집중하도록 도와주는 것이다. 돌아가신 후에 무척 그리워하게 될 거라고 말하는 것은 괜찮다. 하지만 그들이 만약 "이제 천국에 계실 겁니다"라고 말한다면, 바이러스에 반응하지 않도록 한다. 그 대신 그들이 느끼는 구원이나 평안함에 반응한다. 그 사람과 함께 겪었던 일들에 대해 이야기할 수도 있을 것이다. 다음과 같이 말할 수도 있다.

그들: 그분은 이제 천국에 계실 겁니다.
당신: 언제나 제 말을 기꺼이 들어주시려고 했던 그분에게 참 감사함을 느껴요. 정말 그리워질 것 같아요.

애도하는 과정에 참석하여 존경심을 보이기 위해 드러내는 바이러스적인 생각들에 맞장구를 쳐주거나 반응을 보여야만 하는 것은 아니다. 현실과 그들의 삶 그리고 자기 자신의 느낌에만 집중하면 된다. 그러한 것에 대해 논쟁을 벌일 수 있는 사람은 아무도 없다.

구원의 심리학

죽음은 바이러스의 가장 강력한 도구이다. 죽음은 미지의 것에 대한 우리의 본능적인 두려움을 끄집어내어 그 두려움을 긴밀하게 순환시킨다. 그 과정은 이렇게 이루어진다.

어떤 사람이 죽음의 두려움을 경험한다. 그는 두려움에서 벗어나 평안해지기를 원한다. 신부나 목사가 사후 세계에 대한 우화로 위로해주면 그 생각으로 인해 구원받았다는 느낌을 갖게 된다. 하지만 구원은 사후 세계에 대한 바이러스적인 조건들에 집착하는 것으로 얻어진다. 구원은 성서를 읽고, 촛불을 켜고, 성인들에게 기도를 드리거나 헌금함에 돈을 넣는 것으로부터 온다. 이러한 약속의 행위들은 또 다른 죄와 근심 혹은 죄의식이 일어나기 전까지는 위안이 된다. 이제 죽어야 하는 자신의 숙명이 생각날 때마다 죄의식이나 두려움을 누그러뜨릴 무언가를 꼭 해야만 한다.

이것은 종교가 근심을 없애줄 수 있다는 생각을 갖도록 만드는 방법이며, 사람들을 바이러스에 매어두는 순환 구조이다. 사후 세계와 죽음의 두려움에 대해 가장 먼저 주입시켰던 것이 종교라는 사실을 그들은 전혀 알아차리지 못한다.

가끔은 죽음을 맞이하게 된 사람들이 구원만 받는다면 자신의 생명을 신에게 바치겠다고 맹세하는 경우도 있다. 그런 그들이 '죽음을 면하여' 계속 살 수 있게 되면, 교회를 짓고 성직을 시작하여 자신들의 구원에 대해 증언한다. 당연하게도 그들보다 더 많은 사람들이 죽음을 맞이하지만, 죽은 사람들에 대한 이야기는 전혀 들을 수 없다. 그리고 그보다 더욱 많은 사람들이 신과의 거래를 하지 않고도 계속 살고 있다. 나는 가끔 2007년에 3억 3천만 달러의 로또에 당첨된 한 남자에 대해 기독교인이나 무슬림들은 어떻게 생각하는지 궁금하다. 그 남자는 로또를 사기 전에 "로또에 당첨시켜준다면, 당신들을 널리 알리겠다"며 신들과 협상을 했다. 엘우드 '벙키' 바틀릿은 자신이 당첨된 것은 마법 신앙과 이교도의 신들 덕분이었다고 했다. 예수나 알라의 은총으로 당첨되었다고 밝히는 다른 당첨자들의 유일신들만큼이나 그의 신들도 꽤나 영험한 것으로 보인다.

홍미로운 점은 사람들이 속임수를 쓸 때조차 바이러스는 그들을 지배한다. 많은 사람들이 신과 거래를 하지만 자신들의 약속을 제대로 지키지 못한다. 그들은 자신의 자식이 생명을 위협받는 질병에서 회복된다면 수입의 10%를 교회에 기부하겠다고 약속한다. 그러다 만약 약속한 대로 기부를 못 하게 된다면 그들은 죄의식을 느낀다. 거래 내용을 지키지 못하게 될 때조차도 바이러스에게 관심을 집중하게 되는 것이다. 만약 그들이나 그들이 사랑하는 사람들에게 나쁜 일이 벌어진다면 약속을 지키지 않았기 때문에 신의 벌을 받게 된 것이라고 생각한다. 반면에 약속한 것을 제대로 이행했다면, 그들은 갓 바이러스에 한층 더 가까워졌다고 느낀다.

생존자의 죄의식

이런 장면을 상상해보자. 아름다운 어느 여름날, 당신은 친구 세 명과 어울려 호수에서 보트를 타며 평온한 하루를 보내고 있는데 갑작스럽게 사고가 생긴다. 그 사고를 호숫가에 있던 나 혼자서만 목격한다. 나는 자리에서 벌떡 일어나 당신과 일행을 돕기 위해 물 속으로 뛰어든다. 안타깝게도 나는 당신만을 구조하게 되었다. 다른 세 사람은 물에 빠져 죽는다. 내가 당신을 선택했던 것일까? 나는 한 명을 구했다는 것에 뿌듯해하지만 다른 사람들을 구할 수 없었던 것 때문에 무척 우울하다. 당신의 기분은 어떨까? 살아나게 되어 너무도 감사하지만 또한 당신만 살고 남들은 죽었다는 것 때문에 죄의식을 느끼게 된다.

6개월 후에, 내가 당신에게 전화를 걸어 잘 지내고 있는지 안부를 묻고서 자동차를 수리하려고 하는데 천 달러를 빌려줄 수 있는지 물어본다. 당신은 어떻게 할까? 아마 고마움이거나 죄의식으로 인해 돈을 빌려줄 것이다.

갓 바이러스의 경우도 이와 똑같다. 바이러스가 당신 혹은 당신이 사랑하는 사람을 구해줬다고 믿으면, 당신은 고마움과 죄의식을 동시에 느끼게 된다. "왜 나를 구해주고, 남들은 구해주지 않았을까?" "내 아이는 구해주고, 왜 다른 집의 아이들은 구해주지 않았을까?"라고 물어볼 수도 있다. 이처럼 가슴이 미어지는 듯한 의문들을 마주하고 있을 때, 바이러스는 당신이 구원된 것은 갓 바이러스 때문이라는 믿음으로 이끌고 간다. 이제 신은 당신이나 당신의 아이를 구해준 대가로서 자신에게 헌신할 것을 요구한다. 앞서 보트 사건의 예에서 나는 오직 천 달러만을 요구했지만, 갓 바이러스는 평생 동안의 서약을 요구한다. 내가 당신의 생명을 구했다는 것은 증명할 수 있다. 하지만 갓 바이러스가 당신을 구원했다는 것은 어떤 형태로든 증명할 수 없다.

만약 내가 6개월 후에 나타나서 "내가 당신의 생명을 구했으니 이제 평생 동안 나의 돈줄이 되어주십시오. 수입의 10%를 나에게 주고 시간의 10%도 나를 위해 할애하기를 바라오. 우리집의 지붕을 개조할 때가 되면 연락하겠소"라고 말한다면 당신은 어떻게 반응할 것인가? 당신은 내가 돈을 목적으로 접근한 사람이라고 생각하겠지만, 내가 요구한 것은 그 가상의 신이 요구한 것과는 비교도 안 된다.

바이러스는 종종 생존자의 죄의식을 이용한다. 타이태닉호에 타고 있던 사람들은 모두 구조되게 해달라고 기도했지만, 아주 적은 수의 사람들만이 구조되었다. 구조된 사람들은 대부분 그토록 많은 사람들이 죽은 가운데 자신들만 살아남았다는 사실에 괴로워했다. 그들의 생존은 종종 신의 직접적인 행위로 여겨지곤 했다. "내가 살아남게 된 것은 신의 뜻입니다. 신의 계획 중의 일부인 거죠." 지금 갓 바이러스는 엄청난 이득을 챙기고 있다. 당신을 살려주었다는데 그 어느 누가 신의 계획을 따르지 않을 수 있을까?

이러한 경향은 자신이나 주변의 지인에게서도 나타난다. 행운이라는 관념은 대체로 미신이나 거래와 결합되어 있는 경우가 많다. 신들과 거래를 하고 있지 않는 사람들도 행운은 바랄 것이다. '저 위의 어딘가'에서 당신을 선택하는 누군가가 있기라도 한 것처럼 스스로 "왜 나인 거지?"라고 묻고 있는 자신을 발견하게 될 것이다. 이것은 쉽사리 저지를 수 있는 실수이다. 우리 인간들은 스스로 보호하고 살아남기 위해 어떤 본보기들을 활용하도록 설계되어 있다. 그런 본보기들이 초자연적인 경우라면, 그것은 당장 처리해야 하는 임무에 대한 에너지와 관심을 다른 곳으로 돌리는 망상들에 지나지 않는다.

누군가를 돕는 문제

남을 돕는 데 있어 중요한 점은, 종종 의사소통을 할 때 그들의 세계관을 이용하는 것이다. 이것은 많은 비유신론자들이 불편해하는 일이다. 초자연적인 간섭을 믿으며 기도하는 사람들과 어떻게 이야기를 나누어야 할까? 자신을 위해 기도해달라는 사람에게 어떻게 반응을 해야 할까?

만약 누군가를 도와주고 싶다면, 자신의 것이 아닌 그 사람의 정신적 틀을 이용해야 한다. 누군가가 자신을 위해 기도해달라고 요청한다면, "당신을 늘 기억하고 있겠습니다"라고 대답한다. 그 사람을 기억하고 있다면 그에게 안부 전화를 하거나 카드를 보낼 수 있다. 그렇게 하면 힘든 시간을 보내고 있는 동안에도 계속 서로 연락을 주고받을 수 있을 것이다. 그것은 광신자와 거의 비슷한 태도이지만, 초자연적인 부분에만 끼어들지 않으면 된다.

어떤 사람을 도우려 할 때 "당신이 원하는 것을 더 많이 얻으려면 어떻게 하실 겁니까?"라는 질문을 활용할 수 있다. 기도에 적용해본다면, "지금 드리는 기도가 당신이 원하시는 것을 갖게 해줍니까? 만약 그렇지 않다면, 그 밖에 달리 해볼 수 있는 일은 어떤 것이 있을까요?"라고 물어볼 수 있을 것이다. 단순히 이렇게 물어보는 것만으로도 그 사람을 반복되는 기도에서 벗어나, 행동을 하도록 만들 수 있다. 기도 외에 달리 할 수 있는 일을 몰라서 혹은 실제로 어떤 일을 한다는 것이 두렵기 때문에 기도를 하는 사람들이 많다. 단순히 그들의 정신적 틀을 활용하는 것으로 신뢰를 만들어내고 그들이 좀 더 긍정적이고 적극적인 역할을 할 수 있도록 도와줄 수 있다.

그 어떤 경우에도 자신이 모르는 무언가를 믿는 역할을 해야 할 필요는 없다. 그들의 믿음을 활용할 수 있다면 더욱 좋고, 자기 자신의 믿음은 그 그림 바깥에 놓아둔다. 그들이 당신에게 어떻게 기도를 하는지 묻는다면, "저는 기도는 하지 않지만, 당신을 지원해주고 싶습니다"라고 한다. 바이러스나 자신의 믿음이 아닌 그들의 필요와 두려움에 줄곧 집중해야 한다. 그러면 그들은 도움을 얻게 될 것이고 두 사람의 관계는 그만큼 탄탄해질 것이다.

위로하기

살아가다보면 누군가를 위로해야 하는 순간이 온다. 누가 봐도 당신이 비신자라는 것은 명백하다. 위험한 상황에서는 그것이 실질적으로 아무런 문제도 되지 않는다. 중요한 것은 당신이 감정적으로 함께하고 있다는 것과 사랑으로 돌보고 있다는 점이다. 슬픔에 빠져 있는 사람들은 '이 사람은 무신론자야. 그러니 내 기분을 알 수 없어'라고 생각하지 않는다. 그런 생각은 그들의 마음속에 전혀 없다. 어려운 시간을 겪고 있을 때 사람들은 진정 어린 감정적인 유대감을 갖길 원한다. 진심으로 우러난 진지한 위로이기만 하면 되는 것이다.

저명한 인도주의 외과의사이며 저자인 리처드 젤처 박사는 임종을 앞둔 어떤 환자가 신부를 요청할 때의 상황을 이렇게 전한다. 신부에게 여러 번 연락을 했지만 분명 제시간에는 도착하지 못할 것이었다. 젤처는 실내의 전등을 끈 다음 밖으로 나갔다가 다시 돌아와 목소리를 낮추고 그 환자의 고해성사를 들어주었다. 비유신론자이면서 왜 그렇게 했냐고 물어보자 그는 "그 사람의 마지막 소원이라고 했던 것을 들어주고 싶었을 뿐입니다"라고 했다. 젤처 박사의 믿음과는 전혀 관계없는 일이었지만, 임종을 맞이한 그 사람에게는 최선의 일이었던 것이다.

자신이 위험한 상황에 빠져 있었을 때를 생각해보자. 당신을 지원해주고 있는 사람의 종교적 믿음에 대해 따져보았을까? 그러한 행위는 신부나 목사와 같은 직업적인 종교인들이 범하는 커다란 실수이다. 그들은 즉각적으로 "그분은 이제 어머니와 함께 천국에 계십니다" 혹은 "예수님께서 어려움을 극복하도록 그분을 돌봐주실 겁니다"와 같은 종교적인 상투어에 의지한다. 정작 어려움을 겪고 있는 그 사람이 원하는 것은 따뜻하고 사랑 어린 포옹과 "내가 곁에 있어줄게요. 아무 데도 가지 않고 하시는 말씀을 진심으로 들어드릴게요"와 같은 부드러운 목소리인데 말이다.

결국 그들은 목회자를 불러달라고 할 것이다. 그때는 모든 방법을 동원해 목회자를 불러주어야 한다. 하지만 바이러스가 아닌 그들에게만 집중한다면, 그들은 당신의 보살핌을 더욱 강력하게 느낄 수 있을 것이다.

바이러스적인 행위에 대한 대처

무신론자인 한 여성이 오랜 암 투병 끝에 죽음을 맞이하게 되었다. 그녀의 어머니는 임종의 자리에서 개종을 하도록 목사를 초청했다. 그 여성의 남편은 문 앞에서 그 목사를 가로막고 자신과 이야기를 하자고 부탁했다.

"존경하는 목사님, 제 아내는 지난 20여 년 동안 무신론자로 살아왔습니다. 그녀가 싫어하는 한 가지가 있다면, 그건 종교입니다. 제 아내를 위해 와주신 것은 고맙습니다. 하지만 제가 가장 중요하게 생각하는 건 제 아내의 평안함과 평정심입니다. 방에 들어가서서 종교에 대한 말씀은 전혀 하지 마시고, 장모님께서 종교적인 폭언을 못하도록 막아주신다면 제 아내를 만나도 좋습니다. 그녀를 불안하게 할 수 있는 일이 조금이라도 생긴다면 저는 즉시 떠나달라고 할 겁니다. 그렇게 하실 수 있으신가요?"

그 목사는 그의 말에 동의하고 방에 들어가 어머니에게 자리를 비켜달라고 부탁했다. 그는 나지막한 목소리로 죽어가는 그 여성에게 격려의 말을 해주었다.

임종을 맞이하게 된 사람의 보호자들에게 도움이 될 수 있는 몇 가지 조언을 소개한다.

1. 무엇보다 임종을 맞이한 사람을 평온하게 해주어야 하며 그 사람의 세계관을 존중한다. 위의 경우, 임종을 맞이한 여성이 기독교인이고 그 목사가 적절한 훈련을 받은 성직자라면 매우 긍정적인 방문

이 되었을 것이다. 나는 종교적인 믿음으로 임종을 지켜주는 호스피스와 병원 목사의 능숙함에 아주 깊은 감명을 받았다. 그들의 훈련과 경험은 특히 이 분야에서 뛰어나게 발휘된다.

2. 자신만의 독특한 주의 주장을 가진 사람들로부터 임종을 맞이한 사람을 보호해야 한다. 그리고 그 사람이 원하는 종교적 분위기에서 죽음을 맞이하도록 해야 한다. 그들의 아버지나 어머니 혹은 성직자나 자녀들의 인생이 아닌 바로 그 사람의 인생이기 때문이다.

3. 자신의 주의 주장을 개입시키지 말아야 한다.

4. 죽음은 가족과 친구, 부모와 자녀들 사이에 모든 종류의 비이성적이며 감정적인 행위를 드러나게 한다. (위의 예에서 보았던 장모의 경우처럼) 이러한 행위는 종종 눈앞에 있는 사람이 아닌 바이러스가 드러내는 것임을 잘 기억하고 있어야 한다. 임종을 맞이한 사람 주변에서 벌어지는 종교적인 행위를 완화시키면서 그 사람에 대한 연민을 줄곧 유지해야 한다. 비유신론자가 해야 할 가장 중요한 일은 바이러스의 영향력으로부터 거리를 유지하는 것이다. 연민을 유지하면서 언쟁을 피하는 것이 매우 바람직한 태도이다.

위로를 받아들이다

만약 슬픔에 빠져 있거나 고통받고 있는 사람이 본인이라면, 자신이 좀 더 편안함을 느낄 수 있는 방법을 적극적으로 밝히는 것은 당연한 권리이다. 스스로를 보살펴야 한다. 친구에게 잘 알려진 벡터들을 막아달라고 부탁한다. 예를 들어, 나는 내가 임종을 맞이할 때나 나의 장례식을 치를 때 종교는 가까이 오지 못하도록 해달라고 아들에게 말을 해두었다. 아들은 나의 말에 동의했으며, 그렇게 하기 위한 일들을 잘 해줄 것이라고 믿고 있다.

자, 이제 죽음이라는 문제를 떠나 라이프 사이클에 있어 중요한 부분들을 살펴보기로 하자.

결혼과 갓 바이러스

건전한 결혼은 뛰어난 소통 기술들과 타인의 필요와 욕구에 대한 깊은 관심에 기반을 둔 예술 형식이다. 1999년에 바르나 리서치 그룹이 발표한 연구 결과에서 다른 기독교 종파들보다 침례교인들이 이혼을 더 많이 하는 경향이 있다고 밝혀졌다. 복음주의자들의 경우, 거주하고 있는 지역의 평균적인 이혼율과 비슷한 것으로 나타났다. 무신론자, 불가지론자

• 종교적 믿음에 따른 이혼율

비종파적인 교회	34%	유대교	30%
침례교	29%	거듭난 기독교	27%
주류 개신교	25%	가톨릭	21%
루터교	21%	무신론, 불가지론	21%

※ 비종파적인 교회는 특정한 종파에 속하지 않는 복음주의 기독교 집단을 말한다. 대부분의 경우 근본주의적인 성향을 띠고 있다.

그리고 그 외의 비신도들은 복음주의자보다 이혼율이 낮으며, 조사 대상 집단 중에서 최저의 이혼율을 나타냈다. 미국 내의 현재 이혼 중인 성인 3,854명을 조사한 결과, 다른 집단의 평균이 24%인 것에 비해 스스로를 거듭난 기독교인이라고 밝힌 27%가 이혼을 했다.

바르나 리서치 그룹의 설립자이며 회장인 조지 바르나는 자신의 연구 결과에 대해 이렇게 설명한다.

거듭난 기독교인이 다른 집단들보다 이혼율이 높다는 것 그리고 그러한 경향이 상당한 기간 발생하고 있다는 것은 놀라운 결과이다. 하지만 한층 더 혼란스러운 점은 이혼한 개인들은 자신이 속한 종교 공동체가 지원이나 위로를 하기보다 배척한다고 느끼는 경우가 많다는 사실이다. 또한 이 연구 결과는 교회들이 가정을 보살피는 방식의 효율성과 관련된 의문들을 제기한다. 결혼에 대한 최종적인 책임은 남편과 아내에게 있지만, 기독교 공동체 내의 높은 이혼 발생률은 교회가 결혼생활에 대해 진정으로 실용적이며 인생을 바꾸어주는 지원을 제공한다는 생각에 의심을 품게 한다.

또 다른 연구 결과는 앨라배마와 오클라호마와 같은 주에서는 근본주의와 이혼 간에 강력한 상관관계가 있다는 것을 보여준다. 지난 10년 이상 연구해온 결과에 따르면, 이 바이블 벨트는 미국 내에서 가장 높은 이혼율을 기록했다. 2000년에 실시된 미국 인구조사 자료에 따르면, 복음주의가 가장 강력한 앨라배마, 아칸소, 애리조나, 플로리다, 조지아, 미시시피, 노스캐롤라이나, 오클라호마 등의 주에서 이혼율이 가장 높게 나타난다.

복음주의자들은 신앙이 좋은 결혼생활의 기본이라고 설교한다. '함께 기도하고, 함께하는 가족'이라는 구호가 한 가지 예가 된다. 종교에 있어 결혼과 관련된 죄의식은 중요한 사업이기도 하다. 이것은 한 번도 결혼한 적이 없는 것으로 알려져 있는 바울과 예수라는 두 남자로부터 비롯된, 성서적인 생각들에 따라 생활하지 않고 있는 것에 대한 죄의식에서 시작된다. 그리고 나서는 배우자에 대한 관심을 잃게 되었을 때의 성생활에 대한 죄의식과 자녀들의 양육에 관한 죄의식이 생겨나게 된다. 결혼과 관련된 죄의식은 끝없이 지속된다. 이런 죄의식은 종교적인 '결혼성사'와 '결혼 취소'를 촉진시키게 되며, 사람들은 알 수 없는 해답을 찾아내기 위해 끊임없이 갓 바이러스에게 매달리게 된다.

종교에 근거를 둔 결혼은 갓 바이러스에 너무 많이 집중하기 때문에 부부는 서로를 제대로 파악하지 못한다. 그들의 관계는 갓 바이러스에 의해 영향을 받는다. 자신의 죄의식 그리고 종교적 생각과 기대에 너무 많은 관심을 쏟아붓기 때문에 배우자가 원하는 것을 알아차리기 어렵다. 그들의 결혼생활에는 언제나 눈에 보이지 않는 친구가 함께하고 있지만, 그들로서는 그가 어떤 생각을 하고 있는지 전혀 확신할 수 없으며 단지 상상만 할 수 있을 뿐이다.

많은 종교인들은 부부가 함께 기독교인, 무슬림, 모르몬교인 혹은 힌두교인일 경우에만 평생 동안 결혼생활을 유지하지만, 무신론자들은 종교와 관계없이 그렇게 한다. 갓 바이러스가 더 훌륭하고 더 오랫동안 지속되는 결혼을 이끌어낸다는 증거는 전혀 없지만, 종교들은 한결같이 자신들의 갓 바이러스가 좋은 결혼의 원인이 된다고 주장한다.

제 10 장

바이러스에서 벗어난 인생

종교인이 무신론자보다 더 행복하다는 사실은 술에 취한 사람이 취하지 않은 사람보다 행복하다고 말하는 것과 별로 다를 것이 없는 것이다. 맹신이 주는 행복은 값싸고도 위험하다는 특징이 있다.

— 조지 버나드 쇼, 《안드레클로스와 사자》(1916)의 서문 중에서

이번 장에서는 비유신론자인 우리들과 관련된 문제들을 살펴보기로 한다. 우리들 중의 많은 사람들이 종교의 세계에서 자랐다. 우리는 종교가 대체적으로 인류에 손해를 끼치는 교묘한 도구라고 판단하면서 죄의식과 불안을 느낀다. 그렇다면 바이러스로부터 벗어난 삶의 의미는 무엇이고, 비신자들이 마주하게 되는 현실적인 문제들은 과연 어떤 것이 있을까?

・・・

테릴의 이야기

나는 테릴에게 이 책의 원고를 읽어보고 의견을 제시해달라고 부탁했다. 그녀는 원고를 돌려줄 때 자신의 이야기도 함께 보내주었다. 다음은 그녀가 꼭 말하고 싶었다는 부분이다.

> 나는 가톨릭 집안에서 자랐지만 꽤 오랫동안 비신자로 지내고 있습니다. 나는 아주 많은 의문을 품으며 어린 시절을 보냈죠. 무엇보다 나는 "그처럼 사랑과 자애로 가득한 것이 어떻게 이런 두려움을 일으키는 것일까?"를 알고 싶었지만, 그것에 대해 이야기를 나눌 사람이 전혀 없었습니다. 대학에 다니면서 나는 매주 일요일마다 교회에 꼭 가지 않아도 된다는 죄스러운 안도감을 느끼곤 했습니다.
>
> 선생님의 원고를 읽으면서, 너무 괴로워서 한동안 읽지 못하고 내려두었다가 한참 후에야 다시 읽었습니다. 저의 인생을 변화시켜줄 그런 내용이었습니다. 어떤 책을 두 번 읽는 경우는 거의 없었는데, 다시 읽도록 만들더군요. 두 번째 읽으면서 책의

내용에 더 깊게 몰입할 수 있었고 지나온 나의 삶을 정리할 수도 있었습니다.

처음에는 내용이 왜 이처럼 강렬하게 느껴지는지, 어떻게 이런 강한 느낌을 불러일으키는지 이해하지 못했습니다. 마침내 나의 강렬한 반응이 '바이러스'와 관계된 것임을 알게 되었지만, 또한 신을 믿지 않고 있는 나 자신에 대해 더 깊게 알게 될까 봐 피하려 했던 것이었죠. 신을 믿지 않는 건 마치 이성애자들의 세상에서 동성애자로 살아가는 것과 같은 일이거든요. 종교를 거부하더라도 그 사실에 대해서는 침묵을 지켜야 하죠. 그렇지 않으면 누군가 나를 배척할 것이고 개종시키려 할 것이라는 두려움이 있기 때문이죠. 나는 보수적인 공동체에서 살고 있으며, 깊이 감염된 사람들에 둘러싸여 있어서 그들의 종교를 벗어나서는 대화를 하거나 함께 생활할 수도 없거든요. 이건 '금기로 되어 있는' 주제인 거죠. 이 문제에 대해 이야기를 나눌 수 있는 사람은 없어요.

나는 오랫동안 종교를 떠나 살아왔으며, 바이러스로부터 벗어난 삶은 새로웠고 자유로움과 구원을 느낄 수 있었습니다. 이 원고를 읽기 전까지는 내가 여전히 바이러스에 얼마나 많은 영향을 받고 있는지, 그리고 바이러스가 얼마나 많이 나의 가족들에게 영향을 끼치고 있는지 인식하지 못하고 있었습니다. 갓 바이러스라는 개념을 이해하게 되자 나 자신의 행동과 내 주변의 사람들을 전혀 다른 시각으로 볼 수 있게 되었습니다. 이제 나는 내 아이들 중에서 감염된 한 아이를 좀 더 잘 이해할 수 있었고 한층 더 적극적으로 상대할 도구들을 갖게 되었습니다. 나의 감정적인 반응과 어린 시절의 프로그래밍에 훨씬 더 잘 인식하게 되었습니다. 그 과정은 매우 힘들지만, 갓 바이러스를 내 인생에서 제거하기 위한 노력은 충분히 가치가 있는 일이겠죠.

바이러스로부터 벗어난다는 것

많은 비유신론자들이 테릴과 비슷한 경험을 갖고 있다. 불신의 씨앗은 늦어도 10대 중반이 되기 전에 확고하게 자리 잡는다. 아주 어릴 때부터 종교의 교묘한 조작을 알게 되는 사람도 있고 대부분 10대나 성인이 될 무렵이면 인식하게 되지만, 배척될 것이라는 두려움 때문에 침묵을 지키기로 한다. 당신도 그런 사람들 중의 한 명이었을 것이다. 어릴 때부터 배웠던 것들이 논리적으로 보이지는 않았을 것이다. 그래서 자신의 생각을 부모나 선생님에게 표현했지만 감염된 사람들의 엄청난 압박이 가해지는 것을 느꼈을 것이다.

나의 경우에는 13살 무렵부터 그런 것을 알아차렸다. 내가 확인해본 것들이 매끄럽게 맞아떨어지지 않았던 것이다. 예를 들어, 내가 다니던 교회의 창조주의적 견해는 전혀 말이 안 되는 것이었다. 가끔씩 그런 나의 생각을 이야기했지만 너무 자주 말을 꺼내면 안 된다는 것을 알 만큼의 눈치는 있었다. 교회 장로의 아들이자 목사의 손자였기 때문에 사람들은 대부분 이렇게 생각할 뿐이었다. '청소년기를 겪느라고 그러는 거

야. 때가 되면 제자리로 돌아올 거라구.'

대학에 다닐 무렵, 나는 주일학교 고등부 학생들에게 초기 기독교 이단들에 대해 강의했다. 그 강의를 듣지 못하게 하는 부모들이 있어서 내 학급은 갑작스럽게 규모가 줄어들었다. 그래서 몇몇 아이들은 교회가 끝난 후에 몰래 나를 찾아와 그동안 배웠던 것들에 대해 이야기를 나누고 유인물을 받아갔다. 그와 동시에 나는 교회 버스를 이용해 재개발 지역의 아이들을 찾아가 교회로 데리고 오는 봉사도 시작했다. 교회의 장로들은 나의 노력을 직접적으로 비난할 수는 없었지만, 그 아이들을 깨끗하고 정돈이 잘 되어 있는 교회로 데리고 오는 것을 분명하게 원치 않았다. 얼마 되지 않아 내가 운영하던 프로그램과 아이들에 관한 험담과 소문이 돌기 시작했다. 그 프로그램은 내가 대학원에 다니기 위해 교회를 떠난 그 주에 사라졌다. 나를 대신해 그 역할을 하도록 훈련시켰던 바로 그 사람이 없애버린 것이다. 그는 그 후 얼마 지나지 않아 장로로 선출되었다. 이러한 경험들은 비록 한참 지나서야 명확히 이해되었지만, 바이러스가 어떻게 작용하는가에 대한 객관적인 판단을 내릴 수 있게 해주었다.

내가 대학을 다니며 청년부 지도자로 활동할 때 또 다른 실마리를 찾게 되었다. 나는 의도적으로 백인으로만 구성된 나의 청년부를 똑같은 종파에 속한 다른 교회의 흑인 청년부와 함께 어울리도록 했다. 2주가 채 되지 않아서 나는 아무런 이유도 듣지 못한 채 그 직책에서 쫓겨났다. 어떤 교회이든 내부의 구성원이 진실과 인종, 섹스와 교육 등의 문제에서 드러나는 엄청난 모순에 대해 지적하는 것을 절대로 원하지 않는다. 예수의 말을 믿고 있었던 것이 내가 저지른 가장 큰 실수였던 것이다. '너희는 진실을 알게 될 것이며, 그 진실이 너희를 자유롭게 할 것이다.' 나는 그 말이 모든 진실이 아닌 그들 자신만의 진실을 가리키는 것이라는 사실을 인식하지 못하고 있었다.

갓 바이러스에 저항하는 능력은 특히 비판적인 사고를 하는 많은 사람들이 갖추고 있지만, 이러한 기술들을 실천해볼 공간이 필요하다. 나는 캔자스의 위치토에서 백인 개신교인들과 섞여 자랐으며 일주일에 서너 번 이상을 교회에 갔다. 다른 종교는 전혀 모르고 있었다. 우리 집 인근에 가톨릭 가족이 있었지만, 그들과는 그다지 친하게 지내지 않았다.

다른 갓 바이러스에 대해 아는 것이 없을수록 그들 사이의 모순점들을 알아차리기 어려우며, 비판적인 생각을 갖기도 힘들다. 아프가니스탄의 조그마한 부족 마을에서 자란 무슬림 아이는 비판적인 사고를 할 기회가 거의 없다. 무슬림을 대체할 사고방식에 접해볼 기회가 적거나 아예 없기 때문이다. 가정교육을 하는 복음주의 가정이나 교구 내의 학교를 다닌 어린이는 다른 종교들에 대해 전혀 알 수가 없다.

서구 사회에는 서로 다른 종교들이 많이 있지만 갓 바이러스는 다른 사람들로부터 고립되어 있는 집단에서 특히 번성한다. 고립된 생활을 하는 여호와의 증인은 우리 사회 내에 매우 잘 적응한다. 그들의 자녀들은 남다르게 격리되어 있으며 또 감염도 잘 되어 있다. 침례교인이나 복음주의자들의 경우도 여러 가지 면에서 뒤지지 않는다. 교회 학교와 캠프에서부터 홈스쿨링과 잦은 교회 행사들까지 그 목표는 자녀들이 완전히 감염될 때까지 갓 바이러스에 빠져들게 만드는 것이다. 갓 바이러스에 빠져들고 고립되어 있을 때, 비판적인 사고를 배우거나 실천하는 것은 어렵다. 몰입하게 만드는 것이 그들의 목적이다. 다양한 종교적 주장들을 비교하고 검토할 수 있게 된다면, 종교들이 사실로 포장한 신화들로 이루어져 있다는 것을 쉽사리 알아차릴 수 있기 때문이다.

자기기만

인생에서 중요한 부분은 정직하게 사는 법을 배우는 것이지만, 종교는 우리 자신을 속이는 방법들을 많이 만들어낸다. 그것은 마치 마주하고 있는 거울을 들여다보는 것과 같으며, 거울에 비친 모습은 무한대로 멀어진다. 성 바울이 말했듯이 '거울을 통해 사물을 희미하게 보는' 것이다. 종교는 그 거울을 매우 효과적으로 뿌옇게 만들 수 있다.

자기기만은 종교적 믿음의 핵심이다. 비유신론자로서 우리는 이러한 자기기만을 분명히 인식하고 그것을 정면으로 마주하려는 용기를 개발하는 일이 중요하다. 종교의 연기와 거울들을 눈앞에서 제거하는 것이 중요한 시작이며, 그 작업은 절대 끝나지 않는다. 비유신론자에게도 영향을 끼칠 수 있는 자기기만의 영역들을 살펴보기로 하자.

> 무신론자는 교회 대신 병원을 지어야만 한다고 믿는다. 무신론자는 기도를 하는 대신 행동을 해야 한다고 믿는다. 무신론자는 죽음으로 도피하지 않고 인생에 참여하기 위해 노력한다. 그는 질병이 정복되고, 빈곤이 사라지고, 전쟁이 소멸되기를 원한다.
>
> – 저스틴 브라운

의존과 인정의 필요성

갓 바이러스는 본래 사회적으로 보수적이다. 변화는 그들의 존재를 위협한다. 경직된 종교 공동체 혹은 가정 내에서 의문을 제기하는 것은 가정의 고립에서 축출까지, 폭력적인 위협에서 경제적 혹은 사회적 배척까지 강력한 제재를 불러일으키기도 한다. 의존적인 경향이 강할수록, 선천적인 지성을 더 적게 활용한다. 그 대신 그들은 종교적 권위가 담긴 말씀에 의존한다.

의존성은 자유로운 도덕적 주체로서 행동하는 능력을 제한한다. 종교는 인생을 완전하게 살고자 하는 용기를 짓누르고 훼손시킨다. 사람들은 자유와 그것으로 인해 생기는 결과에 대한 두려움 때문에 의존적인 상태에 머물기로 한다. 사회적으로 배척되거나 남들의 인정을 받지 못할 수 있는 위험보다 종교에 머무는 것이 더 낫기 때문이다.

라이프 사이클 전체에 걸친 종교

종교는 널리 퍼뜨리고 스스로를 고립시키기 위해 라이프 사이클의 각 단계들을 이용하지만 그것을 이해하려고는 하지 않는다. 청소년기의 정신적, 사회적 그리고 성적 발달에 대한 이해는 어린이들을 관리하고 가르치는 데 도움이 될 수 있지만 대부분의 종교들은 이런 종류의 연구나 교육에 대해, 특히 섹스나 가치 기준의 발달에 대해 다루는 것을 반대한다. 이와 마찬가지로 결혼 적령기의 성적 관심과 자녀 양육 그리고 관계의 형태에 대한 이해는 이혼의 문제를 해결하는 데 커다란 도움이 될 가

> 초창기 이후로 교회는 인간의 육체와 정신을 해방시키려는 모든 노력에 맞서 격렬하게 저항해 왔다. 교회는 모든 시대와 모든 곳에서 나쁜 정부, 나쁜 법률, 나쁜 사회 이론, 나쁜 제도의 상습적이고도 뿌리 깊은 수호자였다. 지난 수세기 동안 교회는 왕의 신권을 옹호했듯이 노예제도의 옹호자였다. — H. L. 멩켄

능성이 있지만, 종교성이 이혼과 상관관계가 있다는 것을 증명하려는 연구 결과를 확인하려는 종교는 없다. 간단히 말해, 라이프 사이클에 대한 이해는 종교의 영향력을 없애며 종교의 신뢰성을 훼손하는 것이다.

성서는 죽음과 죽음의 두려움에 대한 광범위한 탐구이지만, 1969년에 엘리자베스 퀴블러 로스가 《인간의 죽음On Death and Dying》을 집필하기 전까지 비종교인의 죽음에 대한 탐구는 시도되지 않았다. 종교 문학에는 청년, 부모, 성인 혹은 노인으로서 어떻게 살아야 할 것인가에 대한 충고로 가득하지만, 1976년에 게일 쉬히가 《통로Passages》를 발표하기 전까지는 라이프 사이클의 단계들에 대한 비종교인의 견해는 드러나지 않았다. 많은 부분에서 그렇듯이 종교는 갓 바이러스에게 이익이 된다면 재빨리 시류에 영합하지만, 토론을 불러일으키는 경우는 거의 없다.

은밀한 프로그램

죄의식은 대부분 종교적인 훈련을 통해 자라난다. 비유신론적인 자세를 받아들이게 되었다 해도 죄의식은 즉시 사라지지 않는다. 의식이 종교를 거부할 도구들을 갖추기 훨씬 전에 감염되었기 때문이다. 나 또한

비유신론자가 된 후로도 몇 년 동안은 일요일 아침에 일어났을 때 교회에 가지 않는 것에 대해 죄의식을 느끼고는 했다. 내 친구는 자기 아이들에게 종교적 교리와 상충되는 말을 하는 것에 대해 죄의식을 느꼈다고 한다. 또 다른 친구는 여전히 교회 전단지를 쓰레기통에 버리면서 죄의식을 느낀다고 한다. 비유신론자들은 어린 시절에 배웠던 섹스에 대한 종교적인 태도가 여전히 불쑥불쑥 나타나는 것을 의식한다.

그런 죄의식에 관심을 집중해야 한다. 죄의식을 받아들이고, 그것과 이야기를 하고, 느끼고, 듣고 난 다음 그 어떤 신도 개입시키지 말고 개인적인 책임감에 비추어 그 죄의식을 검토해보도록 한다. 일단 (도킨스의 용어를 빌리자면) '신이라는 망상'을 인정하고 나면 죄의식은 종종 무너진다. 자녀의 양육이나, 결혼 혹은 성적 습관 등은 자신이나 주변의 사람들에게 미치는 긍정적이거나 부정적인 결과라는 맥락에서 스스로가 결정해야 하는 문제들이라는 것을 알고 나면 자유로워진다. 갓 바이러스를 자기 자신과 타인들 그리고 주변 환경과 연결된 장면에서 지워버리면 된다. 가상의 친구는 끼어들 틈이 없다.

관계의 모험

결혼을 비롯한 관계 형성의 질을 높이기 위해서는 프로그램 방식이 아니라, 자신의 정체성을 깨닫는 것처럼, 자신이 프로그래밍되어 있다는 것 자체를 인식할 수 있어야 한다. 비유신론자로서 당신은, 감춰져 있지만 여전히 당신의 인생에 영향을 끼치는 가족과 문화로부터 종교적인 생각과 근거 들을 많이 받아들이고 있을 것이다. 당신이 믿지 않는다고 해서 바이러스도 당신에게 영향을 끼치지 않는 것은 아니다.

나는 부모님이나 목사들 혹은 주일학교 선생이 나에게 강요했던 것이 아닌 내 자신의 경험을 통해 나의 정체성을 알게 되었다. 어떤 관계에서든 '꼭 어떻게 해야만 한다'는 것은 폭압적인 행위이다. 다른 사람들과 관계를 맺고 있다는 것은 자기 자신의 약점과 편견 들 그리고 불안정에 대해 배우고 있다는 의미이다. 자신의 내면에 감춰져 있는 '꼭 해야만 하는' 것들에는 무엇이 있을까? 상대방에게 기대는 하고 있지만 절대로 말하지 않는 것은 무엇일까? 그 관계에서 바라기는 하지만 너무 두려워 말하지 못하는 것은 어떤 것이 있을까? 거부당하거나 잃어버릴 것이라는 두려움은 당신의 의사소통 형식에서 얼마나 큰 영향을 미치고 있을까?

만약 '꼭 해야만 하는' 것들이나 줄곧 당신을 감염시키려는 신화들을 인식하지 못한다면, 의사소통은 매우 어려워진다. 예를 들어, 미국에서는 많은 사람들이 종교적인 예식과 종교적인 서약을 하며 결혼하는 사람들이 많다. 그러한 서약들이 지금은 어떤 의미를 가지고 있을까? 지금도 자신이 그 종교적 맹세에 얽매여 있다고 느낄까? 만약 그렇지 않다면, 배우자와 함께 다시 한번 해보는 것은 어떨까? 배우자에게 다시 약속을 한다면 그 서약은 얼마나 달라지게 될까? 몇 년 혹은 수십 년 전에 했던 그 서약들 때문에 어떤 무언의 종교적 근거들과 믿음이 당신의 결혼생활을 지배해왔던 것일까? 다른 사람들의 압박과 기대가 당신의 결정과 관계에 얼마나 영향을 끼쳤을까?

이혼은 우리 사회에 만연한 문제이다. 보다 개방적이고 이성적인 의사소통은 얼마나 관계와 결혼생활의 질에 영향을 끼치게 될까? 양측이 모두 바이러스로부터 벗어나 자녀들의 양육에 안전한 환경을 보장하고 전통적인 바이러스의 정의에서 벗어나 결혼생활의 행복을 추구하는 방법으로 관계를 정의할 수 있다면 어떻게 될까? 일부일처제에서부터 자녀 양육 방법까지, 우리가 결혼생활에서 갖고 있는 상정들은 종교의 전파를 촉진시키기 위해 지정된 것이지 부부나 가정의 행복이나 최고의 권익을 위한 것이 아니다.

자녀 양육

이 직업을 처음 가졌을 때, 나는 심리학자로서 많은 어린이와 가족 들을 만났다. 당시에 표면적으로는 여전히 종교인이었음에도 나는 부모들의 행동에서 갓 바이러스의 막대한 영향력을 확인할 수 있었다. 부모들은 종교적인 생각들에 대해 의심한다는 이유로 자녀들에게 벌을 주었다. 아이들은 어른들에게서 불복종하거나, 자위행위를 하거나, 다른 종교를 가진 아이들과 놀거나, 매주 일요일에 교회를 가지 않으면 지옥에 간다는 말을 자주 했기 때문에 매우 불안해했다. 아이들이 심술궂은 짓을 하면 사탄을 거론하며 종교적으로 위협하는 부모들도 보았다. 근본주의자가 된 배우자가 자녀들을 근본주의의 가르침에 따라 키워야 한다고 고집하여 헤어지게 된 부부도 있었다. 나의 할머니도 내가 심하게 장난을 치거나 종교적 믿음에 대해 의심을 하면 내 안에 악마가 들어와 있다고 말하시고는 했다.

비유일신자인 당신은 자녀들을 종교적인 환경에서 키워야만 하는 커다란 압박감을 겪기도 한다. 다른 집 아이들이 비유일신자의 아이들을 괴롭힐 수도 있다. 과거에 백인 부모들이 흑인 아이들을 미워하거나 믿지 말라고 가르쳤던 것처럼, 종교인들은 자녀들에게 비유신론자이거나 전혀 다른 종교를 가진 집의 아이들을 미워하거나 믿지 말라고 가르치고 있다. 자녀들은 학교의 기도 모임이나 종교 클럽에 가입하라는 심각한 압박을 받을 수도 있다. 코치나 선생님들이 비유일신자인 학생들을 미묘하게 차별하는 학교도 있다. 단체 경기에서 코치들이 경기에 나서기 전에 기도할 것을 강요할 수도 있다. 헌법을 읽어본 사람이라면 알 수 있듯이 이러한 일들이 야만적이며 분명히 잘못된 일이지만 오클라호마와 텍사스 그리고 앨라배마와 같은 지역의 학교에서는 일상적으로 일어나고 있다. 중요한 것은 자녀들 스스로 생각을 하게 하고 그들에게 적대적일 수도 있는 세상에서 자기 자신을 지키도록 가르치는 것이다.

자신의 믿음 혹은 자신으로 인해 자녀들에게 '특별한 부담'을 지우는 것에 대해 죄책감을 느낄 수도 있다. 모든 일들을 균형감을 갖고 바라보아야 한다. 여호와의 증인의 신도들은 자녀들을 생일과 크리스마스를 축하해주는 학교에 보낸다. 유대인 부모들은 크리스마스와 부활절이 휴일이지만 욤 키푸르나 로시 하샤나에 대해서는 전혀 언급하지 않는 학교에 보낸다. 이교도 부모들은 기독교인들에게 욕설을 듣는 것을 당연시한다. 무슬림 부모들은 특정한 날에는 돼지고기만을 식사로 제공하는 학교에 보낸다.

당신이 겪는 일이 그들의 것보다 더 힘들다고 할 수 없다. 사실은 당신이 조금 더 수월할 수도 있다. 당신의 자녀에게 여호와의 증인, 이교도, 무슬림 혹은 유대교 부모의 자녀를 보호하라고 가르치면서 갓 바이러스가 모든 아이들에게 영향을 미치는 모습을 보여줌으로써 그것을 교훈으로 활용할 수도 있다. 자녀들 스스로가 생각을 할 수 있도록 키우는 것은 자녀 양육의 목표이지만, 갓 바이러스로 가득한 이 세상에서는 쉽지 않은 일이다.

종교를 갖지 않고 감정적인 욕구를 충족시키기

비유신론자들은 종교와 상관없이 감정적인 욕구를 충족시킬 수 있는 방법이 많이 알고 있다. 종교와 관련된 단체들은 물론 많은 보통의 봉사 단체들이 종교와는 상관없이 당신의 도움을 필요로 하고 있다.

만약 종교적인 예배나 의식에서 위로와 기쁨을 얻을 수 있다면, 적어도 두 가지 일은 할 수 있다. 첫째, 원한다면 교회를 찾아가면 된다. 감염되지 않는 법만 알고 있다면 괜찮다. 예를 들어, 유명한 무신론자이며 《주문을 깨다: 자연현상으로서의 종교》의 저자인 대니얼 데닛은 종교의식이 주는 특별한 기쁨을 고백하며 성공회 교회에 참석하고 있다고 공언했다.

둘째, 자신의 감정적 욕구를 좀 더 정확하게 이해하고 그것의 성취를 위한 대안적인 방법들을 탐구하려는 진단 도구로서 종교적인 참여의 필요성이라는 감정을 활용해볼 수도 있다. 내 친구 중의 한 명은 몇 년 동안 서구 종교에 대한 실망감을 겪은 후에 이교도 단체에서 커다란 만족감을 얻었다고 했다. 그들의 엉뚱하고도 비종교적인 태도가 그녀에게는 잘 맞았던 것으로 보인다. 그녀는 그 구성원들 중에서 많은 사람들을 무신론자나 불가지론자로 분류해도 될 수 있다는 것을 알고 놀라워했다. 그들은 다른 우상파괴자들과 함께 어울리는 것을 즐긴다고 한다.

종교인들은 바이러스를 벗어난 삶에 대해 생각할 수 없다. 바이러스에서 벗어난 삶을 생각하는 것만으로도 신에 대한 불경과 영원한 저주의 위험을 느낀다. 그것은 알코올 중독자가 술을 마시지 않고 사는 것과 비슷한 일이다. 술에 대한 생각 자체가 술을 마시도록 만든다. 바이러스 없이 사는 삶에 대한 생각 자체도 감염된 사람들은 그런 걱정으로부터 구원해달라고 기도하는 이유가 된다. 그들이 살고 있는 세상은 귀신과 악마, 신들, 사탄 그리고 여호와 혹은 알라가 사는 두렵고 위험한 곳이며, 올바른 바이러스를 따르지 않았다는 이유로 영원히 그 결과를 책임져야 하는 곳이다. 그들은 무슬림 바이러스나 모르몬 바이러스 없이 사는 것은 생각할 수 있지만, 아무런 바이러스도 갖지 않고 살 수는 없다고 생각한다. 그 바이러스는 어린이가 잠자리에 들 때 마음을 편안하게 해주는 테디베어 인형과 같다. 그 인형을 잃어버리거나 잠자리에 들기 전까지 찾지 못하게 되면 발작적인 두려움과 공포에 빠져들게 된다. 그것과 마찬가지로 종교를 가진 성인은 바이러스 없이는 편안해지거나 인생을 즐길 수 없는 것이다.

'치유할 수 없을 만큼 종교적'이라는 표현은 아주 많은 사람들의 정신 상태를 가장 잘 묘사한다.　　　　　　　－ 토머스 에디슨

갓 바이러스와 과학

나는 천국과 지옥, 내세 혹은 개인적인 신이라는 종교적인 생각
에 대해서는 눈꼽만큼의 과학적 증거를 보지 못했다. 오늘날,
종교에 관한한 것들은 모두 터무니없는 거짓말이다. … 종교는
모두 눈속임이다.

– 토머스 에디슨

이번 장에서는 갓 바이러스가 자신의 목적을 위해 과학을 어떻게 활용하는지를 살펴볼 것이다. 과학이 이룬 성취에 기대고자 종교는 스스로를 과학과 연관시켜왔으며, 갓 바이러스의 정당성을 높이기 위해 많은 노력을 기울여왔다. 두 번째로 과학과 종교의 근본적인 차이점인 오류 수정법에 대해 살펴보기로 한다. 과학은 끊임없이 오류를 수정하지만, 종교에는 오류를 수정할 방법이 전혀 없다. 마지막으로, '바이러스는 왜 과학에 저항하는가?'라는 물음을 던질 것이다.

···

과학도 일종의 종교일까?

많은 근본주의자들은 과학적인 믿음도 종교적 믿음보다 더 나을 바가 없다고 한다. 다른 말로 하자면, 종교도 과학과 동등하게 존중받아야 한다는 것이다. 지적설계운동은 이러한 생각을 근거로 예견되었던 일이다. 지적설계의 주창자들은 종교적인 자연관을 밀고 나가기 위해 과학적 용어와 주장 들을 활용한다. 그 전체적인 계획은 펜실베이니아 주의 도버에서 보수적인 공화당의 G. W. 부시가 임명한 연방 판사에 의해 진행된 고소 사건에서 매우 극적으로 드러나게 된다. 재판부는 지적설계의 논거는 종교를 과학이라고 속이는 것일 뿐이라는 이례적으로 강력한 판결을 내렸다.

이 책에서 나는 줄곧 갓 바이러스의 최우선적인 관심사는 전파라고 주장해왔다. 바이러스는 사람들의 정신을 감염시켜 객관적인 실체와는 관계없이 부모로부터 자녀에게, 벡터로부터 숙주에게 전해져간다. 종교는 신의 새 말씀이 각인된 황금 명판을 조지프 스미스가 받았으며, 그것을 마술 안경을 통해 읽었다고 가르치지만, 그것을 입증할 객관적인 방법은 없다. 이는 단순히 감염된 사람들의 정신에 새겨져 전달되는 바이러스적인 생각일 뿐이다. 종교가 예수는 처녀의 몸에서 태어났다고 말하지만, 그 생각이 객관적인 사실이라는 것을 입증할 부인과 의학적 혹은 유전학적 방법이 전혀 없다. 만약 당신의 딸이 임신은 했지만 여전히 처녀이고 천사에 의해 임신한 것이라고 말한다면, 당연히 딸의 주장 이외의 증거들을 찾아내고 싶어할 것이다. 하지만 그것이 갓 바이러스와 관련된 일이 될 때에는 검증할 필요가 전혀 없게 된다.

이러한 예들을 비롯한 수백 가지의 경우에 있어, 종교는 객관적인 실체와는 전혀 상관없이 숙주의 뇌를 감염시킨 기생충이라는 것이 명확하다. 이 책의 앞부분에서 확인했듯이 숙주에게 이익이 되는 것들에는 아무런 관심이 없다.

과학적인 생각들 역시 사람들의 정신을 감염시키지만 한 가지 단서가 붙어 있다. 즉, 그 생각이 살아남기 위해서는 객관적인 실체와 연결되어 있어야만 한다는 것이다. 여러 가지 생각들이 언제나 우리들의 머릿속에 떠오른다. 로또에 당첨되거나 유명한 영화배우와 결혼하는 꿈을 꿀 수는 있지만 조만간에 이러한 환상은 현실과 충돌하고 곧 그 생각들은 사라진다. 만약 누군가가, "우주의 외계인에게 납치되었다가 150살까지 사는 법을 알게 되었어. 천 달러만 주면 내가 배운 비법을 알려줄게"라고 할지라도 그런 생각에 넘어가는 경우는 많지 않을 것이다. 그런 종류의 생각을 거부하는 효과적인 방어 방법을 알고 있기 때문이다.

반면에, 당신이 회사를 위해 새로운 마케팅 계획을 심사숙고해보는 경우를 생각해보자. 그것은 현실적으로 시장점유율을 증가시킬 수 있는 아이디어를 시험해보는 과정의 일부분이다. 계획이 성공적일 경우, 그 아

이디어를 정리해 기록해두
고 함께 일하는 동료들에
게 가르쳐줄 수도 있다. 과
학적인 생각들도 이와 똑같
다. 과학자들은 특정한 질
병의 원인이 되는 유전자를

> 과학이 퇴보한 적이 있었을까? 전혀 없다. 언
> 제나 과거보다 퇴보해온 것은 가톨릭이며, 앞
> 으로도 언제나 퇴보할 수밖에 없을 것이다.
>
> – 에밀 졸라

규명하기 위해 DNA 분석법을 고안해낼 수 있다. 하지만 그 방법을 세상
에 들고 나가 다른 사람들이 이해할 수 있고 실험실에서 재현해볼 수 있
는 방법으로 그 생각을 실증적으로 구현해보여야 한다. 일단 현실적으로
구현이 가능하다는 것이 확인되면, 그 생각은 남들에게 교육되고 널리
전달될 수 있다. 그러면 다음번에는 그것을 배운 사람들이 그와 똑같거
나 변형된 실험들을 실시하여 현실적으로 보다 더 풍부하고 강력한 결과
들을 이끌어낼 것이다. 과학적인 발상들이 전파되기 위해서는 한층 광범
위한 과학 공동체에서 객관적으로 구현될 수 있는 정상적이며 다양한 연
결 고리가 있어야만 한다.

과학에서의 오류 수정

종교에는 존재하지 않는 오류 수정의 메커니즘이 과학에는 잘 정립되
어 있다. 어떤 과학적인 생각이 있어도 그것을 실험할 수 없다면, 혹은
실험이 반복적으로 실패한다면, 그것은 더 이상 존속될 수 없다. 오늘날

에는 히포크라테스의 사체액설Four Humors Theory*에 대해 토론하는 사람은 아무도 없다. 황열병의 원인이 밤공기와 유독성 수증기라고 주장하는 사람도 없다. 이러한 이론들은 검증되지 못했으며, 그로 인해 폐기된 것이다.

이와는 달리, 갓 바이러스는 현실에 근거한 오류 수정 장치를 전혀 갖추고 있지 않다. 니케아신경은 모든 종류의 비논리적인 설명들을 제시했지만, 현실적으로 실험 가능한 것은 아무것도 없다. 최초의 세 가지 설명을 살펴보자. '우리들은 아버지이시며 전지전능한 하나의 신을 믿는다.' 하나의 신만이 있는지, 아니면 많은 신들이 있는지 어떻게 실험해볼 수 있을 것인가? 그 신이 전지전능하다는 것은 어떻게 실험해볼 수 있을까? 그 '전지전능하다'는 것은 정확히 무슨 뜻일까? 그 신이 남성이라는 것은 또 어떻게 알 수 있을까? 일부 기독교인들이 "'하느님 아버지'라는 것은 단순한 은유이며, 실제로 신에게는 성이 없다"라고 주장하지만, 만약 신을 여성으로 지칭한다면 그들은 그 즉시 불 같은 화를 낼 것이다. 성서에서는 신을 남자라고 생각한다. 마호메트, 예수 그리고 모세가 그랬던 것처럼 제리 폴웰, 교황, 팻 로버트슨, 아야톨라 호메이니 그리고 빌리 그레이엄 등 모두 신을 남성으로 생각한다. 복음주의 목사이며 텔레비전 전도사인 베니 힌은 자신의 책에서 '하느님 아버지는 어떻게 생겼을까? 비록 그분을 한 번도 본 적은 없지만, 나는 성령이 그렇듯이, 그분은 이

---

* 고대 그리스 · 로마의 의사와 철학자들이 주장하던 인체의 구성 원리. 그들은 인간의 몸은 혈액, 점액, 황담즙, 흑담즙의 네 가지 체액으로 차 있으며, 이들의 균형이 맞아야 건강한 상태가 된다고 했다. (편집자주)

땅에서 보았던 예수처럼 생겼을 것이라고 믿습니다'라고 밝혔다.

언젠가 '남성으로서의 하느님'으로 인터넷 검색을 하자 325만 건의 결과가 조회되었다. 맨 앞에 검색된 25건가량을 검토해보았는데, 대부분 자신들의 신을 남성이라고 생각하는 것으로 보이는 종교인들 간의 뜨거운 논쟁이었다. 3천 년이 지난 후에도 여전히 신의 성별을 변경하거나 폐기하기 위한 오류 수정 메커니즘은 전혀 없다.

종교의 역사나 신학을 조금만 읽어봐도 갓 바이러스에 대한 의문들을 풀어주는 해답은 오늘날이나 기원전 600년이나 별반 나아진 것이 없다는 것을 즉시 알 수 있다. 사람들은 여전히 어떤 신이 더 올바른지, 어떤 교황이 교회의 진짜 지도자인지, 진실한 성전이 어떤 것인지, 어떤 교리가 올바른 것인지 그리고 정확하게 사탄은 누구인지 결론을 내리지 못하고 있다. 하지만 전 세계의 대부분의 사람들은 이제 지구가 태양 주변을 돌고 있으며, 박테리아와 바이러스가 대부분의 질병을 일으키며, 자동차를 수리할 때 기도를 하는 것보다 기술자에게 맡기는 것이 더 낫다는 것을 분명히 알고 있다. 달리 말하자면, 과학의 발달은 명확히 증명할 수 있지만 종교의 발달은 전혀 그렇게 할 수 없다. 루터 바이러스가 가톨릭의 그것보다 더 나은 점은 무엇인가? 침례교보다 사이언톨로지 바이러스가 더 가치 있다고 증명할 방법이 있을까? 기독교가 무슬림 수니파보다 더 진실하다는 것은 어떻게 증명할까?

대부분의 종교는 자신들이 다른 모든 종교들보다 더 훌륭하다고 열심히 주장하지만, 단 한 번도 객관적인 증거를 내놓지는 못했다. 어떤 바이러스이든 현실에 바탕을 둔 오류 수정 기능을 내부에 갖추게 된다면 그 즉시 소멸되고 말 것이다. 하지만 과학에서의 오류 수정은 그것을 더욱 강력하게 만든다. 더 많은 오류들을 찾아낼수록 새로운 생각들을 실험해 보기 위한 더 나은 가설들을 만들어낼 수 있다.

또한 과학은 다양한 수준별로 평가를 해볼 수도 있다. 예를 들어 과학은 손의 움직임에 대한 묘사를 통해 공을 던지는 행동을 설명할 수 있다. 또한 뼈와 신경, 근섬유 등의 특징을 통해 그 행동을 설명할 수도 있다. 그리고 '강아지가 가져오도록 하기 위해 그 공을 던졌다'처럼 그 행동의 의도를 통해 설명할 수도 있다. 모든 경우에 있어, 설명을 정확하게 하고 가설을 실험해볼 수 있는 가능성이 있는 것이다. 근섬유가 특정한 방식으로 작동하는 것일까? 강아지들이 실제로 그 공을 가져오게 될까? 뼈들이 공을 던지는 데 도움이 될까? 이와는 달리, 종교는 신, 천사, 예수 혹은 예언자 마호메트라는 각각의 경우에 따라 어떻게 실험해볼 수 있을까?

모든 과학적 설명도 어떤 면에서는 부정확하다. 물리학을 예로 들어보자. 뉴턴의 물리학은 이 세상을 설명하는 데에는 유용하지만 원자 수준에서는 제대로 적용될 수 없다. 양자 물리학은 아원자 구조와 성질을 이해하는 데 더 적합하다. 뉴턴의 물리학은 실험이 가능하다. 그렇기에 실험을 통해 원자의 수준에서는 조악한 결과를 나타낸다는 것을 확인한 알베르트 아인슈타인이나 막스 플랑크와 같은 사람들은 뉴턴의 물리학을 벗어나 물리적인 우주를 설명할 수 있는 새로운 방법들을 찾아낼 수 있었다. 이러한 방식으로 과학은 물리학 내의 오류들을 수정해왔다. 그렇게 수정된 사항들은 백 년이 넘는 시간 동안 실험을 거쳤다.

많은 과학자들이 증거가 뒷받침되지 않아 자신이 가장 좋아하는 이론을 포기해야만 했다. 과학 모임에서는 다양한 주제들에 대한 열정적인 토론이 펼쳐진다. 하지만 현재의 뜨거운 관심사라 할지라도 십 년 후에 현재의 이론보다 다른 이론이 더 유력하다는 증거가 나타난다면 쉽사리 사라지게 된다. 인류학에서는 호모사피엔스의 기원에 대한 다지역 기원설과 아프리카 기원설이 이십여 년에 걸쳐 격렬한 논쟁을 펼쳤다. 인류는 다양한 지역에 분포되어 있던 초기의 개체군이 서로 혼합되어 나타난 것이라고 주장하는 학파와, 호모사피엔스는 오직 아프리카에서만 비롯되었으며 6만 년 전 무렵부터 각지로 퍼져나가 그 이전의 개체들과는 섞이지 않은 채 모두 대체되었다고 주장하는 학파가 있었다. 오늘날, 고도로 발달된 유전학 정보를 바탕으로 그 논쟁은 빠른 속도로 정리되고 있다. 그 결과 열정적으로 다지역 기원설을 주장하던 많은 사람들이 급속도로 아프리카 기원설을 지지하게 되었다. 일단 한 가지 논쟁이 정리되면, 또 다른 새로운 이론들이 개진되어 새로운 의문점들을 제기하고 더욱 격렬한 토론이 다시 벌어지게 된다.

종교 집단에서 이런 식의 관점이나 태도의 변환이 이루어진 적이 있었을까? 침

> 하나님이 수없이 많은 어리석은 짓을 이유로 그렇게나 많은 자녀들에게 벌을 주었다는 것은 참 슬픈 일일 수밖에 없다. 그 어리석은 짓은 오직 그의 책임일 수밖에 없기 때문이다. 내 생각으로는 그의 부재만이 그를 위한 변명이 될 것이다.
> — 알베르트 아인슈타인
>
> ───────
>
> 신앙에 의해 바라보는 방식은 이성의 눈을 닫아버리는 것이다.
> — 벤저민 프랭클린

례교 신자들이 기록과 증거 그리고 실험 결과를 면밀히 연구해 이슬람교가 기독교보다 더 정확한 종교라는 결론을 내리고 무슬림으로 개종하는 과정을 밟았던 경우가 있었을까? 과학의 미덕은 새로운 증거에 근거해 사람들이 실질적으로 변화한다는 것이다.

종교들이 왜 절대로 '다리가 절단된 사람이 믿음을 통해 새로운 다리를 얻게 되었다'라고 발표하지 않는지에 대한 연구가 진행된 적이 있었을까? 1858년에 이른바 '루르드의 소녀 베르나데트의 불가사의'가 일어난 후 사람들은 질병을 고치기 위해 프랑스의 루르드를 찾아가기 시작했다. 오늘날 그들이 앓고 있는 질병의 대부분은 지역 병원의 의사를 한두 번만 찾아가면 완치될 수 있다. 하지만 루르드의 신화는 여전히 살아남아 치료를 받으려는 수천 명의 사람들이 수백만 달러를 허비하고 있다. 오럴 로버츠는 이러한 불가사의에 근거해 대학을 설립하고 질병 치료를 약속하자, 수천 명의 사람들이 몰려왔다. 그가 지역 병원의 의사보다 더 질병을 잘 낫게 한다는 증거는 어디에도 없다. 오럴 로버츠의 관리를 받아 새로운 팔다리가 자라난 사람은 아무도 없다. 만약 종교에 오류 수정 방법이 있었다면, 그는 외계인에게 납치되었다가 150살까지 사는 법을 배웠다는 사람보다 더 성공적인 거래를 하지는 못했을 것이다.

과학의 한계

지난 5백 년 동안, 전환기가 찾아올 때마다 종교는 과학 앞에서 한걸음 물러나야만 했다. 그 결과로 자신들을 소개할 때 과학적인 사고(과학 자체가 아닌)를 혼합시키려 애쓰기 시작한 바이러스들이 생겨났다. 가장 유치한 예들 중의 한 가지로 크리스천 사이언스 교회가 있다. 메리 베이커 에디가 1870년대에 설립한 기독교 과학 종교에는 '과학적인' 요소가 전혀 없다. 신이 질병을 치유하고 막아준다는 그녀의 주장에는 실험해볼 만한 대상이 전혀 없지만, 그녀는 자기 바이러스의 이름에 '과학자'라는 단어를 선택하여 사용했다. 그녀와 추종자들은 일부 근본주의자들이 진화 이론을 거부했던 것만큼이나 강력하게 질병의 병원균 이론을 거부했다.

이보다 더 억지스러운 접근법은 사이언톨로지와 공상과학소설 작가인 L. 론 허버드로부터 비롯되었다. 인간은 기본적으로 영적인 존재로서 여러 번의 인생을 거치며 산다는 생각은 전혀 실험 가능성이 없지만 많은 사람들의 호응을 받았다. 지적설계론을 주장하는 사람들은 보이지 않는 손이 인간의 진화를 이끈다는 자신들의 견해를 정당화하기 위해 과학 용어를 즐겨 사용한다. 그 생각은 어떻게 실험해볼 수 있을까?

남태평양의 적화 신앙積貨信仰은 가장 성공적인 개념들을 모방하려고 애쓰는 갓 바이러스들 중의 가장 대표적인 예라 할 수 있다. 제2차 세계대전이 벌어지고 있는 동안 미국의 화물 항공기들이 그곳의 섬 지역에 물자들을 공급했는데, 그것은 원주민들이 한 번도 본 적이 없는 물건들이었다. 원주민들은 모든 것들은 가져다주는 이처럼 훌륭한 화물 운송기를 간절히 갖고 싶었다. 그들은 운송기를 자신들의 섬으로 불러들여 물자를 가져오도록 하기 위해 여러 가지 상징물과 제사의식을 혼합하여 만들어냈다. 관제탑과 비행장을 짓는다 해도 비행기들을 끌어들일 수 없다는 것은 명확한 것임에도 불구하고, 그렇게 해서 만들어진 종교들은 자생력을 갖추기 시작했다. 전쟁이 끝나고 수십 년이 흘렀지만 적화 신앙은 여전히 몇몇 섬에서 번성하고 있다.

의학과 물리학, 고고학과 심리학 등의 분야에서 과학이 뛰어난 성공을 거두게 되자 많은 종교들이 자신들의 바이러스에 이익을 끌어들이려는 의도로 과학의 외형을 혼합시키려 시도했다. 많은 성서 고고학 기관들은 성서의 정확성을 증명하기 위해 과학적인 방법들을 활용하고 있다고 주장한다. 그 밖의 많은 단체들과 개인들도 신과 기적과 지적설계를 비롯한 많은 것들을 증명하기 위해 과학의 도구들을 활용하고 있다고 주장한다.

이런 단체들은 훌륭한 과학에 요구되는 동료 검토와 반복 가능한 방법론과 같은 결정적인 오류 수정 과정도 없이 과학의 이름을 끌어들이고 있다. 이러한 태도는 많은 성서학자들이 고고학에서 따온 유사 과학적인 접근법에서 찾아볼 수 있다. 종교 단체들이 성서 고고학을 지원하는 한, 그들의 특정한 바이러스와 상충되는 연구는 거의 찾아볼 수 없을 것이다. 성서의 내용이 옳다는 것을 확인하기 위해 고고학을 많이 활용하지만, 그러한 내용과 명백하게 모순이 되는 많은 연구 결과들은 전혀 발표되지 않는다. 이집트의 노예로 살던 이스라엘 민족이 팔레스타인으로 탈출했다는 이야기에 대한 증거가 전혀 없다는 것이 한 가지 예이다.

다음은 성서 고고학 조사와 탐구 학회BASE의 활동 목표를 밝혀놓은 글이다.

BASE는 성서를 재확인하기 위해 존재한다. … 성서와 그 밖의 역사 자료들을 활용하고, 고고학적 증거들에 근거한 학문적 연구를 병행하여 BASE는 성서가 우화와 전설을 모아놓은 것이라는 생각을 불식시키는 노력을 펼칠 것이다.

활동 목표에 오류 수정은 전혀 언급하지 않지만 이 단체는 성서를 입증하기 위해 과학적 방법들을 활용할 것이라고 주장한다. 과학적 방법의 활용이란, 성서가 정확하며 우화나 전설이 아니라는 과거의 결론을 미리 배제하는 것이다. 그러한 판단을 하기 위해 증거를 면밀히 검토해야 한다. 적화 신앙이 화물기를 불러들이기 위해 활주로를 건설하는 의식을 거행했던 것과 마찬가지로, 종교인들은 스스로에게 정통성을 부여하기 위해 거짓 과학을 채택한 것이다. 만약 사라진 이스라엘 부족민들이 미국으로 이주했다는 증거를 BASE 연구소가 찾아낸다면 어떻게 할까? 그들은 회개하고 모로몬교로 개종을 할까? 예수가 결혼을 했다는 고고학적 증거는 과연 어떻게 처리할까? 과연 이 단체는 구약성서의 내용에 모세의 시대가 아닌 바빌론에서 비롯된 것들이 있다는 증거를 발표할까? 아마도 탈레반이 반얀의 불

> 나는 우리가 특별한 어떤 것을 위해 여기에 있는 것이라고 생각하지 않는다. 우리는 그저 진화의 산물들인 것이다. "이봐, 만약 어떤 목적이 있다고 생각하지 않는다면, 자네의 인생은 무척 황폐해질 거야"라고 말할 수는 있다. 하지만 나는 맛있는 점심이나 먹을 수 있기를 기대하고 있다.
>
> – 제임스 왓슨 박사

상들을 파괴했던 것처럼 분명 모든 경우에 있어 그러한 증거들은 감추어
지거나 폐기될 것이다.

유사 과학에 대한 검증

비유신론자로서 우리는 종교의 편의를 위한 유사 과학의 활용에 대해
이의를 제기할 수 있다. 종교가 자신들이 목적을 정당화하기 위해 제멋
대로 과학 용어를 사용하고 있는 것을 확인하면, 우리는 그 부적절함에
문제를 제기할 수 있다. 성서 고고학자가 어떤 발견을 성서의 일정한 내
용과 연계시키려 주장하는 것을 듣는다면, 우리는 그러한 논리의 비약을
일으키려는 학문과 과학에 대해 의문을 품어야만 한다. 누군가가 지적설
계론을 교실 내에서 가르치기를 원한다면, 우리는 그의 연구 결과에 대
해 동료 학자들의 검토가 있었는지 물어보아야 한다. 그동안 어떤 과학
잡지에서 신의 보이지 않는 손에 대한 논문이 발표되었을까? 우리는 바
이러스를 위해 활용되는 과학의 방법론들을 그저 지켜만 보거나 허용해
서는 안 된다.

과학의 종교적 두려움

역사적으로 대부분의 갓 바이러스들은 꾸준히 과학에 반대해왔다. 과
학 서적들을 태우거나 금지하는 것에서부터 과학자들의 화형이나 감금
에 이르기까지 교회는 너무나도 자주 과학을 위협으로 취급해왔다. 갈릴

레오는 무엇보다 목성에 위성들이 있다는 주장을 펼쳤다는 이유로 제재를 받아 생애의 마지막 시간들을 자택에 감금된 채 보내야 했다. 태양이 태양계의 중앙에 있다고 주장한다는 이유로 코페르니쿠스의 책은 교회에 의해 금지되었다. 갓 바이러스들은 굴하지 않고 일관되게 의학, 천문학, 생물학, 지리학, 유전학 그리고 진화학의 발전에 저항한다. 가톨릭은 유죄 판결을 받은 지 359년이 지난 1992년이 되어서야 겨우 갈릴레오를 복권시켰다. 찰스 다윈의 책을 읽어보지도 않은 많은 개신교 전도사들이 설교대에서 진화론을 비난하고 있다. 성공회는 1800년대에 다윈을 비방했으며 2008년이 될 때까지 공식적인 사과를 하지 않았다.

무엇이 갓 바이러스가 과학에 반대하도록 만드는 것일까? 대부분의 종교들이 채택하는 주요 전략은 두려움이다. 역사적으로 많은 사람들이 질병은 어느 정도 죄악과 사탄 혹은 일정한 신이 작용한 결과라고 믿었다. 질병에 걸리지 않거나 치유되기 위해 그들은 신들의 노여움을 달래야 한다고 생각했다. 사람들은 기도를 드리기 위해 신부들에게 돈을 지불했다. 병에서 회복되었을 때 사람들은 교회에 돈을 기부했다. 전염병에 걸린 사람의 집을 들어설 때 감염되지 않기 위해 성호를 긋거나 십자가를 목에 걸었다. 갓 바이러스는 질병의 원인과 예방을 신의 영역에 위치시켰다. 하지만 신체 내에 생기는 질병은 지극히 개인적인 것일 뿐이다. 갓 바이러스는 그 개인적인 질병을 이용하여 개인의 죄와 연결시키고 신을 끌어들이고 있는 것이다.

과학은 그러한 연결 관계를 방해한다. 과학은 생물학을 통해 원인과 예방을 명확히 제시한다. 죄악에 대해 천벌을 내리는 것처럼 신이 질병을 일으키는 것이 아니다. 병원균, 바이러스, 기생충 그리고 환경적인 위험 요소들이 질병을 일으키는 것이다. 일단 사람들이 병원균이 특정한 질병을 일으킨다는 사실을 알게 되면, 신과 질병 간의 관계는 약화된다. 신부를 찾아가 기도하는 대신, 의사를 찾아가게 될 것이다. 각각의 의학적인 발견이 신과 두려움과 질병의 결정적인 연결 관계를 약화시킬 가능성이 있다. 신을 두려워하는 대신 사람들은 병원균과 바이러스를 경계하게 된다. 성호를 긋는 대신 손을 깨끗이 씻을 것이다.

종교에서 두려움의 원인은 쉽사리 이해되거나 조작되는 것이 아니다. 치료받기 위해 신을 어떻게 끌어들여야 할까? 전염병이 돌고 있을 때 악마는 어떻게 격퇴시킬 수 있을까? 과학에서는 병균 혹은 바이러스에 대해 더 많이 알수록, 더 잘 방어하거나 퇴치할 수 있다. 종교에서는 신에 대해 안다고 해도 전염병이나 인플루엔자를 예방하거나 막는 것과 아무런 관계가 없다. 신의 치유 능력에 대한 믿음이라는 것은 수 세기 동안 단지 주문을 외우는 것일 뿐이었다. 과학은 불과 수십 년만에 지난 수 세기 동안 모든 성직자들이 해온 것보다 더 많은 성과를 얻어냈다. 신들은 병원균이나 바이러스만큼 쉽게 다루어질 수 없었던 것이다. 이것이 갓 바이러스에게는 커다란 위협이 되었다. 오늘날에는 가장 종교적인 사람들일지라도 기도를 한 다음에 항생제를 먹으려 한다.

개인적인 신과 과학

과학은 바이러스의 또 다른 측면 즉, 개인적인 관계를 맺은 신이라는

326

면에 타격을 입힌다. 대부분의 종교인들은 그들의 신이 일정한 방법으로 자신들과 개인적으로 연결되어 있다고 믿는다. '나의 개인적인 구세주이신 예수'라는 말은 나의 비밀스러운 장소에 강력한 협력자가 있다는 의미이다. 나는 도움과 원조를 받기 위해 개인적인 구세주를 불러올 수 있으며, 나에게 유리하도록 자연의 법칙을 잠시 정지시켜달라고 요청할 수 있다는 의미이다. 주변에서 일어나는 기적들을 확인할 수 있고, 기도할 때, 건강을 회복하거나 자녀들이 병에서 벗어나거나 배우자가 치명적인 질병에서 치료되었을 때, 자신만의 구세주의 손을 확인할 수 있다는 의미이다. 물론 이런 모든 일들은 현대 의학의 치료라는 맥락에서 발생한다. 심각하게 감염되어 있는 사람들은 의학적 치료가 회복과 아무런 관계가 없다고 말하겠지만, 병의 치유 과정에서 갓 바이러스의 역할이 있었다고 주장하는 것으로 갓 바이러스는 두려움의 연결 고리를 유지할 수 있게 된다. "네가 주님을 믿고 기원을 했기 때문에 병이 나은 것이다." 그들에게 있어 의학은 부수적인 역할을 한다. 여기에 담겨 있는 의미는 만약 주님을 믿지 않고 기원하지 않았다면 죽을 수도 있었다는 것이다.

압도적인 증거 앞에서도 바이러스는 질병과 건강에 대한 생물학적 이해를 줄곧 거부한다. 많은 종교들이 동성애를 다루는 방식에서 이러한 태도를 가장 명확하게 확인할 수 있다. 바이러스는 감염된 사람들을 다음과 같은 방식으로 조종한다. 동성애 행위와 같은 죄스러운 행위들은 신의 노여움을 불러일으키는 것으로, 그로 인해 신은 죄에 따른 고통을 일으키기 위해 질병으로 그 죄를 벌한다. 바이러스가 신과 두려움과 질병이라는 연결 고리를 유지할 수 있으면 갓 바이러스는 안전하다. 숙주가 질병 혹은 고통과 신은 아무런 관계가 없으며, 이른바 죄라는 것들도 생물학적 욕구 혹은 기능이라는 것을 인식하게 되면 갓 바이러스는 위험에 빠지게 된다. 두려움이라는 요소가 사라지거나 약화되는 것이다.

현재의 일부 전도사들이 HIV와 동성애에 대해 다음과 같이 말한다.

> 에이즈와 남색에 대한 하느님의 심판 사이에는 명백한 연결 고리가 있습니다. … 하느님께서 죽음이라는 형벌과 함께 이 죄스러운 행위 자체를 허락하시는데, 신성한 심판과 연결되기를 거부한다면 진짜 멍청한 사람일 뿐입니다.
>
> 남색이라는 죄악은 가장 수치스러운 것입니다. 그들의 혐오스러운 행위에 대한 하느님의 증오는 거의 백 퍼센트 사망하게 되는 불치의 질병인 에이즈를 통해 나타납니다.

두려움과 질병 그리고 갓 바이러스 사이의 연관 관계는 이들이 작성한 글에서 명확하게 드러나 있다. 하지만 다른 질병들과 건강 상태도 신이 분노한 결과인 것일까? 사람이 어떻게 한 가지 질병만 걸릴 수 있을까? 만약 신이 '남색'에 고통을 부여한 것이라면, 도박사나 부인을 폭행하는 사람, 간통을 한 목사나 어린이를 성적으로 학대한 신부들에게도 똑같이 암과 수두 혹은 일반적인 감기를 내릴 수 있다는 것일까? 신의 징벌은 대체 어디쯤에서 멈추는 것일까? 과학을 통해 질병들이 하나씩 예방되고 치유되면서, 신의 징벌이라는 견해는 사라지고 신과 두려움과 질병이라는 연결 고리는 약화되고 있다.

그런 연결 고리가 약화되어도 사람들은 계속 예수에게 기도를 드릴 수는 있겠지만, 현실적인 치료를 위해서는 의사를 찾아갈 것이다. 과학에 의해 연결 고리가 약화되면서 신은 내가 두려움에 싸여 있거나 특별할 도움을 요청할 때 찾을 수 있는 친구로 모습을 바꿔가고 있다. 바이러스의 개인적인 신이라는 부분은 과학과 이성의 등장에 대한 강력한 대응이다. 사람들은 "나는 기적을 경험했다. 그러므로 과학은 끼어들 수 없다"라고 말한다. 개인적인 경험 속의 신은 과학을 상대로 한 마지막 수단이며 검증과 설명 그리고 학습을 가로막는다. 신이 나를 치유한 것이라고 믿게 되면 신에게 충성할 의무를 갖게 된다. 자신의 '부정한' 남편에 의해 HIV에 감염되었다는 한 여성의 글 중에서 흥미로운 부분을 소개한다.

그리고 몇 달이 지나자 그녀는 하느님이 자신을 살려주신 이유가 궁금해졌다. 그 무렵 시편 118장 17절을 읽게 되었다. '내가 죽지 않고 살아서 주님께서 하신 일을 선포하겠다.' 그때 그녀는 하느님이 자신을 살려둔 이유를 알게 되었고, 하느님이 HIV와 에이즈로부터 고통받고 있는 다른 사람들에게 베푸신 것을 공유할 수 있게 되었다. '하느님께서 보잘것없는 나를 위해서도 이렇게 하시는데, 우리 모두를 보살피시고 있다는 것은 당연한 것이다.'

그녀의 글 어디에도 바이러스의 재발을 막기 위해 자신이 복용했던 약이나 몇 년 동안 회복을 위해 투입되었던 의학적인 훈련과 기구들 그리고 의사들에게 지불된 보험금에 대한 언급은 전혀 없다. 그녀의 이야기 속에 신들이 있다면, 그녀의 갓 바이러스를 전파하기 위해 그녀의 생명을 살려놓고 사라져버린 의료진일 것이다.

　가볍게 감염된 사람들이 기초적인 과학 지식을 얻게 되면, 기도가 특별한 효력이 있다는 것을 믿게 하는 것은 더욱 어려워진다. 만약 과학이 신보다 더 잘 치유하고 설명할 수 있다면 신의 역할은 대체 무엇이란 말인가? 나에게 신은 이제 이따금씩 이야기를 나누는 특별한 친구가 되어버렸다. 어린이가 잠자리로 들어갈 때 이야기를 나누는 테디베어 인형과 별다른 것이 없는 존재가 된 것이다. 상대적으로 전염성이 약한 바이러스들이 이런 수준에 빠져 있다. 유니테리언, 퀘이커교, 성공회 그리고 자유주의 장로교에서는 이 세상의 진정한 주인은 과학이라는 것을 인식하고 있다. 그들의 신은 치유나 기적을 통해 개입하는 것보다 편안함을 제공하는 주변적인 역할을 하려는 경향이 있다.

제 12 장

THE GOD VIRUS

망상의 미래

종교에서 벗어난다면, 정상적이며 건전한 삶을 살 수 있는 기회
가 더 많이 찾아온다.

– 지그문트 프로이트

종교는 사라지지 않을 것이다. 하지만 우리는 갓 바이러스에게 풍요롭지 않은 환경을 만들기 위해 사상의 중심지에서 그것과 맞서 싸울 수는 있다.

●●●

프로이트가 말하는 종교의 세 가지 기능

프로이트는 자신의 책《망상의 미래The Future of An Illusion》에서 종교에 대해 분석하며, 종교의 세 가지 기능을 제시하는 것으로 결정적인 요소들을 밝혔다.

1. 인간이 가진 아이 같은 요구들을 충족시켜준다 – 어버이다운 사랑과 관심.
2. 자연과 사회가 주는 공포를 설명하고, 문명화된 방식으로 협력했을 시 받게 되는 보상을 약속한다.
3. 궁극적으로는 개인적인 죽음에 대해 설명하고 위로한다.

종교는 전반적으로 문맹이었으며, 과학적으로 무지했던 과거의 사회 속에서 이러한 세 가지 기능을 수행해왔다. 뛰어난 갓 바이러스들은 정치 지도자들이 통제를 유지하고 종교적 반란을 막아내는 데 도움을 주었다. 내세에서의 보상과 응징은 수백만 명의 사람들을 왕이나 교황 그리고 전제군주들의 압제에 눌려 살도록 만들었다. 바로 이런 의미에서 칼 마르크스는 종교를 대중의 아편이라고 말했던 것이다.

　이제 종교에는 세 번째 기능인, 개인의 죽음에 대해 설명하고 위로를 제공한다는 것만 남아 있는 셈이다. 바울은 이렇게 말한다.

　　어린이였을 때 나는 어린이처럼 말하고, 어린이처럼 이해하고, 어린이처럼 생각했지만, 어른이 되고 나서는 어린이다운 일들은 모두 없애버렸다. (고린도 전서 13:11)

　비유신론자로서 나는 바울의 말을 이렇게 다시 말하고 싶다. 지금이야말로 어린이다운 일들을 모두 없애버려야 할 때이다. 문명화되고 과학적으로도 세련된 사회를 살아가고 있는 성인들로서 우리는 초자연적인 사후 세계에 의지하지 않고서도 우리 자신의 죽음이라는 문제를 감당할 수 있다. 최종적인 죽음에서 벗어나려는 어린이다운 열망을 이용하여 종교인들은 현세를 만족스럽게 살아가는 것을 가로막는 영원한 세계라는 망상을 만들어낸다. 비이성적인 공포는 사람들을 얼어붙게 만들고 명확한 사고를 하지 못하도록 막는다. 죽음을 피하려는 우리의 자연스러운 본능은 이성적인 것이다. 죽음에 대한 비이성적인 공포는 수백만 명의 사람들로 하여금 자신들의 성전도 지극히 불분명하게 보여주는 영원한 삶을 추구하도록 만들어 엄청난 자원을 낭비하도록 만든다.

예언자 바이러스

기독교, 이슬람교, 모르몬교 그리고 19세기 미국 원주민들의 망령의 춤교Ghost Dance Religion와 같이 예언을 하는 모든 종교들은 종말과 구세주인 신이 돌아온다고 주장한다. 신의 귀환과 심판에 대한 완전한 두려움이 사람들을 종교의 한계 내에서 살아가도록 붙잡아둔다. 비종교인들은 신의 재림과 같은 일은 없으며 바이러스다운 어리석음이 파국을 초래할 수도 있다고 생각한다. 나는 12세기의 이맘이나 예수 혹은 메시아가 다시 나타난다는 것보다 오히려 모든 형태의 근본주의가 대학살을 불러올 수도 있다는 것을 더 우려한다. 세계의 역사 속에는 십자가형을 받은 구세주들이 많이 있었다. 처녀의 몸에서 태어난 이들도 많으며, 고귀한 혈통이지만 비천하게 태어난 사람도 많다. 그들은 한결같이 언젠가는 다시 이 땅으로 돌아올 것이라고 주장했다. 부활한 경우도 있고, 심지어는 하늘나라로 날아가기도 했다.

이러한 이야기들은 많은 종교들에게는 놀라우리만큼 성공적인 책략이 되었다. 베드로 후서에는 재림이 이루어지면 눈 하나만으로 살아야 한다는 구절이 등장한다(베드로 후서 3:11~12). 현실의 삶은 진정한 삶이 아니므로 진지하게 살지 말라고 권유하는 것이다. 전혀 불확실한 어떤 것을 위해 이러한 생물학적 모험을 실제로 감행하라고 권하고 있다. 비유신론자들은 이처럼 혼란스러운 관점을 갖고 있지 않기에, 그것이 다른 사람들에게 얼마나 커다란 영향을 끼칠 것인지 알 수는 있다. 그것은 현세에서의 소중한 시간을 낭비하는 것이며, 그들을 바이러스에 밀접하게 매어두기 위해 자원을 고갈시키는 것이다.

종말론은 정부의 고위직에 있는 사람들을 현혹시키는 데 집중한다. 로널드 레이건 행정부에서 내무부 장관을 지낸 제임스 와트는 "우리가 환경을 꼭 보호해야 할 필요는 없습니다. 예수의 재림이 가까워졌습니다"라는 성명을 발표했다.

기독교 연합, 이글 포럼 그리고 가족자원위원회는 모두 환경보호를 반대한다. 그들은 환경보호론이 갓 바이러스를 훼손하려는 음모라고 생각하며, 그러한 시각에 따라 입법자들을 평가한다. 2003년에는 45명의 상원의원과 186명의 하원의원들이 이 나라에서 가장 영향력이 큰 세 개의 기독교 권리 옹호 단체로부터 80~100%에 달하는 지지율을 끌어모았다. 그들은 주로 환경보호와 낙태 그리고 그 밖의 종교적인 이슈들에 반대하는 사람들이었다. 많은 기독교 근본주의자들은, 지구에는 아무런 미래가 없기 때문에 지구의 미래에 대한 관심은 적절한 일이 아니라고 생각한다. 그들은 우리들이 종말의 시기에 살고 있으며 하느님의 아들이 재림하면 정의로운 사람들은 천국으로 가지만 죄인들은 영원한 지옥불에서 벌을 받게 된다고 믿는다. 다음은 복음주의 지도자인 데이비드 단스커의 가장 유명한 발언이다.

환경 복음주의자들이 상호 교류적인 관계를 강조하는 것은 다른 무엇보다 공산주의적인 평등에 대한 세계관을 조장하여 기독교에서 비롯된 다양한 문화들과 함께 인정받기 위해 계획된 것이다. 여기에 속한 젊은이들의 단순한 삶은 새로운 존경을 받고 있다. 그들은 지구온난화에 맞서 싸우는 전 세계 공동체 안에서 가이아를 숭배하며 더 단순하고, 낮아진 생활수준을 받아들일 것을 홍보하고 있다. 교회에 가장 교활한 적에 저항하는 법을 배우는 대신, 이러한 거짓 행위를 하는 것은 너무나 사악한 일이다. 기독교 학생들은 지금 존재하지도 않는 것을 위해 싸우도록 훈련받고 있다.

이런 식의 생각을 담은 주장들은 복음주의자, 오순절 교회파, 세대주의자 그리고 주권주의자들의 웹사이트에서 많이 찾아볼 수 있다. 후손들을 위해 지구의 환경을 보존해야 한다는 현실보다 갓 바이러스의 요구가 더 중요하다는 것이다. 구세주인 신이 오면 모든 것을 다 알아서 보살필 것이므로 지구는 보존할 가치가 없다는 것이다.

비유신론자로서 우리는 이처럼 터무니없는 생각들을 거부하고 이 세상을 좀 더 이성적인 장소로 만들어 물려주어야 할 의무가 있다. 앞으로 갓 바이러스와 그 변종들은 지금보다 더 많아질 것이다. 비유신론자들이 종교에 대한 새로운 설명으로서 갓 바이러스라는 개념을 명확히 제시해준다면, 아주 많은 사람들이 그들의 삶 속에서 종교의 교묘한 조작이 어떻게 이루어지는지 알아차릴 수 있게 될 것이라고 믿는다. 그들은 어떤 정치인이 갓 바이러스를 활용하여 선거에서 자신을 뽑아달라고 호소하는지 구별할 수 있게 될 것이다. 그들은 어린이를 성추행하는 신부와 성적인 폭행을 일삼는 전도사를 보호하려는 바이러스의 책략을 알아차리게 될 것이다. 가난한 사람들의 호주머니를 털어 대형 교회의 목사들에게 바치고 그들이 호의호식하며 살도록 만드는 바이러스 감염의 실체를 간파할 수 있을 것이다. 성적인 기능 장애를 이끌어내는 죄의식 유발 방법들을 알아차릴 수도 있을 것이다.

일단 갓 바이러스가 사람들의 삶 속에서 활동중이라는 것을 인식할 수 있다면, 그들은 인생의 다양한 측면에서 벌어지고 있는 바이러스의 조작 방법을 알아차릴 안목을 가질 수 있다. 인생이 어느 날 갑자기 편해지지는 않겠지만, 서서히 혼란스러움에서 벗어날 수 있게 된다.

1960년에 《흡혈 식물 대소동The Little Shop of Horrors》이라는 영화가 개봉했다. 꽃을 재배하는 사람이 어느 날 자신이 개발한 새로운 품종이 오직 인간의 살과 피를 통해서만 잘 자란다는 것을 알게 된다. 꽃은 자라면서 더욱 더 많은 살과 피를 필요로 한다. '먹이를 달라'는 그 꽃의 외침은 더욱 잦아지게 되고, 최면에 빠진 그 가게 주인은 살인까지 저지르다가, 결국은 그 스스로가 꽃에게 희생되고 만다. 갓 바이러스는 바로 그런 방식으로 사람들을 감염시키고 자신의 번식을 보장받기 위해 사람들을 개조한다. 비록 평소에는 극단적인 요구는 거의 하지 않더라도, 필요한 상황이 되면 그렇게 할 수 있는 힘을 갖추고 있다. 갓 바이러스는 교회 참석과 십일조, 금욕과 독신생활, 십자군과 자살 테러 등을 통해 끊임없이 먹여 살릴 것을 요구한다.

미래와 갓 바이러스

제2차 세계대전까지 유럽은 종교적인 대륙이었다. 거의 모든 국가에서 많은 사람들이 교회를 다녔으며, 온갖 종류의 종교 단체에 참여했다.

세속주의는 2백 년가량 존속하고 있었지만, 대부분의 사람들은 초자연적인 것에 대한 깊은 믿음이 있었다. 그러고 나서 발발한 제2차 세계대전은 종교의 역사에 있어 분수령이 되는 사건이었다. 전쟁이 다른 어떤 사건도 해낼 수 없었던 일을 해냈던 것이다. 종교 모임에 참석하는 사람들이 급격히 줄어들었고 다시는 원래대로 회복되지 않았다. 종교로 인해 많은 전쟁과 분쟁을 겪었던 네덜란드는 갑작스럽게 종교에 더 이상의 관심을 갖지 않게 되었다. 가톨릭과 개신교가 수 세기 동안 다투던 벨기에에서는 종교적인 열정이 사라져버렸다. 제2차 세계대전이 벌어지고 있는 동안 히틀러의 생일을 축하해주었던 독일의 가톨릭교회에서는 엄청난 수의 교인들이 빠져나갔다.

수천 년 동안 분리되어 있던 종교 공동체들도 이제는 아무런 제재 없이 서로 어울리고 결혼을 한다. 현재 미국 내에서 교회 참석과 헌금을 내는 비율은 아주 미미하다. 이탈리아는 유럽에서 출산율이 가장 낮다. 교황이 피임과 낙태를 죄라고 강조하는 공식적인 가톨릭 국가로서는 흥미로운 사실이 아닐 수 없다. 유럽 전역에 걸쳐 몇 세기 동안 수백만 명의 정신을 감염시켰던 갓 바이러스는 이제 거의 사라져가고 있는 것으로 보인다.

수많은 종교 전쟁을 겪고 극단적인 기독교 근본주의를 경험했던 유럽의 사람들은 오늘날 미국에서 나타난 복음주의적 정신세계를 상상조차 할 수 없을 것이다. 유럽 대륙은 바이러스가 유발시킨 황홀경에서 깨어나 지난날의 열정과 분노 그리고 독선을 잊어버렸다.

우리 문명과 지구의 환경적, 정치적 미래에 희망이 있다면, 그것은 문화로부터 종교를 분리시키는 데에서 비롯될 것이다. 종교의 성스러운 유령들을 정부에서 몰아낸다면, 우리가 맞이하고 있는 진정한 도전들에 대한 이성적인 논의들이 가능해질 것이다. 천국을 기다리고 있는 사람들은 현재의 문제들에 제대로 집중할 수 없다. 사람들을 가상의 신과 천사 들, 악마와 구세주 들의 세상에 가둬두고 바이러스의 번식을 위해 호주머니를 비우게 하는 전도사와 목사 들에 의해 그들의 관심과 에너지는 부단하게 분산되고 있다.

유럽은 전반적으로 문화와 종교가 분리되었다. 미국도 그와 같은 단계로 나아가야 한다. 다행스럽게도 큰 전쟁을 치르지는 않아도 된다. 다른 지역의 국가들을 살펴보자면, 인도는 민주적인 과정을 통해 위험한 근본주의와 힌두교를 분리시킬 수 있다. 중국은 마르크스 바이러스를 분리시키는 과정에 있는 것으로 보이지만 그 결과는 예측하기 어렵다.

마지막으로 이슬람 국가들이 남는다. 그들은 가장 진화된 바이러스 형태에 가장 심하게 감염된 상태이면서, 종교와 문화가 결합되어 있다. 다른 어떤 세력을 통하는 것보다 서구의 정교 분리가 정착되는 것이 이슬람 국가에 효과적일 것이다. 기독교 근본주의는 이슬람 근본주의의 주된 공헌자이기 때문이다. 9/11 테러 직후 기독교 근본주의 바이러스가 미국 대통령의 입을 통해 "우리는 십자군 전쟁중이다"라고 발표했을 때, 이슬람 국가에서는 이 선동적인 성명에 대해 엄청난 반응을 보였다. 갓 바이러스가 현재 우리의 정치체제를 어떻게 조작하고 있는가에 대해 명확하게 알고 있을 때에만 다른 국가들(이라크와 중동)의 바이러스를 대처할 명확한 생각을 갖출 수 있다.

갓 바이러스에 대한 위협

오늘날에는, 종교에 강력한 위협이 되는 것들이 많다. 우선은 종교의 전모를 밝히는 책들이 그렇다. 과도한 종교 권력은 많은 사람들로 하여금 자신들의 믿음을 냉정하게 바라보도록 만들었다. 또한 인터넷을 통해 그와 같은 생각을 가진 사람들이 서로 만나게 되었으며, 종교의 영향력이나 통제의 바깥에서 정보를 널리 퍼뜨리게 되었다.

종교에 대한 두 번째 위협은 지속적인 과학의 발달이다. 갓 바이러스가 다윈에게 집중하고 있는 동안, 유전학은 진화의 모든 측면을 지원하는 엄청난 양의 증거를 만들어낼 정도로 발달했다. 지질학, 천문학, 심리학, 신경학 그리고 인류학과 같은 다른 분야들도 창조론에서 인간의 관계까지 갓 바이러스의 모든 주장들의 토대를 서서히 무너뜨리는 수준까지 발달했다.

심리학이 세 번째 위협이다. 사이언톨로지와 여호와의 증인은 모두 교인들이 심리학자들의 진료를 받지 못하도록 금지하고 있다. 근본주의 종교들은 종종 심리학을 의심하고는 한다. 많은 심리학자들이 종교가 사람들에게 끼치는 영향을 파악할 수 있다. 종교가 어떻게 인간 관계와 가족을 파괴하며, 사람들로 하여금 자멸적인 믿음을 갖게 하고 죄의식과 불안감을 만들어내는지를 알고 있다. 종교는 정신질환의 주된 원인이 된다. 종교가 모든 정신질환에 책임이 있는 것은 아니지만 아주 많은 경우에 있어 일정한 역할을 한다. 아동학대는 심리학자들의 연구실에서 폭로되었다. 다른 사람들은 그들에 대한 이야기를 들어볼 수도 없다. 그들이 찾아간 사람은 누구였을까? 목사였을까 혹은 신부였을까? 교회의 장로였을까 아니면 관리자였을까?

북미에서만 지난 50년 동안 얼마나 많은 사람들이 아동 성추행을 저지른 가톨릭 신부들에 의해 감정적, 정신적인 충격을 받았을까? 이 문제의 심각함이 미국에서는 최근 들어 서서히 폭로되고 있지만, 남미와 가톨릭 국가들에서는 여전히 잘 감추어져 있다. 얼마나 많은 사람들이 난폭한 개신교 목사들에 의해 학대를 받았을까? 1960년부터 1970년까지 캔자스의 위치토 교파에 속한 일곱 군데 교회에서 여덟 명의 목사가 간통과 관련된 추문에 휩싸였다(여러 건에 연루된 사람들도 있었다). 그 밖의 다른 모든 개신교 교회에서는 어떤 일이 벌어지고 있었을까? 지역 침례교회의 스카우트 단장은 단원인 몇몇 소년들을 성적으로 괴롭혔다. 교회의 운영위원회와 목사는 수년 동안 그러한 고발을 무시하고서 그들에게 조용히 떠나달라고 요구했다. 그들은 다른 스카우트로 옮겨갔다. 갓 바이러스는 사람들이 지도자들의 행위에 대한 진실을 모르도록 가로막고 희생자들을 비난한다. 가족과 친구들 그리고 사회는 모두 고통을 받고 있다.

www.stopbaptistpredator.org라는 웹사이트에는 그러한 목사들을 보호하고 많은 성범죄의 희생자들을 비난한 수십 개의 교회에 대한 기록이 게재되어 있다. 공통적인 주제는 벡터의 보호와 희생자들의 명예훼손이다. 가톨릭교회도 지난 수십 년 동안 그와 똑같은 방식으로 처신해왔다.

하지만 성적 학대만이 종교에 의해 야기된 정신 건강 문제의 일부분이 아니다. 개별적인 갓 바이러스는 특정한 바이러스에 감염된 숙주들만을 책임지려 한다. 강력하게 감염된 사람들은 다른 바이러스에 감염되었거나 전혀 감염되지 않은 사람들을 적이나 위험 인물로 간주하려는 경향이 있다. 침례교도는 여호와의 증인을 사악한 사람으로 본다. 나사렛교회에서는 가톨릭을 잘못 인도된 종교로 보려고 한다. 모르몬교 신자는 사이언톨로지교인을 사악한 광신도라고 취급한다. 그리고 그들 모두 다 무

> 종교는 어쩌면 있을 법하지 않은 일의 발생에 대한 비논리적인 믿음이라고 간단히 정의될 수 있다. 신앙이 깊은 사람은 그저 명확하고 현실적으로 생각하는 능력을 잃어버린(혹은 가져본 적이 없는) 사람이다. 그는 단순한 멍청이로서, 실제로 병을 앓고 있는 사람이다.
> — H. L. 멩켄

슬림과 무신론자를 위험한 사람들로 본다. 바이러스의 패권을 확보하기 위해 얼마나 많은 증오와 의심, 갈등, 다툼이 그리고 심지어는 폭력과 죽음이 벌어졌던 것일까? 갓 바이러스로 인해 얼마나 많은 가족들이 헤어졌을까? 얼마나 많은 어린이들이 악령에 휩싸인 세상에 의해 억압당하며 억지로 살아가고 있을까?

비밀 유지를 존중해주고도, 심리학자들은 바이러스가 사람들을 감염시키기 위해 어떻게 활동하는지 사람들에게 가르쳐줄 수 있다. 종교에서 벗어나라고 말하는 것이 정신 건강 전문가의 업무는 아니겠지만, 비이성적인 사고와 자멸적인 행위를 만들어내는 종교에 대해 밝히는 역할을 거부할 수는 없다.

대화의 시작

우리는 지식과 기술이 폭발적으로 넘쳐나는 시대를 살고 있다. 역사

적으로 종교는 과학의 장애물이었다. 광신자들은 종교 없는 과학은 위험하다고 주장하지만, 나는 종교가 과학의 열매를 이용하여 이 세상을 훨씬 더 위험하게 만들고 있다고 주장한다. 광신자들은 갓 바이러스를 널리 퍼뜨리기 위해 과학적으로 발달된 전쟁의 도구와 전자적인 대화수단을 활용한다. 과학이 그들에게 제공해준 유용한 도구들을 활용하면서도 그들은 과학에 악담을 퍼붓는 것을 주저하지 않는다. 우리는 과학과 그 활용에 관련된 윤리학에 대해 열린 마음으로 토론해볼 필요가 있다. 종교는 그러한 토론을 전혀 진행하지 않는다. 각각의 갓 바이러스들이 갖추고 있는 전파 전략만이 그들의 윤리적 공헌의 최우선적인 길잡이일 뿐이다.

가톨릭교회는 콘돔의 사용과 산아제한 그리고 낙태 금지에 힘을 실어주기 위해 아프리카에서 에이즈가 확산되는 것을 무시했다. 인도주의자라면 가장 효과적이며 인간적인 방법으로 에이즈의 확산을 막는 것이 최선의 접근법이라고 생각했을 것이다. 하지만 가톨릭은 갓 바이러스에게 최선이 되는 방법을 추구한다. 침례교는 10대들을 위한 성교육의 폐해에 집중하는 경향이 있으며, 비효율적이며 역효과를 낳게 하는 금욕 프로그램을 장려한다. 침례교 바이러스는 10대가 아닌 갓 바이러스에게 최선이되는 방법을 찾아낸 것이다. 여호와의 증인은 수혈을 부도덕한 행위라고여겨 수혈 대신 죽음을 선택한다. 이것을 인도주의적 관점에서 보자면 결정은 쉽다. 최선의 결과로 생명을 살릴 수 있다면 수혈을 받으면 되는 것이다.

갓 바이러스의 교묘한 책략들을 폭로하면 최선의 선택과 자유를 누릴 수 있는 기회가 열린다. 1500년대에 있었던 마틴 루터의 종교개혁은 정치적, 경제적, 종교적 자유를 억압하는 가톨릭 바이러스의 실상을 폭로했다. 그다음으로 재침례교 운동은 양심과 정치적 자유를 억압하는 데 공모하고 있던 루터주의를 세상에 알렸다. 영국의 시민전쟁과 30년 전쟁은 인간의 고통을 전혀 돌보지 않는 갓 바이러스의 파괴적인 권력의 실상을 폭로했으며, 그로 인해 미국 헌법 제정자들은 교회와 정부의 분리를 분명히 하게 되었다.

지역에 기반을 둔 갓 바이러스들은 노예제도를 정당화했으며, 남부 침례교는 노예제도를 정당화하기 위해 태어난 교회였다. 비기독교인이며 이신론자로 알려져 있는 에이브러햄 링컨은 남북전쟁과 노예해방을 거치는 동안 바이러스가 서로를 견제하도록 만들었다. 그럼에도 불구하고 전쟁이 끝나고 링컨이 사망하자 갓 바이러스들은 한때 노예였던 사람들을 다시 억압하기 시작했다. 바이러스는 북부에서도 흑인들에 대한 차별을 지속시키고 완전한 시민권을 주지 못하도록 적극적으로 활동했다.

기독교 갓 바이러스는 서구 국가의 모든 민족주의 단체들이 대량 학살을 저지르는데 필요한 모든 정당성을 제공했다. 독일의 모든 주요 교회들은 히틀러를 지지했다. 그 어떤 교회도 유대인 학살에 대한 반대 의견을 제시하지 않았다. 르완다와 보스니아에서 대량 학살을 범한 가해자들은 한결같이 민족적 증오를 연설하던 성직자들이었다. 안타깝게도 르완다의 가톨릭 신부에서부터 세르비아의 정교회 신부들에 이르기까지 그러한 학살을 멈추게 하기 위한 선봉에 자신들의 생명을 내놓았던 종교 지도자들은 전혀 없었다. 심지어는 실질적으로 학살에 참여했던 성직자들도 있었다.

　종교의 도덕적 리더십은 어디로 가버린 것일까? 바이러스라는 은유는 강력하고 효과적인 도덕적 리더십의 결핍을 잘 설명해준다. 갓 바이러스의 가장 큰 관심사는 리더십이 아닌 자신의 생존일 뿐이다. 리더십은 위험 감수를 요구하며 반대 세력을 만들어내기도 한다. 그 두 가지 모두 바이러스의 전파에 도움이 되지 않는 것이다. 그러한 잔학 행위들에 반대하는 데 신이 필요한 것은 아니다. 신을 모시는 사람들은 오히려 너무도 자주 그러한 문제의 일부분이 되어 있었다.

　신학교에서 이루어지는 윤리학 토론은 바이러스의 전파를 확실히 하기 위해 설계된 것일 뿐 빈곤, 인종차별주의, 군국주의 등에 대해서는 관심이 없다. 종교가 커다란 변화를 이끌었다고 주장하는 사람들은 종종 마틴 루터 킹과 같은 인물들을 내세운다. 나는 킹 목사는 종교를 자신의 의사소통 방법으로 활용했던 실용주의자로 제시하고 싶다. 그의 윤리학은 예수보다 간디에게서 더 많은 영향을 받았다. 그의 성서 인용은 극단적으로 선택적이었으며, 다른 기독교 전문가들로부터 강력한 반대를 겪었다. 백인 우월주의자들은 킹 목사보다 더 많은 성서 구절들을 인용한다. 그의 천재성은 바이러스들이 서로를 견제하도록 만드는 능력에 있었다. 연설과 행동을 통해 그는 종교가 어떻게 억압을 유지하는지 설명했다. 그의 추종자들은 다양한 교회에 속한 사람들이었으며 비종교인이거나 무신론자인 사람들도 무척 많았다.

　종교가 보여준 빈약한 윤리적, 도덕적 기록을 보면, 오늘날의 세계에서 종교적 리더십이 훌륭한 역할을 할 것으로 여겨지지 않는다. 과학은 미래를 향해 나아가고 있다. 근본주의자들의 저항이 한국이나 중국 혹은 캘리포니아와 매사추세츠에서 진행되고 있는 세포 연구를 멈출 수 있을 것으로 보이지는 않는다. 교회에 모여 기도를 드린다고 해서 핵무기의 확산이 통제되지는 않을 것이다. 핵 확산을 멈추고 전 세계적으로 영향력을 끼칠 수 있는 문제는 이미 종교의 능력을 벗어나 있다. 이성적인 사람이 종교 없이는 결정을 내릴 수 없다는 주장에 대해 종교는 거의 아무런 대책도 제시하지 못하고 있다. 도덕적, 윤리적 토론은 여전히 필요하며, 비유일신론자들은 그러한 토론에 영향을 끼칠 위치에 있다.

종교는 과거의 냉전시대에 핵무기를 금지시키는 데 거의 아무런 관심도 없었다. 대립하고 있던 양측의 냉정하고 치열한 지정학적 분석이 그러한 대재앙을 막을 수 있었던 것이다. 종교는 물리학, 의학, 생물학, 유전학 그리고 그 밖의 여러 분야에서 이루어낸 주요한 발견들과 아무런 관계도 없었지만, 시시때때로 그것들의 활용을 방해하거나 금지시키려 노력했다. 일찍이 시험관 수정에 대한 반대에서부터 산아제한 반대까지, 진화론 반대에서 지적설계론 재판에 이르기까지, 종교는 과학을 늘 방해해 왔으며 멈출 것 같은 기미도 전혀 없다. 거의 모든 재판에서 패소했지만, 어린이들이 갓 바이러스에 심각하게 노출되어 있고 과학교육이 단축되는 한, 무지몽매함은 줄곧 이어질 것이다.

비유신론자의 영향

비유신론자로서 우리는 과학과 기술의 윤리적인 활용에 대해 광신자들보다 더 많은 영향을 끼칠 수 있다. 1914년에 시작된 연구 조사는 과학자들이 초자연적인 것에 대한 믿음을 버리고 있다는 것을 보여준다.

• 주요 과학자들 사이의 설문 답변의 비교

신에 대한 믿음	1914년	1933년	1998년
믿음	27.7	15	7.0
안 믿음	52.7	68	72.2
의심하거나 불가지론	20.9	17	20.8

인간의 불사에 대한 믿음	1914년	1933년	1998년
믿음	35.2	18	7.9
안 믿음	25.4	53	76.7
의심하거나 불가지론	43.7	29	23.3

지난 20년간 노벨상을 수상한 과학자들은 대부분 신을 믿지 않는다는 형태의 입장을 밝혔다. 우리는 우리의 영향력을 현명하게 활용할 필요가 있으며 대화는 분명하게 인본주의적 목표들의 이성적인 분석에 바탕을 두어야 한다. 그리고 갓 바이러스들의 목표를 확인하고 의문을 제기하는 데 익숙해져야 한다. 갓 바이러스들은 인류의 최선의 이익을 위해서가 아니라 자신들이 번식을 위해 과학적이거나 사회적 혹은 정치적 수단들을 쉽사리 활용하려 한다.

다른 국가들은 반과학적인 갓 바이러스에 의한 어려움을 겪지 않고 있다. 중국, 인도, 일본, 대만을 비롯한 많은 국가들은 과학자와 기술자들을 엄청나게 배출하고 있다. 갓 바이러스들로부터 자유로운 사회는 없지만, 미국처럼 정치적으로 강력한 반과학적인 바이러스로 고통을 받고 있는 곳은 없다. 미국의 과학과 기술의 건강은 갓 바이러스가 얼마나 많이 자금 지원 혹은 연구를 방해하는가에 영향을 받고 있다. 종교들이 자금 지원 결정에 참여한다면 이성적인 선택이 이루어질 가능성은 적어진다. 텍사스, 플로리다, 펜실베이니아, 캔자스를 비롯한 많은 주들의 광신자들은 비과학적인 지적설계론과 금욕 프로그램들에 직접적인 자금지원을 위해 노력하는 한편, 줄기세포 연구와 진화생물학 그리고 과학적으로 인정된 성교육 프로그램들에 대한 직접적인 자금 지원을 가로막았다. 비유신론자로서 미국이 경제적으로 성장하고 과학기술의 선봉에 서 있는 데 도움이 될 수 있도록 이러한 문제들에 대한 우리의 목소리를 널리 알려야 한다.

정부의 정책

잘 다듬어진 정책이 되기 위해선 열린 토론과 명확한 비용편익분석이 필요하다. 종교가 끼어들게 되면 가상의 비용과 수익이 그러한 정책에 영향을 끼치게 된다. 자유주의 민주국가는 종교와 관계없이 운영된다. 종교가 토론에서 억제되었을 때 우리의 국가는 커다란 발전을 이루었다. 이신론자인 건국자들과 초기의 대통령들에서 시작하여 링컨의 이신론적 리더십과 루스벨트의 비종교적 리더십을 거치며 종교가 아닌 국민에게 최선의 이익이 되는 결정들을 내릴 때 발전을 해왔다. 낙태 문제에 대한 수십 년에 걸친 싸움을 통해 갓 바이러스는 그 전에는 한 번도 없었던 중앙신경체계를 감염시킬 수 있는 수단을 갖추었다. 다섯 명의 가톨릭 대법원 판사와 함께 종교는 사법적인 판결들에 있어 중요한 요소가 되었다.

종교를 통해 공직자를 검증할 수 없도록 금지해 놓은 헌법에도 불구하고, 적어도 1976년 이후로는 대통령 후보들이 노골적으로 자신들의 종교를 내세우고 있다. 비종교인이었던 로널드 레이건은 캘리포니아 주지사에 입후보할 때 교회에 참석하면서부터 갑작스럽게 주목을 받았다. 종교적인 우파들은 조지 H. 부시의 종교적 신뢰성을 의심했는데, 그의 아내인 바버라 부시가 1988년에는 임신중절 합법화에 찬성했기 때문이었다. 2008년의 대통령선거 토론회에서 후보자들은 1800년대라면 수치스럽게 여겨질 방식으로 자신들이 종교를 전면에 내세웠다.

비유신론자로서 우리는 공적인 광장에서 벌어지는 이성적인 토론을 지원할 수 있으며, 선출직 공무원의 모든 면모에 종교를 주입시키려는 시도를 저지하는 데 도움을 줄 수 있다. 우리는 이러한 질문을 할 수 있다. "어떤 사람이 좋은 정치를 할지에 대해 종교가 자격 기준이 될 수 있을까?" 과거에는 대부분의 학교 운영위원회 구성원들은 종교에 아무런 관심도 없었다. 만약 종교를 교실로 밀어넣으려 하는 것이 아니라면 왜 학교 운영위원회 선거에서 종교적인 성향이 갑작스럽게 그처럼 중요하게 된 것일까? 후보자들이 자신들의 종교를 앞세우거나 갓 바이러스들에게 영합하기 위한 노골적인 연설을 한다면 우리는 그것에 대해 반드시 주의를 주어야만 한다.

갓 바이러스는 번식을 더 활발히 할 수 있다면, 우리의 문화를 철기시대 혹은 석기시대로 기꺼이 되돌려 놓을 것이다. 지난 8백 년 동안 겪고 있는 이슬람 문화의 침체를 보라. 한때 이슬람 문명은 과학과 수학의 발상지였다. 기독교 근본주의자들은 그와 똑같은 일을 할 것이다. 복음주의 벡터들은 매주 일요일마다 교육과 과학, 결혼과 정치 등의 분야를 철기시대로 되돌리는 것에 대해 설교한다.

다음은 그들이 상상하는 우리의 미래이다.

여기는 우리의 땅이며 우리의 세상으로, 우리가 물려받은 것입니다. 하느님의 도움을 받아 우리는 예수 그리스도를 위해 이 나라의 반환을 요구해야 합니다. 지상의 그 어떤 권력도 우리를 멈출 수는 없습니다. – D. 제임스 케네디

만약 기독교 국가를 원하지 않는다면, 우리의 국가를 나쁜 길로 이끌지 말고 이미 이교도가 자리 잡은 다른 나라로 떠나십시오. – 제프 퓨게이트

이 세상에서 여호와 이외의 신을 숭배할 권리를 가진 사람은 아무도 없습니다. 그러므로 국가에게는 우상을 섬기는 사람들의 가짜 권리를 지켜줄 책임이 없습니다. – 조지프 모어크래프트

지하드(聖戰)를 공부한 사람이라면 이슬람이 왜 전 세계를 정복하길 원하는지 잘 알 것입니다. 이슬람에 정복되었거나 앞으로

정복될 모든 국가들은 영원한 구원을 받게 될 것입니다. 그들은
신의 율법에 따라 살게 될 것이기 때문입니다.

– 아야톨라 호메이니

인간들이 쉬운 답을 원하는 한, 종교는 우리를 떠나지 않을 것이다. 능수능란한 벡터들이 인생의 어려운 질문들을 피하도록 사람들을 현혹시키는 한, 그리고 감염된 사람들이 전도사와 교황, 이맘 들로 하여금 그들을 대신하여 생각하도록 허용하는 한, 종교는 사라지지 않을 것이다.

비유신론자로서 우리는 이러한 종교적인 환경이 우리와 우리의 문화를 덜 중독시키도록 노력할 수 있다. 우리는 스스로의 바이러스적인 행위를 구별해내고 점검하고 바이러스로부터 벗어난 삶을 배워야 한다. 더불어 과학교육을 지원할 수 있으며 우리의 공적 체계에 근본주의의 폐해가 스며드는 것을 막을 수 있다. 갓 바이러스들로부터 공격을 받고 있는 대학 교수들을 지원할 수도 있다. '종교에서 자유로운 윤리학'에 대해 그리고 알라나 신 혹은 사탄과 관련짓지 않고 이성적이며 도덕적인 선택들을 만들어내는 방법을 논의하고 가르칠 수 있다.

오늘을 살고 있다는 것만이 당신과 내가 알고 있는 유일한 것이다. 우리는 수백만 마리 중의 한 마리 정자가 하나의 난소를 만나게 된 놀라운 생물학적 과정의 결과물이다. 그런 사건은 절대로 다시 일어나지 않는다. 그것을 최대한 즐겨야 한다.